高等院校教师教育系列教材

GAODENG YUANXIAO JIAOSHI JIAOYU
XILIE JIAOCAI

U0646275

ERTONG FAZHAN

儿童发展

邱　莉　主　编

北京师范大学出版集团
BEIJING NORMAL UNIVERSITY PUBLISHING GROUP
北京师范大学出版社

图书在版编目（CIP）数据

儿童发展 / 邱莉主编. —北京：北京师范大学出版社，2013.9（2021.3 重印）
（高等院校教师教育系列教材）
ISBN 978-7-303-16776-0

I.①儿⋯　II.①邱⋯　III.①儿童心理学—高等学校—教材　IV.①B844.1

中国版本图书馆CIP数据核字（2013）第 172809 号

营 销 中 心 电 话　010-58809014
北师大出版社教育科学分社网　http://jykx.bnup.com
电 子 信 箱　jiaoke@bnupg.com

出版发行：北京师范大学出版社 www.bnup.com
　　　　　北京新街口外大街 19 号
　　　　　邮政编码：100875
印　　刷：三河兴达印务有限公司
经　　销：全国新华书店
开　　本：730 mm x 980 mm　　1/16
印　　张：15.25
字　　数：270 千字
版　　次：2013 年 9 月第 1 版
印　　次：2021 年 3 月第 5 次印刷
定　　价：32.00 元

策划编辑：陈红艳　　　　责任编辑：陈红艳
美术编辑：纪　潇　　　　装帧设计：纪　潇
责任校对：李　菡　　　　责任印制：马　洁

高等院校教师教育系列教材
编委会

序

今天，教育质量日益影响国家与社会的发展水平与速度，关系到人的生命质量与价值。作为教育母机的教师教育无疑成为社会关注的热点问题。我国当下正处于教师教育改革与发展的重要时期，改革教师教育课程，是提高教师教育质量，保证教师专业水平的关键之举。

2011年11月，我国第一部《教师教育课程标准（试行）》历经8年精心研制，20余次修改完善，终于正式颁布实施。该标准针对我国教师教育存在的突出问题，汇聚了我国师范院校多年来教职课程改革实践的结晶，并集中反映了我国新时代教师教育的改革诉求，对我国深化教师教育改革尤其是课程改革具有重要意义。

《教师教育课程标准（试行）》以教师专业发展为主线，"为了每一个教师的发展"、"为了教师团队的发展"。要实现教师个人发展，必须注重从教书匠的训练走向教育家的成长、从定型化教学转向情景化教学、从技术性实践转向反思性实践、从理论的实践化转向实践的理论化。要实现教师团队的发展，则要注重教师学习共同体与教师合作文化的形成，强调将教师团队建设转化为一种内在的文化生成。"育人为本、实践取向、终身学习"是教师教育课程的基本理念。教师是儿童发展的促进者，教师工作的出发点与归宿是儿童发展；教师在教学工作中必须坚持"儿童为本"或"儿童本位"，发现儿童的特性、尊重儿童的学习权利。教师是反思性实践者，教师工作是在理论指导下的实践活动，教师就是在复杂多变的实践情境中通过实践问题的解决与实践经验的反思，形成自身的实践智慧、发展教学风格的过程。教师是终身学习者，教师工作是一种终身学习的专业，需要开展更为专业的学习，在这一过程中要努力坚持"越是基于学习者的内在需求越是有效"，"越是扎根于学习者的鲜活经验越是有效"，"越是细致地反思学习者自身的经验越是有效"等基本规律。

本套教材的编写者均为从事教师教育理论研究与教学实践的教育工作者。教材编写依据《教师教育课程标准（试行）》的基本理论与要求，以《国家中长期教育改革和发展规划纲要（2010—2020年）》以及全国教师工作会议精神的要求为指导，结合当前基础教育改革逐步深入对高素质师资的诉求，旨在提升新师资培养质量，培养未来的人民教育家，深入推进基础教育课程改革和教师教育改革。教材编写反映了教师教育学科研究的最新成果，紧紧把握学科建设前沿问题，具有国际视野，并立足于本土开展研究，在对实际问题的研究过程中，将教师专业化进程推向深入。在内容方面与时俱进，具有鲜明的时代特色。教材贴近基础教育现实，以身边的现实问题和鲜活事例为教学和研究素材，具有鲜明的实践性与区域特色，有利于学习者构建教育理念，树立教育信念，提高解决教育实际问题的能力。教材编写体例新颖、层次分明、表达规范、放言易懂，不仅仅是教材，也是学材，具有较强的可读性。

总之，本套教材编写既注重理论涵养与能力提升相结合，又注重境外视野拓展与本土问题解决相结合，同时还富含大量的案例研究和有效的专业发展演练活动。本套教材不仅适用于教师教育机构师范专业学生的课程教学，而且还适用于中小学教师在职专业学习，这也体现了教师教育职前职后教育一体化的新理念，为提升教师专业发展水平做出了新的尝试和探索。本套教材的编写，正逢其时。

钟启泉
2013 年 8 月

前　言

目前教师教育迫切而重要的任务就是如何构建一个符合现代社会要求和发展的教师教育体系，为我国培养出适合现代社会发展需要的高水平师资。我国政府非常重视教师教育，自20世纪90年代开始，我国的高等教育理论界和教育行政部门对教师教育的课程设置进行了不断的探讨，教育部于2011年颁布了《关于大力推进教师教育课程改革的意见》，同时出台了《教师教育课程标准（试行）》。

教师教育课程改革的指导思想是：坚持科学发展观，坚持党和国家的教育方针，全面提高教师教育质量，推进我国教师专业化进程。为此，必须以调整和优化课程结构为突破口，着力解决长期以来存在的问题。其改革的基本目标是：①改变教师教育课程教师中心的传统以及教师偏重所教授的学科知识，树立学生为本的思想，实现教师以知识为本向以人为本的转型；②改变教师教育课程过于强调学科本位、缺乏整合的现状，倡导教育课程的综合化、整体性建设。打破几十年不变的"老三门"（教育学、心理学、教学法）的格局，根据"学习领域"、"建议模块"及"学分要求"，确立相应的课程结构，提高课程的信息量和自由度；③改变教师教育课程长期以来脱离实际的现状，密切关注中小学教育实际需要，密切反映学生需要，密切反映学术发展前沿成果；④改变教师教育课程的实施局限于大学课堂的现状，强化实践环节，在大学与中小学之间建立多种形式的合作关系，推进中小学教师职前职后教育一体化和终身学习。①

《教师教育课程标准（试行）》（2011）中提到中学职前教师教育课程目标为："中学职前教师教育课程要引导未来教师理解青春期的特点及其对中学生生活的影响，学习指导他们安全度过青春期；理解中学生的认知特点与学习方式，学会创建学习环境，鼓励独立思考，指导他们用多种方式探究学科知识；理解

---

① 王守华：《教师教育课程改革与教师专业发展——访华东师范大学钟启泉教授》，载《网络科技时代》，2007(8)。

中学生的人格与文化特点，学会尊重他们的自我意识，指导他们规划自己的人生，在多样化的活动中发展社会实践能力。"

依据《关于大力推进教师教育课程改革的意见》《教师教育课程标准（试行）》(2011)的主要精神和相关的目标、要求，我们对传统的教育类课程进行改革，构建了新的教育类课程方案。

在新一轮的南京师范大学教师教育课程改革中，传统的普通心理学内容被儿童发展和中学生的认知与学习所替代。其主要原因是在以往的高师教育类课程中，普通心理学的内容严重脱离教育教学第一线，理论内容占用了大量的篇幅，内容沉闷、晦涩，导致学生难以理解，也无法将理论知识应用于实际中。为了改变这种现状，给学生提供一本学生喜爱的、内容具有时代性、实践性、探索性的心理学教科书，我们尝试着编写了这本《儿童发展》。希望通过学习《儿童发展》，学生们的教师专业知识得以扩充，教师素质得到提高，同时学生们能了解心理学这门学科在教育实践中的作用，并在今后的教育工作实践中能应用心理学的知识。

编写本教材的过程中，参加编写教材的老师们经过了多次研究讨论，广泛听取专家、同行意见的基础上，我们对教材的编写提纲进行了多次修改，终于敲定本教材目前的整体框架。由于儿童发展课程是替代传统的普通心理学课程，学生在学习儿童发展之前没有普通心理学的知识，因此，我们将普通心理学的基础知识和儿童发展心理学的学科知识有机地结合到一起。在教材的结构上以心理学学科构成为基础，在介绍了发展心理学主要的相关理论之后，主要从认知、情感、意志、个性几个方面介绍儿童的心理年龄特征。由于本教材主要的培养目标是中学教师，因此在儿童各年龄段的篇幅上我们做了简介和详细介绍的处理，青少年之前的儿童心理年龄特征在一章中进行了介绍，而青少年的心理年龄特征分章节做了详细的阐述。这样，既让学生了解了个体在完全成熟之前的年龄阶段的心理发展特征，又让学生详细了解、把握中学阶段儿童在心理各方面表现出来的特征，从而保证了整体内容的联系性和突出性。

在每一章的结构安排上，我们包括了正文、案例、相关链接、拓展学习等几个部分。正文主要介绍每一章涉及的概念、相关理论以及儿童的年龄特征及研究成果，案例旨在让学生通过分析，发现现实生活事件中蕴含的心理学现象，儿童的心理特征，能够用章节中的理论进行案例分析，做到学以致用，理论与实践相结合。相关链接是对章节中涉及的知识的扩展和进一步深入以及热点话题的研究现状。拓展学习是对学生所学知识的进一步检验，激发学生课后积极思考，强化课堂所学知识。书后的参考文献，便于学生对相关知识的进一步了解和学习。

本书是在学校、学院领导的大力推动和支持下完成的。具体分工是：邱莉（第一章、第六章、第七章）、梁宗保（第二章、第三章）、章滢（第四章、第五章）、杨跃（第八章）。

《儿童发展》这本教材最终能够完成，得到太多人的帮助。在这里，我要感谢南京师范大学教师教育学院的郭宁生院长、张杰书记，本教材是在他们精心组织和支持下才得以顺利完成的。感谢参加编写的东南大学学习与发展中心的梁宗保老师、南京师范大学教师教育学院的杨跃老师、章滢老师，是他们放弃了休息时间进行教材的编写工作。感谢参加我们教材编写研讨会的各位专家，是他们给我们提供了宝贵的意见。感谢我的研究生冯彦、韩雪、谭永丽，是她们帮助我校对文稿，查阅文献资料。此外，在编书的过程中我们还得到了其他很多人的鼓励和帮助，不再一一列举，在本书完成之际，一并表示深深的感谢！

我们期待《儿童发展》能够满足教师教育课程改革的需求，给教师教育课程带来一丝新意。由于我们水平有限，本书难免会有一些疏漏和偏差之处，在此恳请专家学者和读者批评指正！

邱　莉

2013 年 3 月 30 日

目　录

第一章 绪 论

【本章重点】

● 在发展心理学中，儿童是指从个体出生开始到身心发展成熟的个体，一般年龄界限是从 0～18 岁

● 青少年的年龄界限

● 发展是个体在一生中随着年龄的增长而经历的一系列具有顺序性的变化，这些变化表现在生理、心理和社会等方面。生理发展指生物体各部分及各种器官、组织的结构和机能的生长发育过程。心理发展即个体或种系的心理从发生、发展到死亡的持续的规律性变化过程

● 人的发展自出生到死亡，一直处于不断的发展变化之中。对于人生划分的阶段，不同的心理学家从不同的角度出发，提出的阶段名称和时期也各不相同

● 儿童心理的研究设计主要有横断设计、纵向设计和群组交叉设计三种

案例 1-1 青春期的困扰

我刚上完课，班上的一名女生向我反映，这几天，班上的男生很喜欢传纸条，纸条上写的都是"流氓话"。我大吃一惊，"什么！流氓话？"放学后，我偷偷地在垃圾桶里，找到了一些纸条碎片，拼凑出来后，发现上面写的都是"你喜欢哪一个女生啊？""某某喜欢某某，你知道吗？""你认为某某某漂亮吗？""一起睡觉就会生孩子吗？"等之类的内容。望着这些幼稚又令人啼笑皆非的语句，我陷入了沉思。

第二天，我找了几个女孩子私下想了解一下情况，谁知，我刚一开口，一个女生就委屈地哭了，任我怎么问她，她就是不说话。从另一个女生那里，我了解到这个女孩子前几天突然来了月经，弄脏了衣服，被一个男生看见了，他到处和男生说，使很多男生私下里都对她指指点点。女孩哭红的双眼让我心疼，原本正常的身体变化给她带来了多大的心理困扰啊！而另一个女孩子的话让我更是震惊，"某某就是个小流氓，他经常在班上说自己喜欢谁，要和谁结婚的话"。

（资料来源：http://zx.bcjy123.com/24262.html。）

案例 1-2　一名高中生的来信——我的烦恼

张老师：

我小时候无忧无虑的，只知道拼命地玩，很少顾虑有关"我"的事情。长大了，尤其是上高中以后，不知为什么，脑子里整天和"我"打交道，常常由此引发一些烦恼。

我出生后，左胳膊上有块黄豆粒大的黑痣，我长它也长。在小时候，那块黑痣就有豆角粒大了。夏天，穿着短袖的时候，小朋友经常观看我那块黑痣，有的还开玩笑说，那是肘关节里长出的黑珍珠，是无价宝。那时，我毫不在意，好像那块黑痣和我一点关系也没有。

上高中后的那个冬天，我和几位同学去浴池洗澡，照镜子时发现自己的那块痣已有鸡蛋黄大了，顿时产生一种不愉快感，尽管同学们看后都没有说什么。但是从此我再也不让那块黑痣暴露在光天化日之下了。

去年夏天，妈妈出差去深圳给我买了两件高级真丝短袖衬衫。回来后，妈妈几次催我穿那两件衬衫，我像没有听见一样，无论天气多么热，我天天都穿着那件长袖衬衫，有时候晚间洗了，第二天早晨还没有干透，我就半湿半干又穿上它走了。

我去过几家美容院，决心要修掉那块黑痣，可是打听到手术费很高。后来，我背着父母给在美国的舅舅写信，让他寄给我手术的费用。我偷偷去美容院做了美容手术，妈妈发现后，我还和妈妈闹了个半红脸。

原来我是当一天和尚撞一天钟，什么前途理想统统不知道是怎么回事。上高中后，我渐渐发现自己也在悄悄地设计未来了。在初中时，我的各门功课都很好，但不知道为什么而学习，只知道考了高分挺光彩的，老师表扬，家长也满意。

到高中后，相对而言，我对化学的学习兴趣不那么浓但成绩也没下 90 分。一次，同学们拉我去展览馆参观玻璃工艺制品展，我们就像走进了水晶宫一样。玻璃制的鱼在水中栩栩如生，自由自在地觅食、追嬉；那纷飞的彩蝶竟能和蝴蝶泉边的群蝶媲美；最引人瞩目的还是 16 层玲珑剔透的玻璃球……参观归来，我开始对化学产生了浓厚的兴趣，不仅刻苦地学习化学课，还用业余时间学习大量的有关化学的科普知识，将来当一名化学家的理想越来越坚定。

学校开家长会，研究高三报志愿的事情，爸爸妈妈坚持动员我学医，我坚持要学化学，爸妈见我坚持，也同意了我的决定。

张老师，你说我的这些想法奇怪吗？别的同学也有这样的想法吗？

×××

（资料来源：张嘉玮：《谁烦恼：一个心理学家与中学生的对话》，第91～93页，长春，北方妇女儿童出版社，2002。）

案例1-1中的男生和女生为什么会对这些事情如此敏感呢？这种现象是正常的吗？案例1-2中的男生想法奇怪吗？这两个案例说明了学生们怎样的心理特点呢？你能解答学生身上究竟发生了什么吗？如果你是一名教师，你将如何帮助学生解决这类问题呢？……

第一节　儿童发展的界定

一、心理学中"儿童"的概念

在心理学研究领域中，儿童发展是发展心理学的一部分，发展心理学是研究人类在整个生命进程中经历的全部变化，儿童发展则是研究个体从出生到成熟这一段时期的变化。因此，从心理学研究角度来说，儿童通常指的是0～18岁的个体，和我们日常生活中所讲的"儿童"概念有很大差别。在人类一生的发展中，不同的年龄阶段存在着有别于其他年龄段的特征，学者们在研究儿童发展时将"儿童"划分为出生前期（从怀孕到出生）、婴幼儿期（出生到2岁）、儿童早期（2～6岁）、儿童中期（6～11岁）和青少年期（11～18岁）五个时期。[①]

相关链接1-1　心理学与发展心理学

1. 心理学

"心理学"的英文为psychology，由希腊文字psyche和logos组成，psyche的含义为"心灵""灵魂"，logos的含义为"讲述""解说"，二者合起来就是"对心灵或灵魂的解说"，这是对心理学的最早定义。历史上心理学长期隶属于哲学，这种界定具有很浓的哲学意味，但并不具有科学内涵。19世纪末，心理学从哲学中脱离出来，成为独立学科，获得划时代的发展。一百多年来，人们对心理学的认识也随着心理学自身的发展而不断深化。一般认为，心理学（psy-

---

① ［美］劳拉·E·贝克：《儿童发展》（第五版），第4页，吴颖等译，南京，江苏教育出版社，2002。

chology)是研究心理现象的事实、机制、规律和本性的科学。[①]

　　心理学是研究心理现象以及规律的一门科学。心理现象也称为心理活动，心理现象主要包括心理过程和个性心理两大部分。心理过程包括认知过程(感觉、知觉、记忆、思维、想象)、情感过程(情绪和情感)和意志过程；个性心理包括个性心理特征和个性倾向性。个性心理特征包括能力、气质和性格；个性倾向性包括需要、动机、兴趣、世界观、信念、价值观等。

　　2. 发展心理学

　　发展心理学(developmental psychology)是心理学的分支之一，有广义和狭义之分。广义的发展心理学既研究种系心理发展，也研究个体心理发展。狭义的发展心理学即个体发展心理学，研究人类个体从受精卵开始，到出生、成熟直至衰老的生命全程(life-span)中的心理发生、发展过程及其规律，是一门对个体人生发展过程进行描述、解释、预测和干预的科学。[②]平时我们所说的一般是指狭义的"发展心理学"概念。

二、儿童发展中的"发展"

　　大千世界每天都在经历着种种变化和发展，人们一般把各种事物的增长、变化和进步都宽泛地理解为发展。从发展心理学角度来看，发展是个体在一生中随着年龄的增长而经历的一系列具有顺序性的变化，这些变化表现在生理、心理和社会等方面。按照我国著名心理学家朱智贤先生主编的《心理学大词典》上的定义，个体发展(ontogenetic development)即个体从出生经成熟到衰老的整个过程中，生理和心理由简单到复杂，由低级到高级、由旧质到新质的运动变化。[③]这里尤为注意的一点是，并非个体所有的变化都能称之为"发展"。真正能称得上"发展"的变化是指那些按照一定的顺序出现并相对持久的变化。虽然感冒发烧可能会引起我们说话声音(声音嘶哑)的变化，但这只是由疾病引起的短暂变化，不能理解为人类的发展。此外，我们的发型、着装等方面的变化并非按一定的顺序出现，而且也是一种短暂的人类外表变化，因而也不属于人类发展。

　　总的来说，发展的概念必须同时满足三个条件：其一，必须是出现在人类生命过程中的变化；其二，必须按照一定的生物程序出现；其三，这种变化必须是稳定持久的。

---

　　① 林崇德等：《心理学大辞典》，第1406页，上海，上海教育出版社，2003。
　　② 林崇德等：《心理学大辞典》，第284～285页，上海，上海教育出版社，2003。
　　③ 朱智贤：《心理学大词典》，第225页，北京，北京师范大学出版社，1989。

这一发展的定义还说明了在人的整个生命历程中，"发展"不仅体现为作为生物个体的生理发育，更体现为作为社会个体的心理发展。

生理发展（physical development）指生物体各部及各种器官、组织的结构和机能的生长发育过程。①

心理发展（psychological development）即个体或种系的心理从发生、发展到死亡的持续的规律性变化过程。一般从心理种系发展（phylogenetic development of mind）和心理个体发展（ontogenetic development of mind）两方面进行研究。前者指从动物到人类的种系演化过程中心理发生和发展的历史，是物质世界长期发展的结果。后者指人类个体从出生到成熟再到衰老的过程中心理发生、发展的历史，既是个体自身成熟的过程，又是一个社会化的过程。②

因此，个体发展是身心发展的统一。生理发展和心理发展构成个体发展的全部内容，二者又是有机统一的，所以，我们常用"身心发展"一词指称"人的发展"。

生理发展是心理发展的物质基础，为人的心理发展提供可能性，同时又在一定程度上制约着心理发展。但生理发展不是心理发展的唯一决定因素。个体发展不仅依靠生理结构和机能，还受成长环境和个体实践的影响，这是更为重要的影响因素。社会环境对人的心理发展具有关键作用，个体实践是内部生物因素和外部社会环境发生联系并相互作用的中介；社会环境与个体实践将个体心理发展的可能性转化为现实性。③从现代健康理念的转变看，人的"健康"不仅是身体健康，更需要具有良好的精神状态、健全的社会适应能力等心理和社会层面的"健康"意蕴，即"身心健康"。

三、青少年期——儿童发展的一个阶段

青少年期是儿童期的最后一个阶段，是个体从儿童向成人过渡的时期，也是继婴儿期后人生第二个生长发育的高峰期。在这一时期，个体的各个方面均发生了巨大变化，表现出明显的年龄特征。这一阶段的发展，不仅关系着青少年的心理与社会适应，同时对其今后的工作、生活也具有重要的影响。作为一名未来的中学教师，熟悉青少年的身心发展特点，针对青少年成长过程中出现的问题，能提出有针对性的解决策略，才是一名合格的教师。

相关链接 1-2 人生全程的分期

人的发展自出生到死亡，一直处于不断的发展变化之中。心理学家们认

---

① 朱智贤：《心理学大词典》，第594页，北京，北京师范大学出版社，1989。
② 林崇德等：《心理学大辞典》，第1390、1417、1392页，上海，上海教育出版社，2003。
③ 李小平：《新编基础心理学》，第40页，南京，南京师范大学出版社，2005。

为，个体人生发展的历程中既有连续性同时又有阶段性的特征呈现。对于人生划分的阶段，不同的心理学家从不同的角度出发，提出的阶段名称和时期各不相同。现代发展心理学基本认同的观点是把人生全程分为九个阶段，每一"期"的发展又有着区别于其他"期"的典型特征，见表1-1。

表1-1　人生全程发展的分期

期次	期名	发展重点	期限
1	胎儿期	生理发展	从受孕到出生
2	婴儿期	动作、语言、社会依附	从出生到2岁
3	幼儿期	口语发展，性别开始分化，团体游戏	2～6岁
4	儿童期	认知发展，动作技能与社会技能发展	6～11、12岁
5	青少年期	认知发展，人格逐渐独立	12、13～20岁
6	成年期	职业与家庭、父母角色、社会角色实现	20～45岁
7	中年期	事业发展到顶点，考虑重新调整生活	45～65岁
8	老年期	退休享受家庭生活，自主休闲与工作	65岁以上
9	寿终期		

（资料来源：张春兴：《现代心理学——现代人研究自身问题的科学》，第二版，第263页，上海，上海人民出版社，2005。）

(一)青少年期的界定

"青少年期"的英文是 adolescence，源自拉丁文 adolescere，意为"成长为成年人"(grow up into adulthood)。我国发展心理学界一般认为，青少年期是指11、12岁到17、18岁这一阶段。

西方心理学界对青少年期的界定则是一直没有达成共识，不同的理论家提出了不同的界定标准，如生物学的、认知的、情感的等，这样造成了青少年起止年龄也不完全一致。

表1-2　青少年期起止时间的标志

不同方面	开始时间	结束时间
生理	进入发育期	开始具备性繁殖能力
情感	开始与父母疏远	获得独立的同一感
认知	高级推理能力开始显现	高级推理能力得到巩固

不同方面	开 始 时 间	结 束 时 间
人际关系	兴趣开始从与父母的关系转移到与同龄人的关系上	发展了与同龄人保持亲密关系的能力
社 会	开始为成人工作、家庭和公民角色接受训练	完全获得成人的地位和权利
教 育	进入初中	结束正规教育阶段
法 律	获得青少年的法律地位	获得成人的法律地位
时 序	达到了指定的青春期开始的年龄（如 10 岁）	达到了指定的青春期结束的年龄
文 化	开始为成人仪式接受训练	完成成人仪式

（资料来源：［美］劳伦斯·斯滕伯格：《青春期》，第 7 页，戴俊毅译，上海，上海社会科学院出版社，2007。）

由表 1-2 可以看出，由不同的标准划定的青少年起止时间有着不少的差异。但是有些标准划定的年限还是比较接近的，例如，以生理的标准来进行界定的话，青少年期的界定一般在 12、13 岁到 17、18 岁之间；以认知的标准来划定的话，青少年期起止的时间也大约在这一时间段内。

（二）青少年的分阶段

青少年时期虽然是人生发展阶段的一个分期，但是在整个青少年期的不同年龄阶段，青少年的心理发展水平、表现出来的特点以及发展的主要任务仍然存在着明显的差异。例如，一个兴趣在于街舞、代数和篮球的 13 岁的学生和一个思考今后职业方向、为压力而担心即将开始的大学生活的 18 岁的学生是截然不同的。因此，西方的心理学家通常会将青少年期进一步划分成三个子阶段：即青少年早期（约 11～14 岁），相当于初中教育阶段；青少年中期（约 15～18 岁），相当于高中教育阶段；青少年晚期（约 18～22 岁），相当于大学教育阶段。本书的青少年阶段基本上沿用我国的划分习惯，以 11、12 岁到 17、18 岁这一阶段为青少年期，以后各章中进行讨论的青少年阶段也是特指这一阶段，相对应我国的初中和高中阶段，即中学阶段。在论述有关国外的一些理论观点时，在时期划分上可能有点出入。

由于本书主要针对中学教师的培养而编，中学教师的工作对象是处于青少年阶段的个体，因此，本书在整个结构上对儿童时期各个阶段发展的阐述不是均衡进行的，而是对前四个阶段儿童的发展做一个简单的梳理，对青少年时期儿童的发展进行了详尽的阐述。

四、儿童身心发展的一般特征

个体的身心发展遵循着某些共同的规律，这些规律制约着我们的教育工作。遵循这些规律，利用这些规律，可以使教育工作取得好的效果。反之，则可能事倍功半，甚至挫伤学生。

（一）个体身心发展的顺序性和方向性

个体身心的发展在整体上具有一定的顺序，身心发展的个别过程和特点的出现也具有一定的顺序。身心发展遵循一般规律，既不能逾越也不能逆向发展。例如，身体的发展遵循着从上到下、从中间到上肢、从骨骼到肌肉的顺序发展，思维的发展总是从动作思维发展到具体形象思维到抽象思维。瑞士心理学家皮亚杰关于个体认知发展阶段的研究，揭示了个体认知发展的顺序，即按照感知运算水平、前运算水平、具体运算水平、形式运算水平顺序发展的特征。所有这些研究结论为广大教育工作者在教育实践中的工作提供了坚实的理论依据。

（二）个体身心发展的连续性和阶段性

个体发展过程中既表现出身心各方面发展的连续性，同时也表现出了阶段性。个体在不同的年龄阶段表现出身心发展的总体特征、主要矛盾及不同的发展任务，这就是身心发展的阶段性。在一段时期内，发展主要表现为数量的变化，经过一段时间，发展由量变到质变，从而达到一个新的阶段。不同发展阶段之间是相互关联的，上一阶段影响着下一阶段的发展方向的选择。青少年身心发展的年龄特点，是在相应的年龄阶段形成的一般的、典型的、本质的特征。

（三）个体身心发展的不平衡性

个体身心发展并不是匀速进行的，在发展的过程中，速度、水平等体现出不平衡性。这种不平衡性表现在两个方面，首先是同一方面的发展速度，在不同的年龄阶段变化是不平衡的。例如，个体的身高体重在发展过程中有两个生长的高峰，第一个高峰出现在出生后的第一年，第二个高峰则在青春期。在这两个高峰期内，身高体重的发展比其他时期要迅速的多。发展不平衡的第二个方面是不同方面发展的不平衡性。个体身心发展各个方面达到成熟的时间差异很大，有的方面在较早的年龄阶段就已达到较高的发展水平，有的则要到较晚的年龄阶段才能达到成熟的水平。例如在生理方面，神经系统、淋巴系统成熟在先，生殖系统成熟在后。在心理方面，感知成熟在先，思维成熟在后，情感成熟更后。

(四)身心发展存在关键期

人的身心的不同方面有不同的发展期，这一现象越来越引起心理学家的重视，心理学家提出了发展关键期(或最佳期)的概念。心理学家提出的"关键期"是指人的某些行为与能力的发展有一定的特殊时期，如果在这一时期给予良性刺激，会促使其行为与能力得到更好的发展；反之则会阻碍发展甚至导致行为与能力的缺失。关键期这一概念，它的基本含义来自动物习性学家提出的"印刻"现象。1872年斯波丁(D. Spalding)最先提出了印刻现象这一概念。他发现，如果小鸡在出生后的前三天被蒙上眼睛，当把蒙布揭开时，小鸡第一眼看到的是他的手，小鸡就会跟着他的手移动。后来，奥地利动物习性学家洛伦兹(K. Lorenz)又用其他的家禽做实验，也发现了类似现象。洛伦兹通过研究发现，在小鸡出生后的10～16个小时，是认母的关键时刻。如果在这一段时间内，小鸡出壳后第一眼看到的是一个人，那么小鸡就会把人当作自己的母亲，并终生不变。洛伦兹认为，个体的印刻现象只能在个体生命中一个短暂的"关键期"发生，个体在这个时期所印刻的对象，可以使该个体对他接近并发生偏好，而且不会被忘却，由此形成了一种对他的永久依恋。[1]

心理学家认为，儿童的心理发展也存在关键期。在某种心理发展的关键期，如果有适宜的环境刺激，行为习得特别容易，发展特别迅速。这时如果缺乏适宜的环境刺激，也可引起病态反应，甚至阻碍日后的正常发展。但是，近年来许多学者的研究表明，关键期虽然非常重要，但是某些行为即使错过关键期，只要经过一定的再学习，仍然是可以形成的。

案例1-3 猪孩

一个"猪孩"受到教育训练后的变化

1983年6月，辽宁省鞍山市某农村中学老师发现一个"猪孩"。同年10月，中国医科大学心理教研室与鞍山市科委合作，对该女孩王显凤(当时她8岁9个月)进行教育干预实验研究。经调查发现，她家独居村外，母亲5岁时因患肺炎，导致中度智残，生父虽是个聪明的聋哑人，编织业的能工巧匠，但养父患有精神分裂症，故而无人照料她。平时她与猪为伍，吃猪奶、猪食，睡猪圈。久而久之，她表现出猪的习性。比如，不用手挠痒，而是靠着树干或墙上蹭痒，生吃高粱、谷穗时不用手摘，而是直接用嘴拱、咬；有时用四肢爬

---

[1] 沈德立：《发展与教育心理学》，第78～79页，沈阳，辽宁大学出版社，1999。

行。她被发现时虽已8岁，但智力不足3岁。经研究小组干预训练，到1987年4月，历时3年多，王显风的智力、社会适应力和言语水平方面都有较大提高。智商由39上升到68。但发展不平衡。用威氏量表（WISC）各分项测量，算术、数字广度和积木8项，3年来无大变化。3年中，只学会10以内加减法，说明智能的核心成分——抽象思维能力并没有相应的增加。早期受到损害的能力，有些后期可得到补偿，有些则不能。在较低层次的学习、智力活动和行为训练方面，她取得不小的进步，而较高层次的学习、智力活动和行为训练，则很难取得突破性的进展。

婴儿从早期开始，正常的社会环境的持续剥夺，对儿童智力、思维能力和社会适应能力的损伤是不可能得到完全的补偿的。

（资料来源：郭亨杰：《儿童发展心理学》，第51页，南京，南京大学出版社，2000。）

（五）身心发展的个别差异性

心理学除了研究个体身心发展的一般规律性以外，很多领域的研究是围绕个体发展差异性来进行的。因为每个个体发展在优势、速度和水平上以及优势领域都表现出相当大的差异。例如，从群体的角度看，首先表现为男女性别的差异，它不仅是自然性上的差异，还包括由性别带来的生理机能和社会地位、角色、交往群体的差别。其次，个别差异表现在身、心的所有构成方面。其中有些是发展水平的差异，例如，智商水平表现的高低；有些是心理特征表现方式上的差异，如个体能力表现的早晚的差异。这些都是个体个别差异性的表现。

第二节　儿童发展的研究方法

一、儿童发展研究的基本原则

（一）实践性原则

对青少年发展心理进行研究的目的是为了探索青少年心理发展的规律，从而找出有利于青少年发展的有效策略和方法，对青少年进行教育。因此，研究者的工作必须结合青少年发展和教育的实际，即使是一些基础研究或理论研究也是本着为青少年发展服务的。

个体的心理发展是在社会活动中产生并发展起来的。青少年心理发展是与青少年的活动密切结合的，要研究青少年心理发展，必须在青少年的活动中进行，结合青少年的活动来研究他们心理的发展。

（二）客观性原则

在进行个体心理研究过程中，必须坚持客观的标准，坚持客观性原则，保证研究结果的客观性和可靠性。对研究中每个被试的行为和心理表现，对每个数据和个案，都要作出实事求是的具体分析，决不能采取那种符合自己"研究预期"的研究结果则采用，不符合自己"研究预期"的结果则舍弃的做法。研究者要按照心理现象的本来面貌加以揭示，不能凭主观臆想作结论。一项发展心理学的研究，从课题的提出、研究类型的选择、变量的控制、具体方法的确定，到结果分析与报告的撰写等，都要贯彻客观性原则。

（三）教育性原则

发展心理学研究必须符合教育性原则，不能对被试造成身心损害。研究是为了促进个体心理的发展，因此研究所采用的情境、方法和器材，绝不可不利于个体的发展，绝不可违反教育的原则。像华生（J. B. Waton）进行的关于儿童恐惧的实验研究，实验虽然成功证明了个体的行为是通过不断强化而建立起来的刺激和反应的联结，但是，实验本身对个体带来的伤害是显而易见的，不利于儿童的身心发展。由此可见，青少年发展心理的实验研究都应从伦理学的角度，考虑是否有利于促进被试的心理发展。

（四）一般与个别相结合原则

青少年心理发展与其他年龄段的心理发展相比，既具有一般性，也具有特殊性。因此，研究青少年心理发展的一般事实和规律，需要考虑到青少年心理发展的特殊规律和个别差异，要杜绝将一般和个别绝对对立起来。

二、儿童发展的研究方法

（一）心理发展的研究目的

描述、解释、预测和控制是儿童心理发展研究的主要目的。首先，儿童心理学的研究要描述在人类生命的不同阶段，个体经历了哪些变化，变化是什么样的。其次，在描述了个体心理的变化后，要寻求这些变化背后的原因是什么。这就需要研究者对人类心理变化的现象进行解释。此外，人们总是有预知未来的好奇，如何来根据过去的变化规律和原因去预测将来的心理变化，是发展心理学研究者关心的另一个重要问题。最后，人类的发展是多样化的，有些心理现象的变化是符合人们期望的，而有一些变化是人类不愿意看到的。因此，对某些不符合人类期望的变化进行必要的控制和干预是发展心理学的一项重要任务。

对儿童心理现象的描述、解释、预测和控制需要研究者运用科学的研究方法。科学的研究方法必须要遵循客观性、系统性、发展性和伦理性的原则。发展心理学的研究方法有很多层面，有宏观的方法论，也有具体的研究方法。本节我们主要介绍发展心理学的研究设计和具体的研究方法。

(二)研究设计

一般来说，发展心理学的研究设计分为横断设计、纵向设计和群组交叉设计。另外，我们主要介绍观察法、实验法、调查法和访谈法等具体的研究方法。

研究设计是指根据特定的研究目的，综合人员、经费和时间等因素来制订整个研究工作的计划和安排。研究设计是否科学、合理、完善，直接关系到研究的可靠性和科学性，在研究中具有举足轻重的作用。

1. 横断设计

横断设计(cross-sectional design)是指在同一时间内，对不同年龄段儿童的心理特征进行测查或实验操纵，探讨发展规律和特点。横断研究的优点是研究周期较短，能在较短时间内进行大规模的取样，获得大量的数据，省时省力。由于时间较短，所获得的结果不会受时代变迁的影响。例如，研究者想揭示从幼儿到青少年各阶段儿童心理发展趋势，可以选择 5 岁、10 岁、14 岁和 18 岁的 4 组儿童进行研究，这样就可以比较儿童从幼儿期经童年期、少年期一直到青年初期的心理变化发展情况；也可以研究某一特定年龄的儿童，例如，为了了解儿童运算能力，可以给一组 6 岁儿童 20 以内或 100 以内的各种试题，让他们计算，然后找出这一年龄的运算水平。根据这样一些研究，把不同年龄儿童的研究结果加以比较，就可以得出儿童心理某方面的发展情况和规律。

横断设计的好处：一是可以在较短时间内找到同一年龄或者不同年龄儿童的心理水平和特点；二是可以大量地在同一时间进行，节省时间和精力。它的缺点是很难区分不同年龄群体心理特征的差异是由于年龄的变化而导致的，还是由于所选群体本身的差异造成的。此外，横断设计无法回答个体内发展趋势的问题，不能获得关于个体实际发展的本质结论。

2. 纵向设计

纵向设计(longitudinal design)，又称追踪研究，指在较长时间内对某一个或若干研究对象进行多次的观察、测查或实验操纵，并随着时间进程记录研究对象的心理发展变化，从而寻找个体心理发展变化的规律。例如，研究者对儿童气质发展变化的追踪研究，研究者随机从 6 个月大的婴儿中选取若干被试，在这些被试 6 个月、12 个月、24 个月、36 个月、48 个月的时候分别进行观察测验，然后对五次测查结果进行比较，从而寻找婴幼儿气质发展变化的规律。心理学家格塞尔（A. Gesell）也曾采用这种研究方式对儿童进行了大量的追踪研究。在对 10～16 岁青少年年龄特征作追踪研究时，他定期与被试者及其父母见面、谈话。谈话没有固定的形式，较为随意轻松，但内容紧紧围绕九个方面：整个动作系统，自我照顾和日常生活，情绪，自我的发展，与别人的关系，活动与兴趣，学校生活，伦理感，哲学观点。此外，他还对儿童做了一些测验。根据研究所得到的结果，按照一般状况、学科与作业、师生关系等方面，做出 10～16 岁青少年年龄特征的分析。

　　纵向设计的优点在于：首先，纵向研究能够"真正"地探讨儿童发展过程的连续性和阶段性特点，能够揭示儿童心理的发生、发展、从量变到质变的过程以及发展的转折期等；其次，纵向设计有利于对儿童心理发展各方面进行总体的考察，能够揭示心理发展的不同方面之间的相互关系以及诸因素的影响。最后，对那些短期内很难看出发展变化的心理现象，采用纵向设计更为贴切。

　　当然，纵向设计也存在着一些不足。首先，样本代表性问题。纵向研究需要长时间地对同一批被试进行测查，要选择一个有广泛代表性的样本本身就非常困难，再加上在长期的追踪过程中，被试难免会因各种原因（如升学、搬家等）流失，流失后的样本会缩小，因而产生样本代表性的问题。其次，难以在最初选择准确的变量。在开始进行纵向研究时，很难确定哪些因素会对将来的发展是至关重要的。最后，在长期的纵向研究中，一些意外的或难以控制的社会因素（如政治事件、社会变革等）可能会对研究结果产生特定的影响。

　　3. 群组交叉设计

　　群组交叉设计（cohort-sequential design）是研究者为了克服横断设计与纵向设计的缺陷而发展出来的。群组交叉设计是指同时对间隔一定年龄的多组儿童进行相对较短时间的追踪研究，即对不同年龄的若干组儿童进行连续多次的横断研究。群组交叉设计有许多优点，在短时间内可以收集大量的资料，样本流失相对较少，容易使研究程序保持一致，能够控制不同社会生活经历的影响。群组交叉设计的模式如图 1-1 所示。

　　如图 1-1 所示，假如我们想考察 10～16 岁儿童的自我概念的发展。研究者可以从 2012 年开始测查 10 岁儿童的一个群组（2002 年出生的儿童）的自我概念，再测查一个 12 岁儿童的群组（2000 年出生的儿童）的自我概念。随后，分别在 2014 年和 2016 年测查这两个群体的自我概念。这样，我们通过比较两

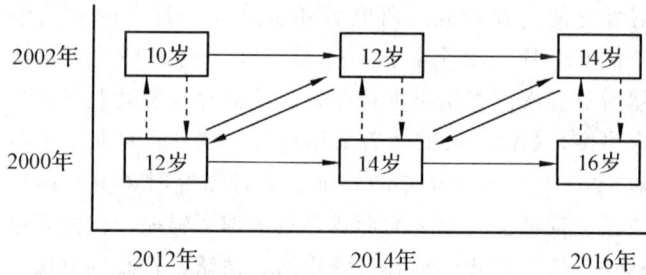

图 1-1　群组交叉设计的模式

个 10 岁和 12 岁样本的自我概念，可以发现年龄群体的效应。

（三）研究方法

研究设计仅仅是研究的一个初步方案，它规定了研究对象、所采用的研究方法、研究成员的构成以及经费、时间的安排。在具体的研究中，研究方法的选择至关重要。下面我们介绍儿童心理发展中最常用的几种方法。

1. 观察法

观察法是科学研究中采用最早、最基本的方法。观察法是指研究者通过感官或一定的设备，有目的、有计划地对儿童某种心理品质或行为进行收集资料的一种方法。

观察法又分为自然观察法和实验室观察法。自然观察法是指在自然条件下对研究对象进行考查的方法，而实验室观察法是指在大学或研究机构的实验室中对研究对象进行考查的方法。观察法使用方便，使用面非常广，在对儿童社交活动、同伴关系、问题行为等心理与行为研究中都可使用。

根据观察者是否直接参与到被观察对象的活动中，可分为参与观察与非参与观察两类。在参与观察中，观察者与儿童一起活动、游戏，在密切的接触中倾听儿童的言行。而在非参与观察中，观察者是独立于活动之外的，通常是以一种隐蔽的身份对儿童的言行举止进行观察和分析。

根据观察本身的形式，又可分为结构型观察和无结构型观察。结构型观察是指研究者事先设计了统一的观察对象和记录标准，对所有被观察者都使用相同的观察和记录方式。无结构型观察则指一种完全开放式的观察活动，允许观察者根据实际情况调整观察内容。

根据观察者与观察对象接触的方式，可分为直接观察和间接观察。前者是观察者身临其境，通过自身感官观察。后者则指通过间接途径对研究对象进行的观察，如在与儿童交谈中对儿童言行的观察。也有研究者根据观察内容是否连续、完整以及观察记录的方式，分为叙述观察、取样观察和评定观察。叙述观察是指详细地观察和记录儿童连续、完整的心理活动和行为表现的观察方法。取样观察是指根据一定的标准，选取被观察对象的某些心理活动或行为表现进行观察，或在特定的时间段内对观察对象进行观察。例如每天课间操期间，对某几个儿童进行观察。评定观察要求在观察的基础上，对相关心理品质和行为做出评定。

在观察法的使用中，研究者要根据研究的目的和实际情况采用不同的观察策略，最常用的观察策略有时间取样策略、事件取样策略、参与观察策略以及行为核查表策略等。时间取样策略是指观察者根据事先确定的观察维度在某些特定的时间段内观察被试的心理或行为事件。事件取样是观察者根据事先确定的行为事件，对被试进行持续的观察和记录，只要事先确定的行为事件出现，就进行记录。参与观察的策略要求观察者参与到观察对象的活动中去，搜集观察对象全面而深入的信息。行为核查表主要针对明确而具体的观察行为，对观察行为是否出现、出现的事件以及行为发生的程度进行记录的一种形式。

2. 实验法

实验法是指通过对实验条件的人为操纵或控制来考察自变量和因变量之间因果关系的方法。实验研究中通常会涉及自变量、因变量和无关变量三种。自变量是指由研究者操纵的、有目的地进行改变的变量。因变量又称反应变量，由自变量引起或改变的心理变化。无关变量是指在实验中除了自变量外，其他可能对被试心理产生影响的变量。实验法要严格地控制或操纵自变量，以观察因变量的变化。该方法能考察变量之间的因果关系。

根据实验场所和条件控制程度，可分为实验室实验和现场实验。实验室实验是通过在实验室内进行严格的实验条件控制，从而确定所考察的自变量与因变量之间的关系。现场实验又可分为自然实验和教育实验两类。自然实验是指在自然状态下，增加或改变某些条件以引起被试心理变化的方法。自然实验具有较高的生态效度，近些年被研究者广泛使用。教育实验是将儿童发展的研究与教育教学结合起来，考察在一定的教育因素影响下，儿童心理行为发生的变化。

3. 调查法

调查法是指有目的、有计划、有系统地搜集研究对象的现实状况和历史状况的资料，从而发现儿童心理变化规律的一种方法。一般把测验法和问卷法统称为调查法。

问卷法是研究者把所要研究的主体分为详细的题目或问题，向研究对象收集资料或数据的一种方法。问卷法可分为结构式问卷和非结构式问卷，结构式问卷采用封闭式的问题，每一个问题都有几个明确规定的备选答案，被试可从中选择一个，资料收集方式简便、省时省力，缺点是不够灵活，深入性不够。非结构式问卷的问题都是开放式的问题，被试可以自由回答，不受限制，因而能够获得深入而丰富的资料。但缺点是由于答案没有统一的格式，处理起来比较费时费力，对研究者本身的素质要求较高。

测验法是用一套标准化的试题或作业，按照事先规定的程序，对儿童某种心理品质进行测查的方法。心理测验的种类非常多，可分为智力测验、能力倾向测验、个性测验、教育测验等。测验法的优点在于：测验的编制和实施都有严格规定的标准化程序，可以与常模进行比较，操作比较简便，评定的标准较为确定，便于数量化的处理，并且短时间内可获得大量数据，省时省力。当然，测验法也存在着一些不可避免的缺点，几乎所有的心理测验都是间接测验。此外，心理测验都会不可避免地受文化背景的影响，测验分数只能表明当前心理状态的结果，而不能反映心理发展变化的过程。

4. 访谈法

访谈法，又称谈话法，指研究者通过与研究对象面对面进行口头交谈来收集资料的方法。访谈法能够深入地探讨个体的内心想法及对客观世界的意义建构和解释。按照提问和反应的结构方式不同，可分为结构化访谈、半结构化访谈和无结构化访谈。结构化访谈是指事先对问题及回答方式有明确的规定。半结构化访谈是指研究者事先有一个粗略的访谈提纲，提纲主要作为提示，访谈者在提问的同时鼓励被访者提出自己的问题，并根据访谈的具体情况随时对访谈内容和程序进行调整的访谈形式。无结构化访谈是指一种非指导性、自由提问和回答的访谈形式。

访谈法比较灵活，谈话的双方可以随时改变方式，能够深入了解被试的心理活动和行为方式。此外，访谈法适用面广，可以用于不同的研究对象和不同的研究问题。其缺点主要表现在：对访谈结果的处理和分析比较复杂，对研究人员的水平要求较高；访谈者的价值观、信念和偏见会影响被访者的反应；收集资料的过程耗时耗力。

5. 文化研究法

文化研究法是针对一个或多个发展维度，对来自不同文化或亚文化背景的研究对象加以观察、测试和比较的一种研究方法。

对文化影响个体心理发展的关注使研究者采取了针对跨文化和多文化研究的程序。文化研究法解决了发展心理学家对某一种文化或者亚文化团体中的儿童在特定时间内进行研究获得的结果是否适用于其他文化背景下儿童的问题。

文化研究法可达到两个目标：一是通过不同文化背景的比较，可以了解人类发展是否存在普遍性规律；二是揭示文化因素对个体发展的影响。不同的文化因素往往导致个体在思维、行动和情绪表达的方式等方面的差异。

第三节 教师教育专业学生学习《儿童发展》的意义

在教师教育专业培养方案中，《儿童发展》作为教育类课程体系中心理学课程的主干课程，是广大师范生的必修课程。作为一名未来的教师，为什么必须要学习《儿童发展》，其原因可从教师职业本身的历史使命分析。作为一名教师，其任务就是教书育人，若想高效地完成这一任务，教师必须要学习心理学有关的课程。而中学教师的工作对象是青少年，所以，学习《儿童发展》是成为合格教师的前提条件。那么，对于教师教育专业的学生而言，学习《儿童发展》有哪些重要意义呢？

一、有助于教师教育专业学生将来运用儿童认知发展特点，提高教学效果

作为一名教师，教学是其工作中的重要部分。提高课堂效果，取得高质量的教学效果，是每一位教师在职业生涯中一直追求的终极目标。教师的工作是一项双边活动，教师的工作对象是人，是一个个活生生的人，因此，教师的课堂教学工作要获得成功，就需要教师具有了解工作对象特征的相关知识。教师只有了解学生的心理发展特点，才能够将课本上的知识以恰当的形式传递给学生。例如，教师要将 $\frac{1}{3} \times \frac{1}{4}$ 分数乘法这种抽象的知识教给小学高年级的儿童时，不能只是将题目写到黑板上，让学生去背乘法口诀得出一个答案，如果是这样的话，很多学生对分数乘法的知识还是停留在记忆层面，他们仍然不能达到理解的水平。因为按照常理理解的话，数值相乘应该更大，怎么会得到一个更小的数值呢。一名学习过儿童心理学的教师了解小学高年级的学生思维发展水平，仍然是以具体形象思维为主。为了让学生能够真正理解、掌握分数相乘的原理，教师能够采用形象的手段将分数相乘的原理展现给学生，以达到学生理解、掌握的程度。美国著名心理学家盖茨（A. J. Gates，1890－1972）曾说当别人向你问及类似"你是教数学的老师吗"的问题时，你最恰当的回答应该是"我不是教数学的老师，我是教学生学数学的老师"（1956）。因此，若要取得良好的教学效果，教师光有学科专业知识是远远不够的，必须要有相应的教育类

知识。《儿童发展》课程是教育类知识构成之一，它帮助教师了解自己的工作对象，了解他们的心理规律和特点，保证呈现给学生的知识符合学生的心理发展特点，满足学生的兴趣，从而提高教师的教学效果。

二、有助于教师教育专业学生将来把握儿童个性发展的特点，提高教育效果

教师除了进行基本的教学工作以外，育人也是教师另一项重要的工作。教师了解把握儿童个性发展的特点，对儿童发展有着重要理论和实践的指导作用。青少年是儿童发展中的一个重要时期，个体的身心两方面发生了巨大的变化。与小学生相比，青少年的身体发育接近成人，思维更加深入事物的本质，自我意识更加突出，自尊水平大幅度提高，个人的独立性凸显，个体心理处于不成熟向成熟过渡的时期，是个体个性塑造、稳固的关键时期。在这一时期，教师对他们进行的教育过程从某种程度上来说就是塑造青少年良好个性形成、定型的过程。因此，了解个性的结构、个性形成的规律、影响个性形成的因素以及青少年的个性特点，对于教师有效地进行教育工作，提高教育工作的实效性非常有帮助。通过学习《儿童发展》课程，教师能够清楚地了解学生个性的构成、个性形成的影响因素以及从哪些方面进行改善能够对学生的个性改造有所帮助。

三、有助于教师教育专业学生将来利用儿童发展的相关知识，解决儿童的心理困扰

随着人们对心理学的了解，越来越多的人开始关注心理对个体工作、学习的影响。当代儿童特别是青少年的"心理问题"意识也是越来越强。当他们遭遇心理困扰的时候，儿童最先求助的可能就是他们的班主任、任课老师。青少年正处于人生发展的关键期，各种心理冲突和矛盾尤为突出，他们在成长过程中经常遭遇如考试焦虑、情绪抑郁、人际交往障碍、师生冲突等"心理困扰"，这些问题如果处理不当往往会造成不良的后果，对青少年的成长极为不利。解决这一问题仅仅靠学校的一两个心理辅导老师的个别咨询服务显然是不可能完成的，这就需要全体教师的共同参与。学习《儿童发展》能够帮助教师掌握儿童心理发展特征，透过问题现象看到问题的本质，清楚问题产生的原因，具有"心理问题"意识，顺利地完成指导工作。

四、帮助教师结合教育实践进行教育教学研究，促进教师专业成长

现代社会对于教师的要求越来越高，未来的教师不仅要能够做好教书育人

的工作，还要善于在自己教书育人的工作中结合相关的教育理论从事教育科研工作。未来教师能够进行教育科研工作才是真正合格的教师，才能够由单纯的教书匠变为教育研究者，这是现代社会对教师的要求。

一线教师进行科研，促进自身的专业成长，必须借助于教育理论知识指导教育实践才能使自己的科研水平上一个台阶，成为一个真正的研究者。比如，如果教师在班级中发现一名学生在语文阅读方面存在困难，教师一方面要积极通过和学生交谈、和学生家长沟通来了解学生的情况；另一方面要通过心理学研究的手段，应用智力测验、阅读测验等方法来判断学生的问题所在。通过这些方法我们可能发现，学生阅读困难并非简单是一个认知领域的问题，它很可能与学生的生活经历和环境有关，如父母忙于自己的工作，将孩子扔给爷爷奶奶或者保姆，对孩子漠不关心等原因导致了孩子学习动机受挫；或者因为不良的人际关系导致等。而要完成这样的工作需要教师掌握一定的教育、心理知识，才能使教师在实践中知道运用哪些教育理论知识来指导在实践中遇到的问题，从而提高自身的科研水平，促进教师专业成长。

总之，通过《儿童发展》课程的学习，不仅可以丰富教师教育专业学生的知识内容，使他们的知识结构更加合理、完善，同时也能为未来教师今后的教育教学工作提供一般性的理论指导，帮助其准确了解青少年，对青少年身心发展过程中出现的困惑与冲突进行心理学的分析，采取有效对策，促进学生学业进步、智能发展、人格完美。

相关链接 1-3 青年心理学发展简史

青年心理学的诞生以 1904 年美国心理学家霍尔(G. S. Hall, 1844—1924)两卷本《青年期》(Adolescence)一书的出版为标志，霍尔也因此被称作"青年心理学之父"。霍尔在 1874 年读了冯特的《生理心理学原理》后，决心学习心理学并到德国莱比锡大学向冯特学习，成为冯特的第一名美国学生。1880 年霍尔回国后，成为美国心理学界最有影响的人物。他创办了美国第一个心理学实验室(1883 年)和心理学刊物《美国心理学杂志》(1887 年至今)，担任美国克拉克大学第一任校长(1888 年)，并担任美国心理学会的第一任主席(1892 年)。

霍尔的《青年期》一书，从生物学的立场出发，以他的各种调查测验材料为依据，阐述了青年心理学及其与生理学、社会学、人类学、性、犯罪和教育的种种复杂关系，提出了个体发展是复演种族发展的"复演说"，奠定了青年心理学的研究基石。尽管他的这一理论并未被人们全部接受，但不可否认他对创建青年心理学的功绩。霍尔在研究儿童和青少年心理时大力提倡和使用的问卷法成为发展心理学的重要研究方法。

继霍尔之后，青年心理学的研究在世界各国逐渐开展起来。第一次世界大战后，青年心理学首先在德国盛行，先后出版的青年心理学著作中尤以彪勒夫妇的《青年的心灵生活》(1921年)和斯普兰格的《青年的心理》(1924年)最为有名。

斯普兰格的《青年的心理》一书，全面系统地阐释了青年心理的特点，是公认的青年心理学名著。他认为，作为人类精神生活的主要方面，人格发展有不同水平、类型和价值等级，主要不在于人的本性，而在于自我意识以及自我与社会文化、历史的关系。他用"第二次诞生"表示青年期的心理特征，并从自我的发现、产生对生活的设想、扩大自己的生活领域三个方面进行了论述，促进了对青年自我意识及其发展的研究，丰富了科学的青年心理观。

20世纪20年代末，M. 米德发表了人类学研究成果，使人们认识到社会环境对青年发展的重要影响，从而抛弃了单纯生物学的立场，开始用社会学的观点研究青年的心理和行为，这一研究方向上的转折性变化，对青年心理学产生了重大影响。

20世纪30年代的美国，由于经济危机和社会混乱，青年问题十分突出，研究者开始把以理解青年为目标的心理学研究转向教育指导与咨询性质的青年心理学，以霍林沃斯(L. S. Hollingworth)等人为代表。霍林沃斯1928年出版的《青年心理学》一书，提出了著名的"心理性断乳"理论(psychological weaning)。与幼儿的"生理性断乳"一样，"心理性断乳"是青少年成长过程中必然遭遇的一种力争摆脱家庭成为自由独立人的冲动。生理性断乳和心理性断乳的共同特点即断乳前所形成的习惯与新的需要、冲动、行为不相适应并发生矛盾，必须改变原有的习惯及心理水平，而这往往造成青少年在心理适应上的复杂多变。

20世纪40年代以后，美国的格塞尔(A. Gesell)、勒温(K. Lewin)、埃里克森(E. Erikson)、班杜拉(A. Bandura)，瑞士的皮亚杰(J. Piaget)和法国的瓦龙(H. Wallon)等人，都为青年心理学的发展作出了重要贡献。

我国现代的青年心理学是从西方引进的，始于20世纪30年代。1981年出版了新中国成立后的第一部系统研究青年心理学的译著——日本依田新主编的《青年心理学》，对于当时封闭、停滞已久的中国心理学界了解外界的研究成果和学术发展水平，尤其是青年心理学的研究，具有很高的学术价值。1983年出版了王极盛编写的我国第一部《青年心理学》专著和林崇德著的《中学生心理学》。

（资料来源：冯江平等：《青年心理学导论》，第13～20页，北京，高等教育出版社，2004。）

【复习与思考】

1. 相关概念：儿童　青少年　关键期
2. 儿童发展主要的研究方法有哪些？
3. 教师教育专业学生学习《儿童发展》课程的意义有哪些？

【拓展学习】

请你回忆一下，当你处于青少年期的时候，在你身上发生了哪些让你至今难以忘记的事情？当时你的老师或者家长是如何处理的呢？

第二章　儿童心理发展理论

【本章重点】
- 儿童心理发展的内涵
- 促成儿童心理发展的最根本原因
- 弗洛伊德的心理性欲理论
- 斯金纳的操作性条件反射理论
- 班杜拉的社会学习理论
- 皮亚杰的认知发展理论
- 维果茨基的社会文化理论
- 尤里·布朗芬布伦纳的生态系统理论

从幼儿园到高中，每个教育阶段的教师都会经历各种各样的苦恼。这一阶段也是儿童经历快速变化的时期，有很多变化是非常明显的，比如明显长高长壮了，更加聪明伶俐了，越来越会与同伴交往了，社会适应能力明显提高了等。但是，儿童在很多方面的发展并非都这么明显。而且不同个体之间的发展速度和方式存在着很大的个体差异，每个人都经历了独特的家庭环境、父母抚养理念和行为、社区文化、意识形态等。作为一名教师，必须要了解儿童是怎样发展变化、每个发展阶段的认知特点、社会情绪特点，这样才能更好地理解儿童如何来学习，从而有效地开展教育教学工作。

让我们看一看教师们有哪些苦恼呢？

案例 2-1

王老师是一名刚工作不久的幼儿园教师。新的学期她接手了一个小班的主班教师工作，她心中已经对这一工作期待很久了，盼望着早日见到那些可爱的小精灵们。在进入幼儿园工作之前，王老师经常看到邻居家可爱的小姑娘，每天她都会逗小女孩玩半天，她觉得三岁的小女孩口齿伶俐，像个小大人一样回应着她。但是她从来没有跟小朋友们长时间相处过。新学期开学的第一天，王老师和其他两位保育老师早早地在教室门口欢迎小朋友的到来。家长们牵着小朋友们来到了教室向王老师报到，可是当家长把小朋友交到王老师手中要离开的时候，半分钟前还很乖的小朋友就开始哇哇大哭，王老师赶快抱起一个小朋友来安慰，没想到，教室里的其他小朋友也跟着大哭，整个教室哭声一片，无论王老师怎么安慰，小朋友们哭着喊着要妈妈。开学前半个月的时间，每天早上家长要离开的时候，王老师都要经历一个小朋友们哭喊的上午。面对小朋友们的哭喊，王老师手足无措，她只能一个一个去安慰，去给他们擦拭眼泪。好不容易熬过了第一个月，可是头疼的事情又接踵而来。她在给孩子们上第一节课的时候，发现整个课堂乱成了一锅粥，小朋友们的注意力丝毫不在她的课上。她无意识地提高了嗓门，然后向小朋友提问："你们知道橙子是什么颜色吗？知道的小朋友把小手举起来"。顿时，全班的小朋友都把小手高高举起，王老师随便叫了几个小朋友，有的说是红色的，有的说是绿色的，还有的说不知道。王老师不知道该如何回应……

案例 2-2

周老师是一年级的体育老师，他想通过一个月的队列训练，让同学们学会队列转换和排列。每节课热身活动以后，他都会让学生排成两列纵队，按照口令来练习向左向右转、齐步走、左转弯走、右转弯走等。一个月后，王老师随机选了几个同学测试他的教学效果，当他向他们发出向左转的口令之后，发现大部分人还是向右转。周老师很是想不通……

案例 2-3

李老师是初中一年级的语文老师，她发现班上的同学总是不能按时交作业。为此，李老师在课堂上立了一条规矩，以后不按时交作业的同学，就不能参加班里组织的话剧表演。下次交作业的时候，她发现班里语文成绩最好的一名同学反而没交作业，经过了解以后，她发现这名同学由于生病而耽误了作业完成。但是当她破例让这位同学参加话剧排练时却遭到了班里其他同学的反对。同学们振振有词地说规矩是你定的，你也不能违反。李老师为此事苦恼了好几天。

案例 2-4

邓老师是高中一年级的班主任，他所带的班级是一个优秀班级，班里的很多同学都是中考的"尖子生"，邓老师在接手这个班的时候就对这个班抱有非常大的期望。他总是有意无意地向同学们传达自己对他们的殷切期望，而且邓老师总是在全班同学面前表扬几位学习成绩靠前的同学，同时不忘鞭策学业成绩靠后的同学。学期结束后，当邓老师拿到班里成绩单的时候，他几乎都不相信自己的眼睛，那几个他认为的尖子生考试成绩一塌糊涂，经常被他批评的那几个学生成绩更是一团糟。邓老师私底下找这些同学来谈话，那些尖子生们认为自己之所以没考好是因为老师和家长对他们给予了过高的期望，让他们压力太大，根本没有办法来集中注意力学习。而后进生们则认为反正在老师眼里他们是扶不起的阿斗，他们大多数时间都没有用在学习上，而是寻求学习之外的乐趣。邓老师听了之后陷入了茫然……

看了上面的这些案例，你知道教师们面对的问题是怎么回事吗？你能帮助这些教师解决他们的苦恼吗？

第一节　儿童心理发展的实质

一、儿童心理发展的概念

儿童心理发展是指个体从出生到青春期结束这一段时间内的认知、人格和社会性等方面出现的连续和系统性的变化。儿童期是个体一生中生理和心理发展最迅速的时期，人类绝大部分的生理机能和心理机能都是在这一段时期内发展完成的。因此，儿童期的心理发展变化是发展心理学研究者重点关注的年龄阶段。

儿童心理发展是一个非常复杂的过程，其复杂性主要表现在以下三个方面：

（一）儿童心理发展涉及认知、人格、社会性等多个方面

儿童在与周围环境相互作用的过程中，必然会产生各种心理活动和行为。儿童通过大脑对外界或体内信息的加工，引起儿童的感知觉、记忆、思维等认知心理活动。在对待不同事物和个体时，儿童表现出不同行为风格、能力、兴趣和价值观等方面的个体差异，以及儿童在社会互动过程中，与其他个体建立的各种联系，对不同对象的喜、怒、哀、乐等情感体验。这些心理现象和行为均是儿童心理学研究和关注的对象。

（二）儿童心理发展影响因素的交融作用

天性和教养对儿童心理的发展都起着至关重要的作用。先天遗传素质为个体心理的发展提供了基础，而后天环境则在一定程度上塑造着个体心理的发展。对于某一种具体的心理特质来说，遗传因素和环境因素所起的作用可能并非完全相同，对于身高、体重以及容貌等生理特征，遗传所起的作用可能大于环境，而对于情绪调控能力、社交能力等方面，就现有的研究来看，似乎环境所起的作用更多一些。而对于认知能力、人格特质等心理机能来说，遗传和环境可能起着交互影响的作用，很难分清楚谁起着更重要的影响作用。

（三）儿童心理发展速率的非同步性

心理发展存在着明显的个体差异。个体从出生开始，在认知、情绪、气质等方面的发展速度并非是齐头并进的，而是存在着巨大的差异。个体刚出生后就已经表现出生物节律、注意持久性等气质方面的个体差异，而在四五岁的时候还不能形成物体的守恒。处于青少年后期的个体在智力方面已经达到了高峰，但在人际关系的处理和情绪调控方面还显得很不成熟。

二、儿童心理发展的实质

我们每个人或许都有过这样的疑问，我们从什么时候开始有了知、情、意、行等心理活动？这些心理活动是如何产生的？发展心理学家长期以来一直在试图回答这些问题。对这些问题的回答就足以说明儿童心理发展的实质是什么。

（一）儿童心理发展的原因

发展心理学们一直关注的话题是："我们的心理是如何产生的?"学者们一般认同这样一种观点，即自然成熟和学习是个体心理发展变化的两个重要原因。

1. 自然成熟

自然成熟是指个体按照来自父本和母本的遗传物质（遗传基因）预先设定好的生物程序的发展。自然成熟如同我们预先设定好的计算机程序和工厂的生产流程一般，到了特定的时间，计算机程序就开始运行，工厂生产线上的原材料按照预先规定好的加工流程进行分阶段加工。全世界所有的儿童都是按照特定的生物程序来进行相应的生理发育和心理发展。所有的胎儿都要经历这样的一个发育过程，即成熟的精子和卵子在受精后就立即开始有丝分裂，从单细胞分裂为多细胞，很快就发育成胚囊，当胚囊在子宫内着床以后，胚胎开始发育，胚胎经过四十周左右的发育后，从母体中分离出来。此外，全世界所有的儿童在动作发展方面遵循着抬头、翻身、爬行和行走，在语言发展方面遵循着简单音节的发声、复杂音节的发声、牙牙学语、单词句、电报句、简单句、复杂句这样的顺序。几乎所有的儿童在11～16岁之间开始性成熟，并渴望与异性交往。这说明生物程序让个体的成熟遵循着一个大致相同的时间表。那么人类个体在发展过程中遵循的这个生物程序从哪里来？目前科学上唯一能够做出解释的就是进化论，在生命的历史长河中，人类演化出了一套特定的生物规则，并通过遗传信息保留了下来。

2. 学习或适应

自然成熟只是遗传信息提供给我们的一套相对固定的程序。这个程序在特定时间段运行后，能否持久地保留下来还需要个体在特定环境中去学习和适应。发声和牙牙学语仅仅为儿童的语言习得提供了一种可能，儿童是否能习得母语，还要靠成人的大量语言刺激。很多关于早期语言刺激剥夺的案例就说明了这一点。20 世纪 20 年代，印度传教士辛格在加尔各答的丛林中发现两个狼哺育的女孩，其中一个约 8 岁，另一个约 1 岁半。她们都是出生后不久被狼叼到山洞里喂养的。辛格把她们送到孤儿院时，她们的行为习惯与狼一样，只能用四肢走路，害怕日光，在太阳下，眼睛只开一条窄缝，并且不断眨眼。她们习惯在黑夜里看东西，经常白天睡觉，一到晚上则活泼起来。每到深夜就会发出非人非兽的尖锐的怪声。她们完全不懂语言，也不发出人类的音节。两人经常动物似的蜷伏在一起，不愿与他人接近。她们不会用手拿东西，吃起东西来真的是狼吞虎咽，喝水也和狼一样用舌头舔。辛格分别给他们起名卡玛拉和阿玛拉。辛格花了很大的精力来教两位女孩人类的行为和语言。总的来说，两个"狼孩"的学习进展都非常缓慢，相比来说，大一点的卡玛拉学习更加缓慢，而且在进入孤儿院不到一年便死去了。小一点的阿玛拉在两个月后才会用孟加拉语说"水"，并且对其他孩子的活动表现出兴趣，25 个月后才开始说第一个真正意义上的单词"妈妈"，4 年后只学会了 6 个字，7 年后增加到 45 个字，并曾说出用 3 个字组成的句子。阿玛拉一直活到 17 岁。但她直到死还没真正学会说话，智力只相当于三四岁的孩子[①]。这个特殊的案例说明，个体即使有先天的遗传基础，如果没有后天环境的刺激也无法习得人类的心理品质。除了印度"狼孩"的案例外，西方国家关于儿童早期经验剥夺的案例也说明了学习在儿童心理发展中的重要作用。有两个女孩在婴儿期被锁进了密室，直到她们 14 岁时才被政府发现，在被禁闭期间，她们很少听到人类语言的刺激，在被解救出来后，虽然人们花了很大的精力去教她们习得语言，但她们始终无法掌握语法规则[②]。在对第二语言习得的研究中，研究者发现在 7 岁之前移民到美国的亚洲人，与美国本土人一样容易掌握英语，而在 15 岁之后移民到美国的亚洲人，

---

① ［印］辛格：《狼孩：对卡马拉和阿玛拉的抚养日记》，第 20～97 页，陈甦新等译，长春，吉林人民出版社，1982。

② Curtiss，S. *Genie. a Psycholinguistic Study of a Modern-day "Wild Child"*. Boston：Academic Press，1977.

在英语的学习方面则要表现差得多①。该研究结果说明在语言预先设定的时间点上，如果没有合适的语言环境刺激，即使在后期进行大量的学习和刺激，也很难达到正常的心理发展水平。

（二）儿童心理发展的实质内容

由上所述，自然成熟和后天学习是促成儿童心理发展的最根本原因。所谓的实质是指事物或事件的实在内容。在生物程序预先设定的发展阶段，儿童通过与后天环境的相互作用，使得认知、社会情绪等心理机能逐渐内化的过程实际上就构成儿童心理发展的实质。也就是说，儿童心理的发展是在先天生物程序的特定时间点上，通过对环境的适应而产生相应的心理机能，而且这种机能随着时间而不断发生变化。

三、儿童心理发展的阶段

关于儿童心理发展的历程，不同的心理学家从不同的角度出发，对儿童心理发展的阶段提出了不同的观点。

（一）阶段论与连续论

儿童心理发展到底是连续的还是非连续的，一直以来都是发展心理学家争论的基本问题。小时候的行为风格在我们成年以后还会保持吗？胆小害羞的儿童在长大以后还会躲避陌生人吗？在对这些问题的回答上，有发展心理学研究者认为儿童心理的发展是一个逐渐发生的过程，是一个量不断累加的过程，而不是突然变化的过程，所以根本不存在所谓的发展阶段。例如，随着儿童年龄的增长，儿童的解决问题的能力越来越强。在行走之前，儿童先学会爬行，随着爬行技能越来越熟练，儿童开始扶着支撑物学步，最后到熟练地行走。然而，另外一些研究者认为儿童的心理发展是一系列突然的变化，每一次变化都会使儿童出现一个新的、更高的机能水平。因而他们主张儿童心理的发展是突然发生、质的变化，人的发展要经过一系列不同的发展阶段，从不会说话的婴儿到表达流畅的学前儿童就是一种质变。

尽管关于儿童心理发展是连续还是分阶段的争论仍然悬而未决，但是为了方便描述儿童在各个年龄阶段的心理发展特点，国内学者习惯上把儿童心理的发展划分为若干个阶段来描述。当然，持阶段论的发展心理学家更加倾向于用不同的发展阶段来描述儿童心理发展的特点。国际著名发展心理学家皮亚杰、

---

① Johnson, J. S. Critical Period Effects in Second Language Learning: The Influence of Maturational State on The Acquisition of English as a Second Language. *Cognitive Psychology*, 1989, Vol. 21, No. 1, pp. 60—69.

科尔伯格、埃里克森就是这方面的典型代表。

(二)皮亚杰的认知发展阶段

皮亚杰(Jean Piaget,1896-1980)是瑞士著名心理学家,他通过观察法和临床谈话法系统地研究了自己的三个孩子,提出了著名的儿童认知发展理论。认知发展理论认为心理发展是有机体适应周围环境的一种基本生命过程。所谓的适应是指有机体对环境要求所做出的应对。皮亚杰认为全世界所有儿童都具有与周围环境相互作用,并试图理解周围世界的本能倾向。他把儿童组织和加工环境信息的基本方式命名为认知结构。儿童在认识世界的过程中表现出的行为和思维模式就是认知结构的最基本单元,即图式(schemes)。随着儿童与周围世界相互作用的程度加深,儿童会形成越来越多的图式,一些简单的图式通过整合而形成更加复杂的图式。例如,婴儿最开始只能通过吮吸和抓握来了解物体,吮吸和抓握是婴儿认识世界过程中最初的图式,随着婴儿肌肉和动作的发展,婴儿不仅抓握、吮吸物体,而且会拿起物体抛掷并且敲击物体,那么抓握、敲击和抛掷就形成了一套更加复杂的图式。

儿童的心理之所以发展,是因为有机体在适应环境的过程中不断丰富了心理机能。皮亚杰认为适应是通过同化和顺应的方式来调整图式。同化(assimilation)是指根据已经发展起来的图式来理解新事物或新事件的过程。学前儿童在掌握了三角形的特点后,一旦见到生活中三角形状的物体,都会把它们归到三角形的概念中去。顺应(accommodation)是指儿童原有的图式无法理解所遇到的新事物或新事件时,根据新信息去打破或改变原有图式的过程。当小学生发现无法用过去学过的"鸟"的概念来解释"鸵鸟"时,就会重新定义鸟的概念,即不会飞的"鸟",也是鸟类的一种。当儿童不能用已有的图式去解释新的事物时,在认知结构中就会产生一种不平衡,儿童就会用很多方式来减少这种不平衡,儿童的心理发展就是在这种平衡—不平衡—平衡中循环向上发展。

皮亚杰认为儿童的心理发展是分阶段发展的,每个阶段与阶段之间具有本质上的变化。他把儿童和青少年的认知发展划分为四个阶段。即感知运动阶段(0~2岁)、前运算阶段(2~7岁)、具体运算阶段(7~11岁)、形式运算阶段(11岁至成人)。

1. 感知运动阶段(0~2岁)

婴儿或年幼儿童主要通过感知觉和动作来探索周围的环境。新生儿对周围的环境的认识基本上靠本能的反射行为,如吮吸、抓握等。随着婴儿各器官的发育,婴儿逐渐通过各种反射活动来进行有目的的行为。他们会通过蹬脚动作来观察与脚相连的床铃变化,通过投掷皮球来观察皮球的运动。他们能把自己的动作与物体的变化联系起来，能初步地对物体和事件在心理上进行表征。2 岁左右的儿童，在观察到成人的一些行为后，会去模仿，这说明儿童已经对成人的动作图式在心理层面进行了表征。感知运动阶段很重要的一个发展成果就是儿童掌握了"客体永久性"概念，即儿童认识到即使物体不在眼前，它也是存在的。一旦在 8 个月以后的婴儿面前呈现一个物体，当我们成人移开物体时，婴儿就会四处寻找，这说明婴儿开始有了客体永久性的概念。

2. 前运算阶段(2～7 岁)

2 岁之前的婴儿在与周围环境相互作用时，主要通过实际操作具体的物体来学习和理解外部世界。进入学前阶段后，儿童的语言能力飞速发展，已经开始逐步用语言、符号来表征事物或事件，即使是物体不在眼前，儿童也能用词汇或符号来描述该物体的特征，并且在心理层面进行比较和思考。绝大多数 3 岁儿童已能够用符号来进行事物关系的比较和运算，比较有代表性的活动就是儿童开始出现大量的假装游戏或象征性游戏，儿童经常扮演不同的角色，利用道具来代替真实的事物。

处于前运算阶段的儿童在思维上存在着很多不完善的地方。学前儿童无法完成守恒任务，学前儿童不能同时考虑物体或事件的多个特征，只能同时考虑物体或事件的某一方面。成人当着儿童的面把同样 200 毫升水从细长瓶子倒入到粗瓶子里时，儿童认为水变少了；当成人把橡皮泥做的圆球压扁以后，他们认为橡皮泥也变少了。这说明学前儿童还不能从多个维度去考虑物体的特征变化。此外，学前儿童思维的另一个特点就是不可逆性，他们无法改变思维的方向，去想象物体回到原始起点的样子；他们无法在头脑中理解把扁平的橡皮泥恢复到球形时的样子。

自我中心是学前儿童思维的另外一个重要特点。学前儿童认为全世界所有人眼中看到的世界与自己的都是一样的，皮亚杰经典的"三山实验"证实了这一特点。把一座山的模型摆在儿童面前，要求儿童描述坐在其对面的玩具娃娃眼中的景色，结果发现 7 岁以下的儿童所描述的玩具娃娃看到的山的景象与自己看到的一样，这说明儿童的思维是以自我为中心的。随着儿童年龄的增长，自我中心的现象会慢慢消失。

3. 具体运算阶段(7～11 岁)

具体运算阶段的儿童虽然在思维上比学前儿童有明显的提高，但在思维的深度和广度方面仍然无法达到成人的水平。7～11 岁的儿童已经完全建立了守恒概念和可逆性概念，他们能够认识到虽然物体的形态发生了变化，但量不会因此而发生变化。

进入具体运算阶段后，儿童思维发展的一个重要特点是关系推理，关系推理即按照一定的逻辑顺序排列事物。小学儿童能够按照物体的某一标准来对物体进行排序，如按照个头的大小来排队，按照重量来比较大小。一旦儿童掌握了这种关系推理的能力，他们就能够进行传递性的比较，如果告诉儿童A＞B，B＞C，那么儿童就能推测出 A＞C。此外，该阶段的儿童获得的另外一种重要的思维能力是类包含。小学儿童能够将基本特征相同的物体归为一类，也能进行两类事物的比较，例如小学生知道教师是包含了所有科目的任课教师，他们知道语文老师、数学老师、音乐老师、美术老师、体育老师等都属于教师这个职业。具备了类包含的思维能力以后，小学生就能够进行大量的概念学习，能够准确地理解概念的内涵和外延。

4. 形式运算阶段（11岁至成人）

进入青春期后，儿童的思维能力发展到一个较高的水平，抽象逻辑思维是个体在青春期以后的主要思维特点。具体运算阶段的儿童只能把运算图式应用到真实的或可以想象得到的具体事物或事件上，7～11岁的儿童还不能完全把传递推理运用到纯粹抽象的符号上去，而形式运算阶段的个体能够对观念和命题进行心理操作，即对没有现实基础的假设过程或事件进行逻辑推理。

个体在形式运算阶段的重要思维特点是假设演绎推理。青少年不再局限于自身的实际经验，能够将逻辑推理应用到各种情形中，皮亚杰通过"钟摆"任务证实了这一点。皮亚杰用不同长度的绳子，绳子的一端系着重量不同的物体，让儿童找出哪些因素影响绳子摆动的速度。解决该问题的关键就是要区分控制绳子摆动的四个因素。每次变化其中一个因素，而恒定其他因素，从而逐一验证每个假设。每个假设都用"如果—那么"的形式，形式运算通过这种系统的方法形成假设，并加以验证，最终找出正确的答案。皮亚杰的研究结果表明，9～10岁的具体运算阶段的儿童还不能形成系统验证假设的能力，所以无法得出正确结论。11岁以上的儿童大部分都能用假设推理的方式得出正确答案，这说明进入青春期后，个体具备了抽象逻辑思维能力。青春期的个体已能够有计划地进行思维，并能对观念上和假设中的概念进行操作。是否所有成人都能进入皮亚杰的形式运算阶段，目前还存在着争议，有人认为有很大一部分成人的思维仍然无法达到形式运算阶段的要求，但也有人认为即使是在丛林部落中的成年个体，仍然能够在他们熟悉的领域内进行抽象的逻辑推理。

（三）埃里克森的人格社会发展阶段

皮亚杰对儿童认知能力发展进行了系统深入的研究，并根据思维发展的本质特点划分了儿童思维发展的四个阶段。对儿童社会情绪的发展方面，美国心理学家埃里克森(Eric Homberger Erikson，1902—1994)进行了深入的研究，提出了心理社会发展理论，并在该理论中划分了儿童社会情绪发展的八个阶段。埃里克森把个体的发展看作是一条经历众多阶段的通道，每一个阶段都有其特殊的发展目标、需要完成的任务和面对的危机。各阶段的发展是相互依赖的，前一阶段的发展任务没有完成的话，会影响到下一个阶段的发展。埃里克森把个体的发展分为基本信任对基本不信任(出生至12个月、18个月)、自主行动对羞怯怀疑(18个月～3岁)、主动性对内疚感(3～6岁)、勤奋对自卑(6～12岁)、同一性对角色混乱(12～20岁)、亲密对孤独(20～40岁)、繁衍感对停滞(40～65岁)、自我整合对失望(65岁以后)。

1. 基本信任对基本不信任(出生至12个月、18个月)

埃里克森认为"基本信任对基本不信任"是婴儿期面对的主要矛盾。婴儿对事物、安全感以及照顾的需要得到养育者无条件和有规律的满足，婴儿就会对主要照料者产生信任感。如果养育者对儿童的需要不敏感，或者拒绝满足儿童的需要，婴儿就会对养育者产生不信任感，进而把周围世界看作是危险的，不可靠的。如果婴儿在该阶段没有建立起对养育者或环境的信任感，就会发展出多疑和不安全的人格特征。

2. 自主行动对羞怯怀疑(18个月～3岁)

2岁左右的儿童开始学习尝试承担自我照料的责任，他们开始自己吃饭、穿衣和上厕所。如果成人对儿童的这种自主性行为进行足够的信任，并对儿童掌握的一些能力进行表扬和肯定，儿童就会获得自主性。反之，如果成人过分地去保护儿童，不让儿童主动承担照料自己的任务，儿童可能会感到羞怯，并因此怀疑自己掌控世界的能力。如果儿童在该阶段的危机没有解决，那么将来可能会形成依赖或缺乏自信的人格特点。

3. 主动性对内疚感(3～6岁)

学前儿童期望像成年人一样做事情，他们总是想承担与自己能力不相符的责任。很多情况下，儿童的目标和行动与养育者或家庭成员的目标是相冲突的，这些冲突会使儿童感到内疚。一方面，父母要保护儿童的这种主动性，在不违反重大原则的前提下，让儿童尝试自己承担一些任务；另一方面，抚养者也要让儿童明白，自己的想法和目标不能影响他人的权利和目标。如果儿童没有解决好该阶段的危机，将来可能会出现退缩或自卑的人格特点。

4. 勤奋对自卑(6～12岁)

小学阶段的儿童开始学习和掌握大量的社会和学习技能。儿童开始注意到坚持不懈地学习或工作之后，能够带来收获的喜悦，而且儿童常常将自己努力学习的结果与同伴进行比较。如果儿童付出了巨大的努力之后获得了成功，就会产生自信，反之，如果付出了勤奋的工作，却没有获得成功或者比同伴的成绩糟糕，那么就会产生自卑感。如果儿童无法成功地渡过该阶段的危机，就会产生自卑的人格特点。

5. 同一性对角色混乱(12～20岁)

进入青春期后，个体开始建构自我概念，必须要回答"我是谁"的问题。综合地回答"我是谁"的问题即同一性建构，青少年要将自己的动机、能力、信仰和历史组成一个恒定的自我形象。自我同一性的建构需要谨慎地选择和决定，尤其是对将来工作、价值观和意识形态的选择，如果青少年不能很好地整合自己的过去、能力和价值观，就会出现角色混乱。青少年自我同一性的建构会出现四种状态，即自我同一性扩散、自我同一性延缓、自我同一性获得、自我同一性早闭。自我同一性扩散是指青少年不去探索各种选择的利害，也不采取必要的行动，对自己的过去和将来没有结论；青少年在多种选择中挣扎，不知道自己到底适合哪一种选择，则会出现自我同一性延缓；自我同一性获得是指青少年经过分析自己的过去和现实中的情况，个人做出选择并为之努力奋斗；自我同一性早闭是指没有经过深思熟虑地考虑就做出选择并承担责任。自我同一性扩散、延缓和早闭都会造成青少年后期人格发展上的缺陷。

6. 亲密对孤独(20～40岁)

进入成年期后，个人所面临的任务是建立良好的友谊关系和亲密关系，如果个体不能与他人建立良好的友谊关系和亲密的异性关系，就会产生孤独和疏离感。

7. 繁衍感对停滞(40～65岁)

成年中期的个体面临的主要任务是努力地工作，承担供养家庭的责任，关心和帮助下一代人的成长，即使是没有子女的个体，也会把精力放在培养下一代年轻人方面。如果个体能够很好地承担起工作和家庭中的责任，就会获得"繁衍"感，否则会陷入"停滞"感。

8. 自我整合对失望(65岁以后)

进入老年以后，个体就会开始回顾和总结自己的一生。如果个体在总结和回顾这一生的时候，发现自己的人生过的比较有意义，多有成就，完全接受自己过去唯一的、不可改变的历史，就会获得自我整合；那些无法接受自己过去的经历，觉得人生没有意义的个体，就会绝望。

(四)国内学者的阶段划分

国内学者林崇德按照年龄段对个体发展进行了划分，分为胎儿与新生儿的发展，婴儿期的心理发展，学龄前儿童的心理发展，小学儿童的心理发展，青少年期的心理发展，成人前期的心理发展，成人中期的心理发展以及成人晚期的心理发展[①]。在其划分的每一个发展阶段，又分别从生理发展、认知发展和社会性发展三个方面展开了论述。

总之，对于儿童发展阶段的划分，不同的学者划分的思路相异，无论是按领域来划分还是按照年龄来划分，实际上遵循的一个重要原则就是阶段与阶段之间，个体在心理变化的差别上要有质的区别。

第二节　儿童心理发展的基本理论

心理世界是看不见、摸不着的，不像物理世界那样确定。人类的心理现象远比物理现象要复杂，不同学者关注的视角不同，因此出现了多种理论来解释儿童心理的发展过程。目前比较有代表性的有精神分析理论、行为主义理论、认知发展理论、社会文化理论、生态系统理论。

一、精神分析理论

精神分析理论的创始者弗洛伊德(Sigmund Freud，1856－1939)是一名精神科医生。他通过分析自己临床病人的病例和生活史，发现很多受情绪困扰的焦虑症患者或癔症患者，大多数人在童年早期都经历了不同程度的创伤。弗洛伊德通过催眠、自由联想等治疗方法对患者治疗的过程中发现，大多数患者都把早年的一些痛苦经历压抑在意识之外，在此基础上弗洛伊德提出了发展的心理性欲理论(psychosexual theory)。

(一)心理性欲理论的主要观点

1. 人类天生就有两种基本的本能：生的本能和死亡的本能

该理论认为人类所有的活动都受生物本能的驱动，人类天生就有两种基本的本能：一种是生的本能，该本能驱使个体进行一些维持生命的活动，吃、喝和性活动的满足是生本能所追求的；另一种是死亡的本能，死亡本能是一种破坏力，它以攻击、破坏、自虐等方式进行表达。人类的大部分心理活动都被压抑在潜意识(unconsciousness)中，表现在意识(consciousness)层面的只占很少的一部分。个体的原始冲动、各种本能和欲望与社会道德、法律规定是不相容

---

① 林崇德：《发展心理学》，第一版，第15页，杭州，浙江教育出版社，1998。

的，会被压抑在潜意识中。因此，弗洛伊德认为人的发展是一个冲突的过程，具有生物本能的个体，必须要满足性本能和攻击本能，而其中大部分需要是不符合社会期望的，所以必须加以限制。

2. 人格由本我、自我和超我构成

弗洛伊德认为个体的人格包含三种成分，分别是本我（id）、自我（ego）和超我（superego）。本我是与生俱来的，主要作用是满足先天的生物本能，而且必须立即满足。刚出生婴儿一旦饿了，或者排泄后就会立即哭泣，直到照料者满足其要求后才能安静下来，可见，婴儿是"完全本能"的；自我是人格的意识和理性成分，反映出儿童逐渐出现理解、学习、记忆和思维活动，其功能是运用现实手段满足本能活动，当3岁的儿童感到饥饿时，他会寻求母亲和教师来满足自己进食的需求；超我是良心的所在地，3~6岁的儿童出现了超我，他们能够内化父母、教师的要求和期望。超我一旦形成，不需要成人的监督，儿童能够意识到自己的过失行为，并且为自己的过失行为而感到羞愧和不安。超我就像是个体内心的一个检察官，督促自我封堵本我不合理期望的出口。

3. 性欲发展的五阶段

早期的精神分析理论认为性本能是最重要的本能，即使年幼儿童也需要满足其性欲，这里的性欲是广义性质上的，婴儿的吮吸、排泄都是其满足性欲的方式。随着性本能的逐渐成熟，个体性欲的满足点会从一个部位转移到另一个部位，每一次转换都会带来心理发展的一个新阶段。弗洛伊德认为人类心理性欲发展分为五个阶段，分别为口唇期（0~1岁）、肛门期（1~3岁）、性器期（3~6岁）、潜伏期（6~11岁）和青春期（11岁或13岁开始）。在口唇期阶段，性欲的发展从嘴开始，婴儿通过吮吸来满足性欲，即使婴儿在不饿的时候也会进行吮吸。1~3岁的儿童会将性欲的焦点转向肛门，排泄能使儿童产生愉快感，以玩粪便而感到满足。性器期约在儿童3~6岁的时候出现，这个阶段的男孩对父亲会产生敌意，女孩会对母亲产生敌意，因为男孩会对母亲，女孩会对父亲产生乱伦的欲望，希望父母成为自己的性伙伴。男孩会有恋母杀父情结，女孩会有恋父杀母情结。儿童进入潜伏期后，性冲动转移到学习和各种游戏活动中，使得儿童进一步内化社会价值观和规范，本能性活动暂时出现了一种停滞或退化现象。经过短暂的潜伏期，儿童进入青春期后，性活动得到唤醒，青少年必须要学会以社会接受的方式来满足自己的性活动，一方面，青少年想极力摆脱父母的控制；另一方面，抵触一切约束自己的规范。

父母在孩子心理性欲发展的每个阶段都要正确地满足和对待孩子。性需要满足的过多或过少，都可能使儿童感到困难，他们不知道哪些行为是允许的，哪些行为是禁止的。这样儿童就会固着在某个发展阶段。如果父母禁止婴儿吮吸手指，那么他长大成人后可能会表现出口唇期的固着行为，从而大量表现出吸烟和贪婪的行为。

(二)性欲发展理论的发展与变化

由于弗洛伊德在其心理性欲发展理论中过于强调性本能的重要性，而且其理论是建立在临床病例基础上，可能不一定适合正常人。很多弗洛伊德的追随者由于学术观点分歧而与弗洛伊德分道扬镳。例如，荣格、阿德勒等都先后自立门户创立了自己的理论，但他们的理论焦点主要不在于儿童的发展方面。埃里克森的理论主要关注了儿童心理发展，虽然他同意弗洛伊德的大部分观点，但不同之处在于他强调儿童是主动、好奇的探索者，并且努力适应着周围环境，而不是本能的驱使者。埃里克森认为对儿童心理发展影响较大的并不是性本能欲望，而是文化和环境的影响。埃里克森提出的心理社会理论系统阐述了儿童心理的发展，该理论认为人在一生中要面临和解决八个危机或冲突。每个危机的出现和解决就是一个发展阶段，发展危机是由个体在某个特定时间段内体验的生物成熟与社会要求所决定，个体必须妥善地处理好每一次危机，才能为下一个危机的解决奠定基础。人生所要经历的八个危机对应着相应的发展阶段，分别为基本信任对基本不信任(出生至12个月、18个月)、自主行动对羞怯怀疑(18个月~3岁)、主动性对内疚感(3~6岁)、勤奋对自卑(6~12岁)、同一性对角色混乱(12~20岁)、亲密对孤独(20~40岁)、繁衍感对停滞(40~65岁)、自我整合对失望(65岁以后)。

二、行为主义理论

(一)华生关于儿童发展的主要观点

行为主义的代表人物华生(Watson,1913)，在俄国生理学家巴甫洛夫的条件反射学说基础上建立了行为主义理论。行为主义主张研究人类外显的行为，而对无法直接观测的意识和认识过程要摒弃。人生来就是一块白板，根本不存在所谓的本能之说，人类所有的行为都是建立在刺激(stimulus, S)和反应(reaction, R)基础上。华生认为儿童的发展和成长完全取决于其所成长的环境和父母及重要他人所给予的刺激。外部刺激和可观察到的行为反应之间的联结，即S—R之间的联结是人类发展的基础。他认为即使像恐惧这样的情绪也是儿童在后天习得的，华生及其助手给9个月大的孤儿阿尔伯特看一只温顺的小白鼠，当阿尔伯特接近小白鼠时，华生在其身后猛烈敲击金属棒，发出刺耳的声响，这样重复刺激后，小阿尔伯特就把小白鼠和恐惧的声音联系了起来，每当小阿尔伯特看到小白鼠之后就会大哭，后来逐渐泛化到小兔子、毛绒玩具，甚至带毛的所有东西。这个实验虽然在今天看来很不人道，但却证明了恐惧等情绪是可以通过后天学习习得的。以华生为代表的早期行为主义都十分强调环境对人类行为的塑造作用。

（二）斯金纳的操作性条件反射的主要观点

斯金纳是行为主义的另一重要代表人物。与华生的观点不同的是，斯金纳在条件反射中区分了应答性行为和操作性行为，而华生的经典条件反射中并未区分这两种不同的行为。应答性行为是指有机体在无条件刺激的情况下做出的行为，例如狗看见食物就会流唾液，婴儿碰到乳头就会吮吸。操作性行为是指在没有明显的无条件刺激下，有机体所做出的行为反应。应答性行为只占所有行为的很少一部分，而人类的大多数行为都是操作性行为。因此，斯金纳的理论又被称为操作性条件反射（operant conditioning）。

斯金纳自己亲手制作了精巧的斯金纳箱，斯金纳箱主要包括动物按压的杠杆，给动物呈现食丸和饮料的分发器。动物一旦进入到箱子里看不到也听不到箱外的任何动静。当斯金纳把一只饥饿的小白鼠或猫放进箱子后，小白鼠和猫会漫无目的地乱撞乱按，偶然按压杠杆后得了一粒食丸，在几次偶然之后，无论是小白鼠还是猫，就会频繁地按压杠杆。食物奖赏强化了动物的行为，并减少了其他无关的行为（漫无目的的乱撞行为）。这说明食物强化了动物按压杠杆的行为，食物就是强化物，而诱使动物做出按压杠杆这一行为的过程就叫强化。如果一只原来学会按压杠杆的白鼠，在其按压杠杆之后，不再伴随着食丸的出现，动物按压杠杆的行为就会慢慢消失，这个过程被称作消退，即有机体的操作性行为因无强化物的出现而逐渐消失的过程。如果一只原来学会按压杠杆的动物，突然之间在其按压杠杆时给予电击，那么动物按压杠杆的行为就会随之消失。电击导致按压杠杆行为次数减少的过程就称作负强化。这里要注意的是负强化与惩罚常常被混淆，负强化的目的是增强我们所期望的行为，而惩罚往往是减少或抑制我们不期望的行为。

操作性条件反射认为儿童许多行为的习得都是强化塑造的。儿童习得的大多数习惯，构成了人格并使得每个人的反应各不相同。人类的发展方向在很大程度上取决于外部刺激，而不是由内部力量所决定，比如本能、生物成熟等。如果父母经常用奖励来强化孩子的友好行为，那么他就会养成对处于痛苦中同伴的同情和帮助的习惯。另一方面，父母或教师要对儿童的不良行为习惯进行惩罚，促使其减少不良行为的出现。

（三）班杜拉社会认知学习理论的主要观点

后人认为斯金纳过分强调了外部刺激对人类行为的塑造，忽视了认知对人类行为的重要作用。班杜拉（Albert Bandura，1925— ）对经典行为主义的理论进行了改进，考虑了认识在人类行为习得中的重要作用，提出了社会认知学习理论。社会认知理论认为不能把人类的行为习得与动物的行为习得直接划等号，人类具有认知能力，是积极的信息加工者，并且能够考虑行为与结果之间的关系，而动物却不能。他认为人类的学习方式有很多种，靠直接的刺激和反应习得的行为只占人类行为的一部分，认为大多数行为的习得是通过观察榜样或他人的行为间接习得。

班杜拉通过对儿童攻击性行为的实验研究，系统阐述了观察学习的理论。班杜拉让三组4岁的儿童观看成人榜样攻击充气玩偶的录像，第一组儿童看到成人在攻击玩偶之后得到了奖励，第二组儿童看到成人在攻击玩偶之后受到了惩罚，第三组儿童看到成人在攻击之后既没有受到奖励也没有受到惩罚。之后把三组儿童分别带到有充气玩偶的房间之后，看到成人受奖励的第一组儿童表现出了更多的攻击行为，看到成人受惩罚的一组儿童很少表现出攻击行为。第三组儿童表现出的攻击行为居于中间水平。

班杜拉由此认为人类的很多行为并非都是直接学习（通过自己完成行动或体验行动来学习），而是通过榜样来替代学习（通过观察他人而获得的学习）。个体在观察榜样的时候需要认知成分的参与。

班杜拉认为观察学习包括四个阶段，即注意阶段、保留信息阶段、产生行为阶段、重复行为动机阶段。要进行观察学习，我们必须首先要注意到榜样的行为，在众多的榜样行为中，个体首先会注意到那些自己感兴趣的行为，或者是对个体有吸引力的行为。榜样的身份、学习者的期望和先前经验都有可能会影响到哪些行为会引起我们的注意。为了模仿榜样的行为，只注意到还不行，必须还要记住所要模仿的行为，这就要求学习者对榜样的行为进行编码，主要是视觉表现表征，把榜样的行为动作保存在头脑中。记住榜样的行为之后，学习者要再现榜样的行为，初次再现的行为可能是零散的、不流畅的，在经过多次练习、反馈和调整之后，才能流畅地再现出来。学习者是否把所有观察到的行为都表现出来，这取决于榜样的行为是否得到了奖励。如果学习者预料模仿榜样的行为会得到强化，就会促使学习者去模仿，并再现榜样的行为，否则，学习者就会放弃模仿榜样的行为。对于模仿榜样行为的强化并非一定是直接强化，也可以是替代性强化，学习者只要看到他人的某个行为得到了强化，就会增强产生该行为的动机。自我强化是学习者自我控制强化刺激，对自己在模仿学习过程中的行为自我奖赏和勉励的一种强化。大多数时候，自我强化所起的作用更加重要。

一些因素会影响观察学习。首先，观察者的发展水平。不同年龄阶段的儿童，其注意力、记忆策略存在很大差异，这些将会直接影响他们的学习水平。其次是榜样的地位。学习者更倾向于模仿那些有能力的、地位较高的榜样，如明星、英雄模范人物等。最后，榜样特征与学习者特征的相似性。个体都会倾向于学习适合于自己的行为，因此，更会模仿与自己具有相似特征的榜样的行为。

三、认知发展理论

皮亚杰是心理学历史上最有影响力的发展心理学家。他本人具有深厚的生物学背景，在其认知发展理论中借用了大量生物学的概念来阐释人类心理的发展。皮亚杰认为个体的心理发展既不是先天的成熟，也不是后天的经验而导致的，而是源于主体（儿童）与客体（环境）的相互作用。简单而言，个体的知识来源于动作。一个婴儿能吮吸奶嘴就是一种适应，而一个成年人能够成功解决一个数学问题也是一种适应。

（一）发展中的同化与顺应

皮亚杰认为每个儿童在与周围环境相互作用的过程中，不断形成认知结构，而认知结构的最基本单元就是图式。图式是个体用来解释某方面经验的一种思维或动作组织方式。婴儿主要通过感知觉和动作作用于周围环境，因此，婴儿的图式相对简单，只是一些简单的动作习惯，或者某几个简单动作的组合。当儿童用先前形成的图式作用于新事件或新事物时，会发现旧图式不能解释或包含新的事物，这时候就会产生主客体之间的不平衡。要打破这种不平衡，主体就要通过组织来实现，组织是指儿童把原有图式与新的、较复杂的智力结构结合起来。组织的目的是为了个体下一步的适应，组织通过两种方式来实现，一种是同化，另一种是顺应。同化是指儿童用现有的认知结构来解释新经验，顺应是指儿童把现有的图式加以改组，以便能够解释所遇到的新经验。

皮亚杰认为图式的演化是毕生进行的，个体不断地依靠同化和顺应的互补过程来适应周围的环境。儿童并不是被动地来进行同化和顺应的，而是主动地、充满好奇地探索周围的环境，一直在形成新的图式，进行知识的重组，不断使简单的图式变得复杂，从而推动其认知发展由一个阶段向另一个更好的阶段发展。

（二）认知发展的四个阶段

皮亚杰提出了认知发展的四个阶段，分别为感知运动阶段（0～2岁）、前运算阶段(2～7岁)、具体运算阶段(7～11岁)、形式运算阶段(11岁至成人)。皮亚杰认为所有的儿童都必定按照这四个顺序发展，不可能出现阶段的跳跃，只有在完成前一个阶段的基础上，才能进入下一个阶段，新的阶段进入代表着一种更加复杂的思维方式。对于每一个阶段儿童的认知发展特点，我们已在本章第一节第二部分进行了详细论述，此处不再赘述(参见本章第一节)。

四、社会文化理论

与皮亚杰所处同时代的苏联心理学家维果茨基(Lev Vygotsky)提出了社会文化理论。在很长一段时期，维果茨基的理论并不为人们所熟知，一方面由于他的著作是俄文撰写的；另一方面是由于他英年早逝，很多思想和观点还没有系统化。直到20世纪80年代，西方学者大量翻译和介绍了维果茨基的理论，引起了人们对其理论的重视。维果茨基的社会文化理论并不认同儿童是独自做出重大发现的独立探索者，人的活动都是在特定的文化环境中发生的，不能离开特定的文化环境去理解人类的活动。他认为儿童的认知发展是一个社会文化传递活动，儿童通过与社会中更有能力或更多知识的成员合作对话，逐渐获得新的思维和行为方式，儿童在与社会其他成员交互作用的过程中，逐渐形成了认知结构和思维过程。人类高级的心理过程(如推理、问题解决等)都是在与社会其他成员的联合建构活动中进行的，儿童与社会中更有能力的个体进行联合活动时，文化工具(尤其是语言工具)扮演着重要作用，成人将文化工具传递给儿童，儿童用这些工具提升他们自己的发展，刚开始成人用语言指导儿童进行活动，慢慢地儿童把成人的语言变成自我指导的语言，指引着自己的思维活动。例如，儿童在与成人互动的过程中，儿童为了控制他人的行为，使用言语"不要拿我的玩具"，但是，后来儿童能用言语来控制自己的行为("不能拿小朋友的玩具")。

维果茨基提出了最近发展区的概念。最近发展区是指儿童当前的发展水平与儿童在成人指导下或是与更有能力的社会同伴合作能达到的发展水平之间的一个区间。对于一些简单的任务，儿童用已经掌握的能力能很轻松地解决，而对于一些相对较难的任务，儿童无法独立去完成，但只要在成人适当的帮助和支持下就可以完成任务。教学的内容一定要设定在儿童的最近发展区之内，过难或较容易的内容都不适合作为教学内容。从这一点来说，教学一定要走在发展的前列。此外，社会文化理论也反对皮亚杰的认知恒常发展观，儿童通过与更有能力的社会成员交往获得新技能，新技能带有文化特异性而非普遍的认知结构。

五、生态系统理论

美国心理学家尤里·布朗芬布伦纳(Urie Bronfenbrenner)从生态系统的角度看待人类的发展。他提出的生态系统理论(ecological system theory),也承认个体的先天生物特征与外界环境共同影响着发展,但该理论的侧重点在于精细地分析了环境对人类发展的影响。

布朗芬布伦纳认为自然环境是个体发展的主要影响源,不同层次的环境如同俄罗斯套娃一般,层层嵌套。发展中的个体处于所有环境中的最中心,由中心向外,逐层分为微系统(microsystem)、中间系统(mesosystem)、外系统(exosystem)和宏系统(macrosystem)。

他把与个体直接接触的环境称作微系统或微环境,如家庭、托儿所、幼儿园等。微环境中的因素,如父母行为、父母婚姻关系会对儿童产生直接影响,同时儿童本身的生物性和社会特征,如气质、认知能力也会影响微环境中的成员。一个气质上易怒的儿童,可能会使父母感到力不从心,从而引发父母的消极态度和抚养行为。

中间系统是第二层环境,指的是家庭、学校以及同伴群体等微环境系统之间的联系和内在关系。儿童的发展可能因微系统环境之间的良性互动而得到优化,如家庭和学校之间的良好互动,使得更好地了解儿童在学校的表现,掌握儿童在学习和社交方面面临的困难,从而有针对性地为儿童提供帮助,以促进儿童在学校获得成功,而在学校取得成功的儿童,更容易受到同伴的爱戴和接纳。从反面来讲,微系统中之间的不良的关系可能对儿童的发展造成负面的影响。即使教师和父母都为儿童提高学业成绩尽了最大的努力,但儿童所处的同伴群体经常引诱儿童逃学去参加一些不良的社会活动,也会让教师和父母的努力付诸东流。

外系统是生态系统理论的第三层环境,指儿童青少年并不直接身处其中,但却影响他们发展的环境,如父母的工作环境、学校培养计划和教学计划的调整等。

宏系统是个体发展的最外层环境,指的是个体所处的文化、亚文化、社会习俗、法律或社会阶层等。宏系统通过向外系统、中系统和微系统施加影响力,从而间接地影响儿童的发展,因为宏系统是一个影响广泛的意识形态系统,它规定了社会中的成人应该怎样对待儿童,儿童应该接受怎样的教育,期望儿童应该追求什么样的目标。

生态系统理论强调,环境对个体所施加的影响依赖于儿童的年龄。不同层次的环境系统对个体的影响都是随着时间的变化而变化，我们考虑环境对儿童发展的影响只能站在时间历史的角度去考虑。

相关链接2-1　人类行为的发展：现代进化论与行为遗传学的视角

在心理学的发展历史上，生物因素虽然一度被极端环境决定论（如行为主义学派）排除在心理学的研究范畴之外，但生物因素对人类发展所起的重要作用很早就得到了发展心理学家的重视。被誉为"发展心理学之父"的格塞尔就认为儿童的发展如同植物的生长一般，会随着时间的推移而按照基因设置好的模式展开，像家庭抚养以及环境中其他因素对儿童发展的作用几乎可以忽略。虽然这种极端的生物决定论遭到了大多数发展心理学家的反对，但是生物因素在人类发展中所起的重要作用仍然受到了大量的关注。

近几十年来，现代进化理论和行为遗传学从不同的角度阐释了生物因素在人类心理发展过程中所起的重要作用，使得人们不得不重新思考生物因素究竟如何作用于精神和灵魂的发展变化。现代进化理论沿袭了达尔文经典进化论的主要思想，主要关注自然选择如何使人类形成众多的适应性特质、动机和行为。当然，现代进化论的理论和实证研究最早始于动物研究，后来逐步推演到人类行为中。习性学（ethology）最先由两位欧洲的动物学家洛伦兹和廷伯格提出。习性学认为所有动物与生俱来就有一系列由"生物程序"设定好的行为。这些行为是人类在几十万年的进化过程中自然选择的产物，而且与其生存环境相适应。习性学研究者最先关注了鸟类的"印刻"行为，他们发现许多鸟类似乎天生就有追随母亲、筑巢和鸣叫的行为，这些生物性的程式化行为有利于它们生存下来，如追随母亲可以使它们在遇到天敌时得到保护，而且大大增加了它们找到食物的概率。因此带有这些增进鸟类适应性行为的基因就会比没有这些基因的鸟类更加容易存活下来，并把它们的基因遗传给后代，经过几十代，甚至数百代的传递，这种具有适应性价值的基因就会成为整个种群所有个体的普遍特点。习性学认为动物的这种生物性的程式化的行为是在进化过程中自然选择的结果。所以，习性学家更关注物种成员先天或本能的行为（即物种成员所共享的行为），以及指引物种成员沿相似轨迹发展的趋势。

既然先天的生物程序可以引导动物沿着相似的轨迹发展出各种行为，那么预先设定好的程序是如何引导人类的发展呢？后来的习性学家把研究的兴趣从动物身上转移到了人类个体，约翰·鲍尔比成为卓有成就的人类习性学家，他通过对人类儿童长期的观察研究，认为儿童也会像小动物们一样表现出各种各样程序性的行为，并且儿童的每一种反应都能相应地促成一种特定经验，这些经验会帮助人类个体正常的生存和发展。婴儿期的啼哭就是一种天生让抚养者迅速满足其需求的"信号"。父母或抚养者总会认为婴儿的大声哭喊传递出他们的不适或痛苦，所以其适应意义一方面在于保证他们需求的满足；另一方面在于与养育者建立情感依恋，进而扩展到其他人，逐步形成人际关系。习性学家总是喜欢研究自然情境中的个体，因为他们认为只有在人类或动物赖以生存并日渐适应的环境中进行观察，才能使我们更深入地理解、塑造人类或动物物种发展过程的先天生物性程序。

不管是动物习性学家还是人类习性学家，虽然他们比较强调生物基础在人类发展中的作用，但是他们并不因此而小觑经验，尤其是早期经验的作用。虽然婴儿的啼哭可能是一种增强人际接触的信号，而且会促使人类情感依恋的出现，但婴儿在与抚养者形成依恋关系之前，必须要先学会如何把抚养者的面孔从其他陌生的面孔中区别开。如果婴儿遇到了一对冷漠或患有抑郁症的父母，婴儿的哭泣要么不会引起他们的注意，要么会引来冷漠的反应，那么婴儿也不会与其形成良好的依恋关系。所以，早期的学习经验对于儿童的发展非常重要，习性学家认为人类儿童的许多行为都有一个发展的关键期。关键期是人类发展过程中很短暂的一个时期，在这个期间正在发展的个体会对特定的环境刺激非常敏感并做出反应。在非关键期内，同样的环境刺激对个体的发展就没有持久的影响作用。人类习性学家更喜欢把人类儿童发展的关键期称为敏感期，指特定能力或行为出现的最佳时期。在敏感期内，个体对环境的刺激非常敏感。鲍尔比认为生命的前三年是人类个体社会性、情感依恋的敏感期。如果在此期间内，儿童很少有机会与成人形成情感联结，那么长大以后就很难与他人建立亲密的情感联结。

虽然习性学代表了现代进化论的一种观点，但现代进化论的另一种假设却与习性论的假设完全不同。习性学认为先天的适应性行为保证了个体的生存，但是现代进化论的另一种观点却认为先天的适应性动机和行为只是保证了个体基因的存活和延续。在对同样一种行为进行解释时，两种观点却截然不同。一位母亲在地震时用身躯保护了两个孩子，而牺牲了自己。习性学的假设很难解释这种现象，母亲用身躯保护自己的两个孩子的行为显然不利于自己的生存，这种行为对她自己来说是非适应性的行为，但进化心理学的观点却认为母亲的这种动机和行为是高度适应性的，因为她的孩子携带了她的基因，并且两个孩子会有更多的机会把基因传递给下一代。母亲的保护孩子的行为保证了其基因的延续，所以她的牺牲是非常值得的，具有高度适应性。

进化心理学重点阐述了人类在几十万年的进化历史中如何形成特定的适应性行为，尤其是在婚配、子代抚养等方面形成了一套程式化的心理机制。男、女在择偶方面表现出了不同的偏好，这些偏好的形成是自然选择的心理适应机制。由于男女生理构造的不同，男性在短短的几个小时就能产生千万甚至上亿的精子，而女性一生也只能产生几百个卵子。所以男性想要尽可能多地延续自己的基因，那么他们能做的就是尽可能使更多的女性受精怀孕。同时，男性更愿意寻找更年轻的、身材更好、更具有性魅力的女性作为伴侣，因为这样的女性繁殖能力更强，具有更大的生殖价值。相对于男性，女性对延续自己的基因也同样非常重视，但是由于女性的生殖成本很大，必须要经历怀孕、生产、抚育子代等过程，所以女性在选择配偶的时候更加谨慎，他们会更喜欢找一个有资源、有能力并且身心健康的男性，以保护她和子代存活下去，从而迎合长期进化而来的这种生物动机。

现代进化理论的另一种观点认为，人类个体的发育和成长比较缓慢，从受孕到青少年期这一很长的时间内都需要成人的照顾和保护，这种较长时间的不成熟期是我们每个人必须面对的进化适应过程。与其他物种不同，人类主要靠智慧立足于地球，高度发达的大脑是人类智慧的载体，也是人类屹立于世界物种之林的利器。高度发达的大脑为我们学习使用工具、掌握复杂的社会规则和习俗提供了物质基础。一个复杂的大脑从结构到功能的成熟都需要更长时间的发育，这种过程本身就是一种适应机制。

相对而言，现代进化论是从人类进化的宏观视角来看待人类心理的发展，而行为遗传学则从更微观的角度来看待人类心理的发展。行为遗传学试图回答人类心理发展的两个问题，第一，人类所具有的能力、行为倾向是否有赖于祖先赋予我们的特定基因组合；第二，如果人类的心理差异的确因特定基因组合的不同而不同，那么个体生活的经历是否都能修正或改变这种基因组合的作用。与进化论学者一样，行为遗传学研究者同样对人类心理发展的生物性因素着迷，但他们在具体的观点上存在着很大的差别，进化论的研究者更关心物种中所有成员所普遍共有的、彼此相似的心理品质，而行为遗传学者关注的则是同一物种内成员之间变异的生物基础。

行为遗传学者主要通过选择性育种和家庭研究两种方法来考察遗传因素和环境因素对个体心理发展所产生的影响。选择性育种主要是通过控制动物的基因型，让同物种内具有某种相似性状或相异性状的动物进行数代交配，从而达到选择或培养某些属性的目的。最经典的选择性育种试验是在老鼠中进行的。研究者在从众多走迷宫的老鼠中选择聪明型的老鼠(犯错误比较少的)和愚笨型的老鼠(犯错误比较多的)，接下来分别让聪明的老鼠之间、愚笨的老鼠之间进行数代交配，同时控制了老鼠们生活的环境，他们住同样大小的房间，吃相同的食物。经过几代之后，聪明老鼠的后代和愚笨老鼠的后代学习走迷宫的成绩差异显著增大。

然而，对人类心理品质的研究不能使用选择性育种的方法，但行为遗传学家选择了家庭研究来探索人类心理品质。比较生活在同一家庭中的成员在一种或几种心理品质上的相似程度是家庭研究的通常做法。如果同一家庭成员之间在某种心理品质上更加相似，那么我们就认为这种属性是受遗传影响的。由此可知，血亲关系越紧密（基因的相似程度）的家庭成员之间，其心理品质的相似程度越高。双生子研究和收养研究是家庭研究中最常用的两种方法。虽然无法在人类群体中进行选择性育种研究，但大自然还是给了行为遗传学家机会，双生子和收养群体是他们最理想的研究群体。同卵双生子之间（100%的共享基因）和异卵双生子（50%的共享基因）之间所共享的基因比例不同，这就为比较他们心理品质的相似性提供了天然的保证。如果基因的确能够影响我们的心理属性，那么在相同环境下长大的同卵双生子必定会比异卵双生子更相似。收养研究则比较了被收养儿童与亲生父母之间，养子女与养父母之间以及被收养儿童与无血亲关系的兄弟姐妹之间在心理品质上的相似性。因为收养这一事件把遗传和环境进行了分离，被收养儿童与亲生父母之间共享了50%的基因，但却不共享环境；被收养儿童与养父母，以及无血亲关系的兄弟姐妹共享环境，但却不共享遗传基因。因此，如果被收养儿童在人格、认知能力与亲生父母更相似，那就说明遗传对个体的心理品质的确是有影响的，反之则说明环境对个体心理品质的影响作用更大。

行为遗传学家使用遗传力（heritability）和一致率来衡量某种心理品质受遗传影响的程度。一致率主要是针对一些心理疾病或精神症状而言，指具有血亲关系的家庭成员，其中一个出现某种心理症状的时候，其他成员是否也出现这种症状的百分比。而遗传力则衡量了那些用数值来表示的连续心理品质，如智力、人格特质等。然而要指出的是，遗传力只是一个统计数值，仅仅描述了某个群体在某种心理品质上的差异与所遗传的基因差异之间的相关程度，不能把它放在某个个体身上来使用。

难道行为遗传学只关心了遗传基因对人类心理发展的影响吗？答案显然是否定的，行为遗传学研究者也十分关注环境因素对个体心理发展所起的作用，尤其是非共享环境因素的作用。共享环境，顾名思义，是指家庭成员所共享的经验，或者是他们彼此相似的经验。非共享环境是个体所特有的经历，它是家庭成员之间彼此不同的经验。即使是一起抚养的同卵双生子，他们在智力、人格上的相似程度也并非百分之百。因为一起抚养的同卵双生子有相同的基因和家庭环境，所以他们之间在心理品质上的差异必定来自彼此经验的差异。有可能他们受到了父母和同伴有区别的对待，或者他们彼此参加了不同的社会团体。不管是同卵双生子还是异卵双生子，生活在同一家庭中的在智力、人格特质上要比分开抚养的更加相似。在同一个家庭中成长的儿童，父母对他们都会表现出同样的兴趣，并且会用相似的教养方法来促进他们的智力和人格，这种经验会增加他们彼此之间的相似性。

当然，选择性育种和家庭研究只是通过间接的方式估计了遗传因素和环境因素对人类心理品质的影响程度，所以被称作量化行为遗传学。当前，研究者们已经采用分子遗传学方法来直接查明某些心理品质与特定基因多态性的关系。总之，现代进化论和行为遗传学为我们理解人类心理的发展提供了一种全新的视角，使得我们有机会跳出传统发展心理学的理论来看待个体从出生到死亡的发展过程。

（资料来源：［美］David. R. Shaffer：《社会性与人格发展》（第五版），第72～92页，陈会昌等译，北京，人民邮电出版社，2012。）

第三节　儿童心理发展的研究历史

一、西方儿童心理发展的研究历程

心理学有一个长期的过去，但只有短暂的历史。东西方关于心理学的哲学思想源远流长，但科学心理学的诞生也不过130多年。在个体心理发展的研究历程中，儿童期是研究者关注最多的部分，因此关于儿童心理发展的研究历程就构成了儿童心理发展史。

西方最早关注儿童心理发展的是文艺复兴后的一大批人本主义教育家。文艺复兴运动使得西方的哲学家和教育家把教育从神学中解放出来，他们开始关注人本身的发展。捷克大教育家夸美纽斯、法国社会活动家和教育家卢梭、瑞士民主主义教育家和教育改革家裴斯泰洛齐以及德国教育家福禄贝尔等人是西方早期关注儿童心理发展与教育的先驱。卢梭在《爱弥儿》一书中阐述了要尊重儿童的天性，使儿童顺其自然地发展，不能把儿童当作成人一样来对待等观点。他还指出要根据不同年龄儿童的身心特点，来采取相应的教育原则、内容和方法。福禄贝尔等人主张采用教育实验的方法来探索儿童发展中的一些规律，在儿童教育活动中，他们重视游戏和儿童自主活动对儿童身心发展的影响作用，注重手工、园艺等实践活动对儿童动作、心理发展的作用。这些早期的儿童发展和教育思想为儿童心理学的诞生奠定了早期的思想基础。达尔文的进化论思想提出后，引起了教育界对儿童心理发展的重视，达尔文本人通过对自己孩子长期的观察记录，写成了《一个婴儿的传略》(Darwin，1876)，该书也是最早用传记法研究儿童心理发展的著作，推动了儿童心理学的研究①。

提到科学儿童心理学的诞生，就不得不提到普莱尔。普莱尔(Wilhelm Thierry Preyer，1482－1897)是德国生理学家和心理学家，他的《儿童心理》(1882)一书的出版，标志着科学儿童心理学的诞生。普莱尔通过对自己孩子(从出生到 3 岁)的系统观察和实验性观察，并把观察记录整理成著作《儿童心理》，该著作被研究者公认为是第一部科学的、系统的儿童心理学著作②。《儿童心理》一书论述了儿童的感知发展、意志发展及理智发展。普莱尔在书中肯定了儿童心理研究的可能性，阐述了遗传、环境和教育对儿童心理发展的影响作用，并且明确反对其他研究者所持的儿童心理是一块白板的观点。此外，普莱尔同时采用了系统观察和儿童传记的方法进行比较研究，对比了儿童与动物、儿童与成人之间智力的相同点和异同点，开启了对儿童心理发展的真正意义上的科学研究。

无论是从研究时间、研究内容，还是从研究方法和影响力来看，普莱尔关于儿童心理的研究都具有重要的开创意义。《儿童心理》(1882)是一部系统研究儿童心理发展的著作，是儿童心理研究的开创性著作，从研究内容上来看，普莱尔的《儿童心理》将儿童的身体发育和心理发展分别论述，体系完备，从方法上来讲，普莱尔对其子女进行了系统的观察，并在观察过程中引入了反应时、心理测验等方法，这些方法相对以往的思辨探讨更为科学。《儿童心理》出版后受到了国际心理学界的关注和重视，各国心理学家都把这本著作视为儿童心理学早期的经典之作，并纷纷译为多种文字。可见，该著作影响深远。

《儿童心理》出版后，欧洲和美国涌现出了一些杰出的心理学家，他们都不同程度地推动了儿童心理学的研究工作。美国心理学家霍尔(Granville Stanley Hall，1844－1924)提出了复演论，指出应该把人类个体的心理发展看作是一系列或多或少复演种系进化历史的理论。胎儿在胚胎中的发育复演了动物进化的过程，儿童期是重演了人类原始的远古时代，少年期是中世纪的复演，而青年期是新近的人类祖先的特征。在教育上，霍尔主张对儿童青少年的教育要考

---

① ［美］David R. Shaffer：《社会性与人格发展》(第五版)，第 8 页，陈会昌等译，北京，人民邮电出版社，2012。

② 林崇德：《发展心理学》(第一版)，第 15 页，杭州，浙江教育出版社，1998。

虑个体心理发展复演种系进化的特点。此外，美国心理学家杜威强调实践经验对个体心理发展的影响。卡特尔、比奈和西蒙等人在儿童心理测验方面做出了卓越的贡献，尤其是比奈和西蒙编制的《比奈－西蒙智力量表》是世界上第一个权威的儿童智力测验。

第二次世界大战期间，整个心理学的研究得到了飞速发展，儿童心理研究的著作大量涌现。这段时期也是西方儿童心理学的进一步分化和发展时期。这一时期，各种心理学流派，如精神分析学派、行为主义和格式塔心理学之间相互影响，持不同理论观点和风格的儿童心理学著作大量出现，专业的儿童心理学学术刊物大量发行，大学里开设了众多的儿童心理学课程。一些著名的儿童心理学家诞生，如瑞士的皮亚杰、美国的格塞尔、奥地利的彪勒夫妇等，说明儿童心理学在这一时期得到了飞速的发展。第二次世界大战后，西方儿童心理学的研究继续蓬勃发展，各种流派之间的理论观点继续碰撞，一些理论观点随着人们认识的深入而逐渐被抛弃，而一些新的观点和思潮逐渐被接受。例如，霍尔的复演说被大多数儿童心理学研究者所抛弃，而格式塔学派和人本主义思潮的一些观点逐渐被接受。在研究方法上，心理测验和实验手段不断丰富，尤其是心理测验，被广泛使用。在研究领域方面，研究者从最初强调遗传或环境对个体心理发展的影响，逐渐认识到遗传和环境对个体的发展起着同样重要的作用。

早期的儿童心理学研究，其研究对象的年龄一般都被限定在儿童期，霍尔在 1904 年出版的《青春期：青春期心理学以及青春期与生理学、人类学、社会学、性、犯罪、宗教和教育的关系》一书中将儿童心理学研究的年龄范围，从出生扩展到青少年期。即儿童从出生到成熟各阶段的心理发展特征。霍尔第一次将儿童心理学的研究范围扩展到青少年期。后来，精神分析学派倡导对个体一生全程的发展进行研究，精神分析学派代表人物之一的荣格（Carl Gustav Jung，1875－1961）是最早对成人心理进行发展研究的心理学家。荣格认为人类个体的发展主要是心理发展，如果个体的观念和精神变化出现停滞，那么意味着死亡。他把个体的生命周期分为前半生和后半生，前半生 25 岁之前，而后半生是 40 岁之后，25～40 岁是过渡期。个体前半生的人格要比后半生更加指向外部，中年会出现危机，个体会感到追求的目标和雄心壮志失去意义。进入老年后，个体试图理解死亡的意义。埃里克森正是在荣格的理论基础上提出了人格与社会情绪发展的八阶段理论。

在霍尔和精神分析学派的基础上，后来的发展心理学研究者对儿童心理研究的年龄范围进一步扩大，毕生发展的概念被提出。美国心理学家何林沃斯

(Leta Hollingworth，1880－1956)最先提出要从毕生发展的视角研究人类个体的心理发展。另一位美国学者古迪纳夫也赞同从毕生发展的角度来研究个体的发展。两位研究者不约而同地认为要深刻理解人类心理的发展，就必须全面研究影响心理发展的各种因素，要把心理的发展看作是持续不断地发展变化的过程。发展心理学不仅仅要研究儿童，而且要研究青少年、成人、老年人。从1957年开始，美国心理学会在其《心理学年鉴》中启用"发展心理学"，从而取代"儿童心理学"。

此后，发展心理学研究的年龄范围涵盖了从受精卵到死亡的整个生命发展过程。毕生发展心理学(life-span developmental psychology)的兴起，不仅仅拓展了研究对象的范围，而且将研究的内容涵盖人类心理的各个方面。当前，传统的发展心理学一方面继续推进人类个体心理各层面的深入研究。另一方面也注重与其他相关学科的交叉研究。发展认知神经科学是近些年兴起的一门交叉学科，发展认知神经科学是发展心理学、神经科学、分子生物学以及遗传学交叉融合的一门学科，旨在从分子、遗传、脑和行为水平理解人类心智的起源、发展变化规律[1]。发展认知神经科学已经在大脑结构、功能发育与心理行为发展、遗传与环境对个体心理行为发展的交互影响以及心理行为发展个体差异的神经机制等方面取得了重要进展。

二、中国儿童心理发展的研究历程

与西方一样，中国的心理学思想源远流长，但真正意义上的科学研究却起步较晚。20世纪初期，一批从国外学成归来的心理学研究者，引入了西方儿童心理学研究的成果。例如艾华编译的《儿童心理学纲要》，陈大齐翻译的《儿童心理学》。此外，我国儿童心理学研究的奠基者陈鹤琴先生，首次在当时的南京高师开设儿童心理学课程，课程的内容主要来自对普莱尔、鲍德温、霍尔和华生等人著作的摘译。

陈鹤琴先生也是在中国开展儿童心理研究的第一人。他对自己的儿子进行了从出生到3岁的观察和记录，并拍摄了部分影像。在对其子的观察传记基础上，出版了《儿童心理之研究》的著作[2]。在陈鹤琴先生的带动和指导下，一些学者也开始研究儿童心理发展，如浙江大学的黄翼教授开始开设儿童心理学课程，并著有《儿童心理学》《儿童绘画心理学》等著作。此外，陈鹤琴先生与廖世

---

[1] 董奇：《发展认知神经科学：理解和促进人类心理发展的新兴学科》，载《中国科学院院刊》，2011(6)。

[2] 朱智贤：《儿童心理学史论丛》，第250页，北京，北京师范大学出版社，1982。

承于1921年合作编制了《智力测验法》。后来，陆志韦等人引进并修订了《比奈－西蒙智力测验》。1920年前后，中国心理学研究者在南京高师成立了自己的学术组织——《中华心理学会》，并出版了中国第一种心理学杂志《心理》。总之，从20世纪初到新中国成立前的这段时间，国内儿童心理学的研究基本上处于陆续引进西方研究成果，初步开展国内儿童心理研究的状态中。

新中国成立后，由于意识形态和社会政治制度的原因，我们对心理学的研究开始全面引进和学习苏联心理学的研究成果。国内的研究者开始采用马克思辩证唯物主义的观点来开展个体心理发展的研究，大量引进苏联的心理学著作、科研资料，并结合我国儿童发展的实际，开展了一些科学研究，如对儿童方位知觉的研究以及儿童分类水平的研究。到了1958年，心理学受到了批判，被认为是"资产阶级的伪科学"，从科学领域中除名，儿童心理学的研究处于停滞阶段。1958年后，心理学界和有关报刊就心理学的问题展开了热烈的讨论，恢复了心理学的研究。心理学界召开了几次重要的学术会议，组织编写了心理学课程的教材。

1966年"文化大革命"开始后，心理学的研究被中止。"文化大革命"结束后，心理学恢复了研究队伍，健全了学术机构，全国主要的师范类大学，如北京师范大学、华东师范大学等先后扩建心理系，开设儿童心理学的课程。20世纪80年代后，国内心理学界逐渐开始与欧美心理学界进行学术交流，引进欧美儿童心理学的一些理论观点和著作，模仿西方心理学的研究，并努力中国化。这一时期，国内研究者主要在中国文化背景下验证国外研究的结果，对比国内外个体心理发展的异同点。

在引进和验证西方理论观点的基础上，国内研究者开始立足本国实际，开始探讨中国儿童心理发展的特有规律。从1983年到1988年，北京师范大学的朱智贤教授在国内开展了大规模的儿童心理发展特点与教育的研究，研究内容包括了感知觉发展、注意、记忆、语言、思维和情绪、意志、气质等方面。进入20世纪90年代以后，国内研究者开始整合西方儿童心理学与中国儿童心理学研究的内容，对一些儿童心理学的术语进行了统一和规范，建立了专门的学术分支机构。

当前，中国儿童心理学研究涉及的内容已十分广泛，基本上涉猎了个体心理品质的各个领域，研究的年龄范围囊括了新生儿和老年人。国内一些走在学术前列的机构，如北京师范大学认知神经与学习国家重点实验室已经开始进行了发展认知神经科学的研究。此外，该机构进行了全国范围内大规模的儿童青少年心理发育特征的调查研究，编制了大量适合中国国情的测验工具，并建立了中国儿童青少年心理发育的数据库和常模，为进一步深入研究中国儿童心理发展的规律奠定了重要基础。[①]

【复习与思考】

1. 关键概念：儿童心理发展　本我　自我　超我　同化　顺应　操作性行为

2. 儿童心理发展的本质是什么？

3. 儿童心理发展的基本理论有哪些，主要的观点是什么？

【拓展学习】

教学要走在发展的前面

维果茨基的社会文化理论认为个体的心理机能包括低级的心理机能和高级的心理机能。前者是人与动物共有的一些心理机能，如感觉、知觉、注意、情绪等，而后者是人类所特有的一些机能，诸如思维、语言、推理、问题解决等。人类低级的心理机能是生物进化的结果，是人类的自然属性。高级心理机能则是社会文化历史发展的结果。因此，教育最重要的一个功能就是促使人类从低级心理机能向高级心理机能转化。在转化的过程中，家庭、学校以及社会规范教给儿童文字符号、语言表达规范、问题解决、社会习俗等。那么，作为教育者如何在最佳的时机来促进儿童完成这种转化。维果茨基又提出了最近发展区的概念。最近发展区是指儿童实际的发展水平与潜在的发展水平之间存在的差距，实际的发展水平是指儿童依靠自己的能力能够完成的任务，而后者是指在成人指导下或者更有能力的同伴帮助下表现出来的能力。最近发展区实际上阐明了发展、学习和教学之间的关系。已有的发展水平是进行学习和教学的基础，学习是促进进一步发展的推动力之一，教学能够引导和促进发展，帮助儿童学习使用新的文化工具。因此，维果茨基倡导支架式教学和合作学习，教师要像脚手架一般为儿童的学习提供帮助和支持，要尽可能地安排儿童与能力更强的同伴共同学习。那么如何来具体操作，下面是一些建议。

搭建支架。当儿童开始学习新的任务或主题时，教师要提前对儿童已有的知识进行摸底，并在此基础上提供模型、典型的例子，对儿童的反应给予指导和反馈。随着儿童对新学习任务的上手，教师要及时地减少帮助，不要过多地

---

① 董奇等：《中国儿童青少年心理发育特征调查项目技术报告》，北京，科学出版社，2011。

干预儿童正在完成的学习内容和任务，要提供给儿童更多独立完成任务或解决问题的机会。此外，教师应让儿童自己选择任务的难度，鼓励儿童挑战自我，但要告诉他们在自己无法独立完成时，可向老师或同伴求助。

　　设计合作学习活动。最近发展区理论指导下的合作学习并非是简单的小组学习，是指不同年龄阶段的儿童共同合作完成学习任务或解决问题的学习。教师在选择或设计学习任务时，首先要注意所选择或设计的任务必须是由多人共同来完成的，其次活动的完成需要涉及不同的认识水平。例如，在实验或活动教学中，教师除了提供本年级需要完成的实验任务之外，还可以在此实验的基础上，提出更高的要求，让学生自己设计，并允许他们邀请高年级的学生与他们共同完成。教师也可以提出一些虚拟的情境，让学生自己组织一个研讨小组来商讨对策或应对方案，如万一学校发生火灾，那么应该如何组织同学们撤离，万一发生地震，作为班长应该怎样组织班里的同学逃生，如何去帮助受困的同学等。

第三章 儿童发展的心理年龄特征及教育

【本章重点】
● 学龄前儿童的身心发展特征
● 学龄初期儿童的身心发展特征
● 学龄中期儿童身心发展特征

案例 3-1 妈妈的观察日记

笑笑刚刚过完了两岁生日，邓芳翻看着一本厚厚的宝宝成长日记，回顾宝宝两年来的成长变化，一股成就感油然而生。邓芳是位细心的妈妈，自从笑笑降临以后，她就开始每天用日记来记录宝宝的成长变化。当然，她并不能像发展心理学专家那样有计划、有目的地对宝宝进行观察，她只是把自认为宝宝有趣的行为，以及有明显变化的、里程碑式的行为记录下来。

从八个多月开始，邓芳发现女儿笑笑开始变得非常"任性"。四五个月的时候，妈妈把笑笑手中的勺子拿走，笑笑转头看了看，但并没有太大的反应，但是到了八个月左右，笑笑从桌上抓起一把剪刀，妈妈怕伤着她，就赶快从笑笑手中抢了过去，但是笑笑的反应非常强烈，一边尖叫并哭喊着，一边伸手试图从妈妈手中抢过剪刀。邓芳赶快从旁边拿出笑笑平时最喜欢玩的小鸭子去安慰她，但是笑笑似乎并不领情，仍然哭闹不停。此外，邓芳发现笑笑变得越来越容易害怕，似乎离不开大人。一天早上，邓芳接到一个电话，需要到楼下拿一个邮政快件，邓芳让新来的保姆照看笑笑，可是刚穿好衣服准备去门口穿鞋，笑笑小嘴一撇，开始哭闹，当妈妈打开房门，迈步走出去时，笑笑开始大哭，并且不顾一切地朝门口爬去。邓芳觉得从八个月开始，笑笑突然开始变得特别黏人，而两个星期前，妈妈出门的时候，笑笑还没有什么明显的反应。而且邓芳发现笑笑不但变得特别黏人，而且对陌生人变得非常警惕，爸爸的同事到家里来做客，笑笑先是瞪大眼睛看了半天叔叔，然后就赶快朝妈妈爬去，并且伸手让妈妈抱着，妈妈抱了一会儿，准备把她放到床上去给客人倒水，可是笑笑依然紧紧抓着妈妈的衣服不下来，而且这种情况一直持续到现在。在笑笑一岁多的时候，有一天，快递员叔叔敲门来送快递，妈妈刚把门打开，笑笑看到快递员，赶快躲到妈妈的身后，用手臂使劲抱着妈妈的腿。

14 个月的一天，邓芳刚给笑笑喂完水果汁，然后看着可爱的女儿，就对她说："来，叫个妈妈"，没想到笑笑脱口而出"妈妈"，这是女儿第一次有意识地叫"妈妈"。邓芳幸福极了，因为她发现女儿从这一天开始已经学会了第一个词语，接下来的一两个月，女儿很快学会了其他词语，比如，她看到妈妈手里拿着饼干，就会说："饼干、饼干，宝宝吃，宝宝吃。"快过两岁生日的时候，有一天，笑笑看着镜子里面的自己，然后对妈妈说"笑笑"，邓芳发现女儿知道镜子里面的宝贝就是自己了。邓芳带着女儿到公园里和别的孩子一起玩，笑笑拿着自己最喜欢的洋娃娃和一群小朋友玩，旁边的一位小朋友伸手要拿笑笑的娃娃，笑笑赶快把娃娃放到身后，并且大声朝着那个小朋友说："这是我的娃娃，不能给你。"这时候，邓芳意识到笑笑已经有所有权意识了。后来，奶奶每次拿笑笑的碗盛饭的时候，妈妈就会故意说，这个碗是爸爸的碗吧，笑笑就会立刻抢着说，这是我的碗，不是爸爸的碗，而且把这句话重复好几遍。

每当邓芳翻看女儿的这些成长日记，就会感到非常幸福，她打算继续坚持记录女儿成长的点点滴滴。

通过上面的案例你能看出儿童在成长过程中的发展变化了吗？他们在哪些方面有了什么样的发展呢？

第一节　学龄前儿童的身心发展

一、学龄前儿童的身体发育特征

国内学者一般认为 0～6 岁这一时期为学龄前期，或者称之为婴幼儿期，这一年龄段的儿童称之为学龄前儿童。

个体出生后会经历两个生理上的发育高峰。第一个高峰是在婴儿期，即 0～2 岁阶段。第二个高峰期是在青少年阶段，即 11～18 岁左右。个体身体上的发育主要表现在大脑、身高、体重的发育上。学龄前儿童（包括婴儿期，婴儿期为个体生理发育中的第一个高峰期）的生理发育是一生中最快的阶段。下面我们分别对学龄前儿童的大脑、身高、体重的发育特点进行阐述。

（一）大脑发育

从受精卵开始，人类个体在胚胎中首先发育的就是大脑。出生后的一年中，婴儿的大脑以惊人的速度生长。刚出生时，婴儿脑重量的平均数约为 380 克，占成人脑重量的 25%，到 2 岁时，婴儿脑重量占成人脑重的 75%。婴儿在第一年中脑重量增加的速度最快，平均每天增加约 1 克左右，到 9 个月时，婴儿的平均脑重量达到 660 克左右，第二年后增速开始放缓。从 2 岁半到 3 岁，儿童的平均脑重量介于 900～1100 克之间，接近于成人脑重量的 75%。从 3 岁开始，儿童脑发育的速度进一步放缓，到学龄前末期（6、7 岁左右），儿童的平均脑重量达到 1280 克，达到了成人脑重量的 90%。

1. 神经元数量增加和神经纤维的髓鞘化致使脑重量增加

脑重量的增加只是儿童中枢神经系统发育的一种外在表现，它在一定程度上反映了大脑内部结构发育的情况。首先是神经元数量的继续增加使脑重量增加。虽然在出生后，婴儿大脑的神经元数量已经与成人大脑神经元数量非常接近。但是最近的研究表明，大脑的海马回终生可以产生新的神经细胞。随着出生后，婴儿接受到大量环境中的刺激，一些脑区会继续产生新的神经元。其次，神经胶质细胞的加速增长和髓鞘化的过程是学龄前脑重量增加的最主要原因。神经胶质细胞的主要作用是为神经元提供养料，对神经元细胞之间的轴突和树突之间的联结起到"绝缘"作用，以提高神经元细胞之间的信息传导速度，防止神经元细胞之间在信息传递过程中的相互干扰。神经胶质细胞就像一层蜡质的髓鞘一样把神经元之间的轴突和树突联结与外界隔开。神经胶质细胞的数量远远大于神经元细胞的数量，而且在个体一生的成长过程中都会不断形成。神经系统各部分神经纤维实现髓鞘化的时间并不相同，首先完成髓鞘化过程的是感觉神经系统，其次是运动神经系统，而与高级神经活动有关的额叶和顶叶部分的神经元髓鞘化过程最晚，到学龄前末期才能完成。

2. 大脑神经元细胞的分化和突触联结的网络化

个体在出生之前，虽然大脑神经元的数量已经接近成人，但是神经元在功能的分化和突触的联结上还与成人存在着较大的差距。对单个神经元来说，在形成之初可能会承担任何一种功能，但它最终发挥的功能取决于其最后被固定的脑区。如果某些神经元在大脑发育过程中被迁移到了视觉区，那么它们以后就分化成视觉神经元。人类个体在大脑发育过程中超额产生了大量的神经元和神经突触，以接受人类可能经历的各种刺激。因此，与成人相比，新生儿大脑神经元的突触数量更多。出生后，一些神经元的突触与其他神经元的突触联结在一起，并且挤占了那些没有与其他神经元建立联结的神经元位置。所以，在生命早期形成的神经元中，大约有一半在生命早期就被淘汰，至于哪些神经元会被保留下来，并且与其他神经元形成茂密的联结，这取决于新生儿后天所接受到的刺激经验。经常被刺激的神经元和突触继续发挥功能，并被保留了下来，而那些不经常受到刺激的神经元及其突触会被修剪掉，这说明在生命早期，大脑的发育不单纯是既定生物程序的展开，而是生物因素和早期经验共同作用的产物。

3. 大脑的偏侧化

大脑由左右两半球组成，两个半球之间由胼胝体连接在一起。大脑两半球功能的优势化即偏侧化。一般来说，大脑左半球控制着身体的右侧，包括言语中枢、听觉中枢、动作中枢、积极情感中枢等，右半球控制着身体的左侧，包括空间视觉中枢、非言语声音中枢、触觉中枢和消极情感表达中枢等。学者认为大脑两半球功能的专门化在整个儿童期都在进行，直到青春期后才能完成。对新生儿进行言语刺激，发现在左半球激起的脑电波活动要比右半球多，而对于非言语的刺激，例如给婴儿品尝酸果汁，则会激起左半球更强的脑电波活动。大多数新生儿和学龄前儿童都是倾向于向右翻身，使用右手够抓物体，2岁的儿童的优势手就已经很明显地表现出来，大部分儿童都会使用右手来抓握物体，从事游戏活动等。对聋哑人的研究结果也表明，聋哑人的脑电波比正常人的脑电波在右半球活动性更强。对脑损伤儿童的研究表明，1岁以前脑损伤的学龄前儿童，其语言和空间能力的损伤没有成人严重，如果后期的治疗和恢复措施得当，到5岁的时候，认知方面的损伤基本上消失①。这些研究结果均说明，人类个体大脑偏侧化从出生后就已经开始，在学龄前阶段得到了飞速的发展，但还没有完全形成偏侧化。

4. 大脑皮层兴奋与抑制机能的发展

大脑的快速发育还表现在学龄前儿童睡眠和觉醒状态的变化。新生儿的平均睡眠时间在20~22个小时左右，1岁左右的时候减少到14~16个小时左右，3岁时减少到13个小时左右，2岁左右的学龄前儿童，白天只需要睡两三个小时就足够。随着儿童年龄的增长，儿童觉醒的时间越来越多，睡眠的时间越来越少，这样使得他们有更多的时间去探索周围的环境和刺激，获得各种新鲜的感知觉经验，发展自己的能力。18个月左右，儿童的大脑前额叶区域开始发育，前额叶脑区是人类进行计划、控制和问题解决等高级思维活动的脑区，尤其是人类对行为的控制和约束能力。大脑抑制脑区的发展，使得人能够逐渐学会控制自己的行为，克服冲动，养成良好的生活习惯。

① Mills，D. M.，Coffey，S. A.，Neville，H. J.. Changes in Cerebral Organization in Infancy During Primary Language Acquisition. In G. Dawson & K. Fischer (Eds.). *Human Behavior and The Developing Brain*. New York：Guilford Press，1994.

（二）身高与体重

新生儿的身体发育也非常迅速。从胎儿期到青少年期，儿童的身体发育遵循着"头尾律"和"近远律"。[①]人类个体从胎儿期开始，身体动作的发展遵循着从头到尾的发展规律。胎儿期和新生儿的前几个月主要以头部发育为主，出生时头部占全身长度的四分之一，而腿只占到全身长度的三分之一。到了2岁时，儿童的头占全身长度的五分之一，腿则占到将近一半。此外，人类个体身体动作的发育也遵循着由近及远的发展规律。

新生儿的身高平均每个月增长3厘米左右，6个月以后，身高增长的速度相对放慢，平均每个月平均增长约1~2厘米。3岁后，儿童身高增长的速度进一步放慢，但与后期的身高增长速度相比，仍然是一生中最快的时期。个体在婴儿期的身高发育中存在着性别差异，在整个学龄前期，男孩的平均身高比女孩的平均身高高出1~2厘米。学前末期（6~7岁），男孩的平均身高为117厘米左右，而女孩的平均身高在116厘米左右。到了学龄期，女孩的身高增长速度慢慢地会超越男孩。

体重是衡量儿童身体发育的另一个重要指标。新生儿骨骼肌肉的迅速生长是其体重迅速增长的原因。从出生开始，婴儿脊柱的生理性弯曲就开始形成，肌肉力量不断增强，出生两个月左右，婴儿就能够在被抱着的时候直立起头部，并能左右转向。1岁以后的儿童，其骨骼进一步钙化，而且富有弹性，弯曲度大，大肌肉动作已经开始发展，但是耐力较差，容易产生疲劳。4岁以后的儿童，骨骼进一步钙化，相对比较坚硬，但还没有完全完成钙化，大肌肉的动作相对比较协调，小肌肉动作开始发展，但动作相对比较笨拙。

学龄前儿童的体重也存在着性别差异，新生儿的平均体重约为6400克，男婴的平均体重比女婴重200克左右。男孩体重增长的速度比女孩略微快一点。到了学龄期末（6~7岁），男孩的体重约为20千克，女孩体重约为19千克。

除了身高和体重的发育外，婴儿的内脏器官也有快速的发育，新生儿的平均心律约为120~140次/分钟，到了3岁左右，儿童的心律下降到100次/分钟，相对成人来讲，这个心律还是比较快的。因此，学龄前儿童的运动不宜太剧烈，否则会加重心脏负担。

二、学龄前儿童的心理发育特征

在生理发展的基础上，儿童的心理机能也开始快速发展。学龄前儿童逐渐

---

① [美]David R. Shaffer，Katherine Kipp：《发展心理学》，第八版，第183页，邹泓等译，北京，中国轻工业出版社，2009。

从牙牙学语到对话"高手"，从动作感知到初步的符号表征，从主客体不分到自我意识的萌芽。这些心理的变化过程，说明学龄前儿童在感知觉、语言、思维、自我意识等心理机能方面发生了质的变化。

（一）感知觉发展

1. 视觉的发展

虽然眼睛是心灵的窗户，人类对视觉的依赖超过了其他任何感官，婴儿的视觉是人类所有感觉中发育成熟最晚的。视网膜细胞在个体出生后几个月才慢慢成熟。负责信息接收的视觉皮层细胞到几岁以后仍与成人的水平差距较大。新生儿的视敏度很低，仅仅能分辨对比度明显的光线，双眼还不能进行准确的聚焦。在新生儿的眼中，一个距离6米的物体，相当于成人从200米远看这个物体，新生儿不能分别物体的细节，不管物体距离其眼睛的距离远近，他们只能看到物体的大致轮廓。到了3个月时，婴儿眼睛的聚焦基本接近成人；6个月婴儿的视敏度相当于成人的20％；2岁时接近成人水平。此外，眼睛的搜索和跟踪能力发展也很快，1个月时，婴儿可以以一种平稳的眼动追踪一个移动较慢的物体，6个月时，这种能力就相当发达了。

此外，在刚出生的几个月里，新生儿的颜色知觉也迅速发展，刚出生时，婴儿就能够区分对比明显的颜色，研究发现新生儿喜欢看五颜六色的东西，不喜欢看灰白颜色的东西。1～2个月，婴儿即可对各种颜色加以区分了。4～5个月，他们已能分辨出同种颜色但深浅不同的两种色彩了。4个月以后，由于视敏度的发展，能把各种颜色归为红、蓝、黄、绿四个范畴，与成人的红绿蓝三元色已相当接近。2～3岁的儿童，对颜色爱好的平均顺序是：红、黄、绿、橙、蓝、白、黑、紫，表现出明显的对鲜艳颜色的喜爱。随着年龄的增长，婴儿对周围物体的区分越来越清楚，对视野中的一切事物的探索越来越熟练，他们逐渐知道了环境的特征和空间排列方式。

2. 听觉的发展

学龄前儿童的听觉发展要比视觉稍早。刚出生的新生儿就能对听觉刺激做出精确的反应。人类能够接受到的声音频率为16～20000赫兹。研究发现，婴儿对低频声音的反应要比成人敏感，对中等频率声音反应的敏感程度与成人接近，对高频率声音的反应又比成人敏感。这说明新生儿的听觉发育水平相对较高[1]。此外，婴儿对声音最小差别阈限的变化随着月龄的增加而增加，1个月时能区分500赫兹与300赫兹的差别，6个月左右时，能区分1000～3000赫

---

[1]　沈德立：《发展与教育心理学》，第92页，沈阳，辽宁大学出版社，1999。

兹 2%的变化。在 4000～8000 赫兹范围内的最小差别阈限与成人接近。相对纯音来说，婴儿更喜欢轻柔、旋律优美和节奏明快的乐曲。从 1 岁开始，儿童能够根据音乐的节拍进行相应的身体动作。

3.知觉的发展

（1）深度知觉。深度知觉是人类对远近、深浅的知觉，对于了解环境中各种物体的位置排列、引导人的运动活动非常重要。深度知觉对婴儿的生存和运动能力的发展具有至关重要的作用。心理学家通过著名的"视崖实验"对婴儿的深度知觉进行了研究。"视崖"装置是一种会造成两边出现高低视差的特殊装置，当婴儿从一边爬向另一边时，会产生从一边"掉进"另一边的"悬崖"的感觉。如果婴儿在"视崖"装置中爬行到"高低"分界线处时，无论母亲从对面怎么呼唤，大多数婴儿都"犹豫不前"，这说明婴儿已经出现了深度知觉。几乎所有会爬的六七个月的婴儿爬到高的一侧的边缘就不敢继续爬了，这说明六七个月的婴儿已经有了很好的深度知觉。关于婴儿深度知觉的研究发现，三四个月的婴儿即可通过运动来检测物体是平面还是三位的。两三个月的婴儿就已经具备初步的双眼视觉，6 个月时就已经发展得相当好了。到了 2 岁以后，儿童的深度知觉基本上接近成人。

（2）形状知觉。新生儿的形状知觉发展也比较早，出生十几天的新生儿就能分辨物体的形状了。从出生十几天起，婴儿就对面孔最感兴趣，因为他们花在看人脸图上的时间最长。除了对面孔感兴趣外，婴儿也对混合的图形感兴趣，对简单图形不感兴趣，如黑白的圆圈等。此外，婴儿对对比强烈的图形更加感兴趣，相比结构简单的图形，他们对结构复杂的图形注视时间更长。3 岁儿童已经能区分一些基本的几何图形，如圆形、正方形和三角形等。到了四五岁时，能够区分更加复杂的几何图形，如菱形、五角形、圆柱形等。学龄前儿童对图形命名的能力发展较晚，直到 5 岁时才能说出一些基本的几何图形名称。

（二）语言发展

学龄前儿童的语言发展大致经历了发音练习、单词句、双词句和完整句几个阶段。

1.发音练习阶段

刚出生时，婴儿只能发出简单的啼哭和鸣啊声。前 2 个月，婴儿发出的语音都是单音节，而且绝大部分都是元音，到了三四个月，婴儿开始发出辅音。到了 4～10 个月，婴儿能够发出大量的元音、辅音和复合元音。到了 12 个月以后，婴儿能够模仿成人的发音，并且能够用模仿的声音来指称物体。从 1 岁开始，儿童能够理解成人的言语，同时开始说出第一个有意义的词语。

2. 单词句

1 岁以后的儿童，每个月能够学习掌握 1～3 个新单词，到了 15 个月左右，他们能够说出单个的单词，如妈妈、爸爸、宝宝等。在单词句阶段，儿童喜欢说重复音，如帽帽，拿拿等，而且说出的词语含有多种意义，通常用一个词来指代一句话。婴儿首先说出的一些词语都是自己经常接触的物体名称，而且对词语的理解常常与固定的物体相联系。

3. 电报句阶段

1 岁半以后，儿童说话的欲望提高，掌握的词汇量大量增加，到了 2 岁左右，能够掌握 270 个左右的单词，2 岁左右的儿童，所表达的言语形式是断续的，简略的，语句结构不完整，如妈妈抱，宝宝吃等，因此，这一阶段被称作"电报句"阶段。儿童在该阶段经常会出现语序颠倒的情况。

4. 完整句阶段

2～3 岁是儿童语言发展的关键期。2～3 岁的儿童词汇量增长迅速，几乎每天都能掌握新的词语，到 3 岁时，能够掌握 1000 个词语。2～3 岁的儿童逐渐开始使用合乎语法规则的完整句来更加准确地表达自己的思想。他们能够说出完整的简单句和一些复合句，而且言语表达的内容也逐渐丰富，不但能表达当前正在发生的事情，而且能表达已经发生过的事情。到了 3 岁左右，儿童能够用不连贯的言语复述简单的故事，讲清自己过生日的情境。4 岁时，儿童已经能够发出本民族所有的语音，能够对他人的发音进行评价。到了五六岁的时候，儿童词汇所涉及的内容非常广泛，从物体的名称到人称代词、交通工具、自然常识、物体状态等，词汇的抽象性和概括性也进一步增加。口语的流畅性和语法的复杂性也进一步加强，他们能够与成人和同伴进行熟练的对话和交谈。

（三）记忆发展

发展心理学家一般用习惯化和去习惯化的范式来研究婴幼儿的记忆。所谓的习惯化是指把某一种刺激反复地呈现给婴儿看，婴儿逐渐对所呈现的刺激注意力减退的过程。去习惯化是指在对婴儿进行习惯化后，紧接着给婴儿呈现另一个新的刺激，婴儿对新刺激注意的过程。心理学研究者通过习惯化和去习惯化研究范式发现，3 个月的婴儿能在 24 小时内记住一种视觉刺激。在 11～12 个月左右，婴儿对视觉刺激能够记住几天，对人脸照片能够记住好几周。6 个月以后，婴儿能够对以前见过的物体进行再认，到了 14 个月后，婴儿能对一两个月之前见过的物体进行再认。

1. 3 岁前儿童记忆特点

3 岁之前的儿童对自己所经历的事件在记忆中不能保留很长的时间，其主要原因是 3 岁之前的儿童还没有完全形成符号表征的能力，对事件或事物的认识停留在直观形象的表象阶段。3 岁左右，儿童的自传体记忆开始发展，所谓的自传体记忆是指对个人有意义的、可以长期保持的、对一次特殊事件的记忆，如第一次过生日的场景、小时候搬新家等。要获得自传体记忆，首先，儿童要形成较好的自我意向；其次，儿童能够把个人经历整合到一个有意义的生活故事中去。当儿童形成较好的自我意向，并且能把个人经历整合到生活中去的时候，说明儿童已经有了自传体记忆。形成自传体记忆后，儿童能够将过往的事情以脚本的形式保留在头脑中。

2. 3 岁后儿童记忆特点

3 岁以后，由于儿童语言能力的提高，记忆的发展也迅速提高。3～5 岁的儿童已能用语言描述他们记住的东西，能按照有关记忆任务的指导语来记忆。当给 4～5 岁的儿童呈现不同的记忆材料，如图片、玩具等，事后要求儿童回忆或再认，儿童能够回忆或再认出更多的项目。从意识是否参与记忆的角度来看，学龄前儿童的记忆主要是无意识记忆，凡是能够吸引他们注意力的物体，或者他们感兴趣的物体，他们能够首先记住。此外，学龄前儿童的记忆大多数是机械记忆，他们并不能完全理解事物的意义。此外，由于儿童的符号表征还未完全形成，因此，学龄前儿童的记忆主要以形象记忆为主，语言符号的记忆还处在萌芽阶段。

(四)思维发展

1. 3 岁前儿童思维特点

婴儿期的思维主要表现在动作感知。2 岁以后，儿童开始形成心理表征，有了初步的概念、判断和分类能力。

皮亚杰认为，婴儿主要通过动作来感知和认识外部世界。新生儿主要通过自己简单的身体动作，对事件进行有限的预期。到了四五个月以后，婴儿开始有意识地重复自己的动作，从而预期动作与自己感兴趣的物体之间的关系，而且，婴儿开始模仿自己熟悉的行为。18～20 个月左右，婴儿用新的动作或方法作用于物体，探索物体的属性，模仿陌生的行为，并且能够有意识地寻找隐藏起来的物体。2 岁左右，儿童开始出现心理表征，能够对物体和事件进行心理表征，能够进行延迟模仿和假装游戏。例如，儿童在看过妈妈扫地以后，能在第二天也拿着笤帚模仿扫地。此外，婴儿能够给玩具或玩伴分配角色，进行假装游戏。这些都说明儿童已经能够进行心理表征，有了初步的判断、推理等思维能力。

2. 3 岁后儿童思维特点

3 岁以后，儿童的思维主要是以直观形象思维为主，判断、推理和分类等抽象思维开始发展。3～6 岁的儿童主要借助事物的具体形象来认识和理解物体，推测物体之间的关系。儿童在认识具体事物的基础上，逐渐形成了概括能力，学龄前儿童的概括主要是根据事物的外部特征来进行概括，概括的内容比较有限，只能用事物的某一特征来代表整个事物，他们不能概括事物的共同本质特征。例如，儿童认为所有的小狗都会跟自己家的小狗一样。学龄前儿童在概括事物的特点时，经常会把本质和非本质的特征混淆，还不能总结出事物的一般本质特征，如认为会飞的动物都是鸟。在概括内容上，有时候过宽，有时候过窄。

学前儿童能注意到现象之间的转换，并能据此进行推理。例如，他们能通过类比（从一个情境提取一种思想，把它应用到另一个情境）对物体的变化进行推理。例如，儿童能从切橡皮泥的经验中，知道如何去切苹果。在对物体关系的判断上，他们首先采用的是直接判断，即直接根据物体的属性或物体之间的大小、方位来进行关系判断，后来逐渐从直接判断转向间接判断，能够从事物的一些外部特征来推测其属性。

整个学龄前期，儿童的分类能力也迅速发展，他们整体性的范畴概念在不断分化。儿童形成许多基本的范畴——如椅子、桌子和床。到 3 岁以后，儿童就能很容易地在基本范畴和一般范畴（如家具）之间转换，很快，他们就能把基本范畴分成许多子类别，如摇椅和课桌。能够分辨它们特征之间的区别，更好地理解它们之间的等级关系。

学龄前儿童的概念发展水平与其概括能力密切相关。学前阶段，由于儿童的概括水平处于具体事物的部分特征上，所以他们掌握的概念基本上是实物概念和基本的数概念。在婴儿期，儿童主要是处于动作概括水平，仅仅依靠动作来认识事物的一些简单属性，如施加外力后，物体会出现运动。儿童习得语言后，把事物某一特定属性或某一外部特征与整个物体的名称对应起来，处于一种形象的概括水平。当儿童能够运用所掌握的词汇来概括一类物体比较稳定的共同特征时，标志着儿童已经初步具有了抽象概念的水平。3 岁左右的儿童，只能进行简单的数数，对数所代表的意义还不能够理解。从 3 岁开始，随着儿童年龄的增长，儿童逐渐能够理解数的顺序，数的组成，知道大数是由几个小数累计起来的结果，到了学龄期末，能够进行 10 以内的加减法计算。

（五）情绪发展

婴儿生来就能表达高兴、惊讶、恐惧、生气、悲伤和厌恶等基本情绪。2～3个月时，出现社会性微笑，能对成人面部表情做出反应。3～4个月时，对生动而活跃的刺激做出大笑反应。6个月左右，婴儿的面部表情、身体姿势会与特定的社会性事件相关，当婴儿表现出对某个人感兴趣时，会露出轻松愉快的面部表情。7～12个月的婴儿开始理解个体面部表情的含义，社会性参照开始出现，婴儿会根据抚养者的表情、姿态和语气来判断陌生人或刺激物是否安全。18个月以后，婴儿开始出现羞怯、难堪和自豪等自我意识的情绪，婴儿开始理解到，他人的情绪反应与他们自己的情绪反应可能是不同的，情绪的自我调控改善了，出现了最初的同情表现。儿童4、5岁的时候，自我意识的情绪和共情会出现，当别人夸奖自己时，儿童会表现出自豪的情绪，当他们发现自己做错事情时，会出现内疚的情绪。学前儿童能够体会到他人的情绪状态，当看到同伴伤心难过时，他们也能体会到难过的情绪，同时也会对同伴表现出关心、安慰的亲社会行为。

儿童在6～8个月的时候，会与养育者之间形成一种特殊的情感纽带关系，即依恋关系。婴儿会对经常抚养和照顾他们的成人产生依赖，当成人离开时会产生分离焦虑。除了抗议父母的离开，年龄较大的婴儿还试图让父母一直在场。他们爬近或走近、跟随并爬到她而不是别人的身上。他们用她作为安全基地，对环境进行探索，然后返回寻求情感支持。父母如果能及时满足婴儿的各种需求，给予情感上的关心和温暖就会形成安全的依恋关系，反之则有可能形成不安全或混乱的依恋关系。依恋关系的质量会影响到儿童将来的同伴关系、友谊甚至成年后的亲密关系。

（六）气质发展

美国心理学家托马斯和切斯夫妇（A. Thomas & S. chess）对儿童的气质进行了开创性的研究。气质是指儿童早期在品质、情绪反应强度、活动水平、情绪的自我调节等方面表现出来的稳定的个别差异。托马斯夫妇把儿童的气质分为九个维度，分别为活动水平、注意分散、节律性、接近/退缩、适应性、注意广度、反应强度、反应阈限、心境。托马斯夫妇通过著名的纽约追踪研究发现，新生儿在这九个维度上存在着不同程度的差异，后来他们根据儿童的情绪强度、适应性和节律性等维度，把儿童划分为易抚养型、难养型和慢热型三种。易抚养的儿童能在婴儿期很快地形成日常生活习惯，通常比较乐观，容易适应新的环境。难养型的儿童生活习惯不规则，接受新鲜的经验很慢，有消极和强烈的反应倾向。慢热型的儿童，不活跃，对环境刺激的反应大胆，较少顾虑。心情状态消极，对新鲜的经验适应很慢。

后来的研究者认为托马斯夫妇关于儿童气质维度的划分过多，有很多学者对气质维度的划分进行了简化，如美国发展心理学家罗森巴赫，把儿童的气质划分为消极情绪、努力控制和外向性三个维度①。尽管研究者的划分方法存在着差别，但学者们都认为儿童的气质具有稳定性，婴儿期抑制、退缩的儿童，到了学前末期仍然比较害羞、退缩，只不过在行为和情绪表现形式上不同，但本质上并无区别。一个抑制的 12 个月儿童，在见到陌生人时会表现出消极情绪，并回避陌生人的接触，在他到了三四岁的时候，会在家里来了陌生访客时，远远地躲在房间的角落里。

（七）自我意识发展

1 岁以前，婴儿能够辨认他人的情绪情感，并做出适当反应，而且，能将陌生人和熟悉的人区分开来。婴儿期能认识到物体和人都能独立、稳定地存在，这意味着，对作为一个独立而持久存在的实体而存在的自我认识这时也出现了。七八个月时，婴儿已经能够把主体与客体分离开来，他们认识到客体是永久存在的，眼前的物体离开视线并不意味着客体消失。如果把 9～24 个月的儿童放在镜子前，然后把她（他）的鼻子涂红，婴儿会去摸镜子里的红鼻子，好像镜子里红鼻子的人和他们无关。到 15 个月时，他们开始擦自己的红鼻子。他们清楚地意识到，那是他们看到的自己的外表形象。到 2 岁时，几乎所有的孩子都能说出自己的名字，或用人称代词、主格我或宾格我称呼自己的照片或他们自己。到了 18 个月以后，婴儿就能选择适合性别角色的玩具，如为女孩选择布娃娃和茶具，为男孩选择卡车和小汽车。到了四五岁时开始对自己的行为进行自我评价，能够认识到自己的观点与他人观点的不同，并且能够理解他人的情绪，认识到面部的表情并不一定反映某个人真实的情绪。这个时期的儿童，自我控制能力也发展加快，能够约束自己的一些冲动性行为。

三、学龄前儿童身心发展的教育

针对学龄前儿童的身心发展特点，作为教育者要为其提供恰当的抚养环境和教育环境。学龄前儿童的大脑和生理发育处于一生中最快速的阶段，针对这一特点，抚养者除了要提供儿童身体发育所必需的各种营养之外，还应在预防疾病、培养儿童养成良好的饮食习惯方面重点关注。在儿童早期的大脑发育过

---

① Rothbart，M. K. Temperament，Development，and Personality. *Current Directions in Psychological Science*，2007，Vol. 16，No. 2，pp. 207－212.

程中，需要成人提供丰富的物理和社会刺激。同时，学龄前儿童的心理发展也非常迅速，在认知能力和社会情绪的发展方面，需要成人提供足够的外部刺激和互动。

在儿童早期，影响儿童身体发育的因素有很多，如遗传、营养、抚养环境等。遗传对儿童期身体发育的影响非常明显。儿童个子高矮和发育速率与他们父母的有关特点密切相关。基因可以通过控制各种激素的分泌，尤其是控制位于大脑底部的脑垂体腺的分泌影响儿童的发育。因为遗传物质来自父母，后天无法去改变，但如何让遗传素质更好地表达出来，却需要适宜的环境。即使父母的身高都很高，但是其子女出生后必需的营养条件跟不上，那么其身高也会受到很大的影响。除了遗传的影响，一些激素也会对儿童的身体发育造成重要影响，脑垂体分泌的第一种激素是生长激素，它是儿童出生后身体发育的必要因素。生长激素分泌较少的儿童长大以后平均身高只有 1.32 米。如果在儿童发育的早期，对于生长激素分泌不足的儿童进行注射生长激素的方法治疗，这些儿童就会及时长高，并以正常的速度发育。影响儿童成长的第二种脑垂体激素是甲状腺激素，它促使甲状腺释放甲状腺素，这种激素对于大脑神经元的正常发育是必要的，并能使生长激素对个子高矮发挥作用。甲状腺素缺乏的婴儿必须尽早接受治疗，否则可能导致心理上的残疾。对于较大年龄的儿童，甲状腺素分泌太少，身体同发育的速度会低于平均水平。

（一）提供充足的营养，养成良好的饮食习惯

由于儿童身体发育的速度非常快，这就需要摄入大量的蛋白质，以及维生素、钙、铁、锌等微量元素。在婴儿阶段，母乳是婴儿最好的食物，母乳中富含了婴儿所需要的各种营养物质。作为儿童主要养育者和教育者的父母，要给婴儿期的儿童提供足够的营养，防止因营养不良而导致的发育障碍。另外，营养过剩也会带来发育上的问题，例如过度肥胖会影响婴儿运动技能的发展，间接影响到他们认知能力的发展。到了 3 岁以后，儿童身体发育的速度放缓，这时候会容易出现一些挑食、食量减少的现象。因此，养成儿童的良好饮食习惯就成为父母和教育者的重要任务。首先，父母要正确对待儿童挑食或食量减少的现象。3 岁以后，儿童的身体发育放缓，相应地对营养的需求也减少。另一方面，儿童都会对陌生的食物产生警惕，这是适应性的，因为他们仍然在学习哪些东西吃了没事，哪些东西吃了不安全。这一时期，儿童虽然吃得少，但他们仍需要高质量的营养，他们需要与成人一样的食物，只是量较少而已，应该把脂肪、油、盐控制在最低水平，因为这些东西与成年期的高血压和心脏病密切相关。其次，父母要防止一些对儿童身体发育不利的食物。含糖高的食物要

少吃，除了会导致蛀牙的食物以外，含糖的谷类食物、甜饼、蛋糕、软饮料和糖果都会降低儿童对健康食品的胃口。此外，要鼓励儿童尝试各种食物，在给儿童吃新食物之前最好多次呈现给儿童，让儿童有一种熟悉感，儿童如果不想吃的时候，不要去强迫儿童进食。强迫儿童进食，一方面会使儿童对食物产生厌恶感；另一方面还会影响进餐时的情绪。情绪状态对儿童吃的习惯也具有重要影响，强迫儿童进餐或讨好儿童进餐都是不正确的做法，这些做法会使儿童更不喜欢某种健康食物而挑剔得更厉害。

（二）为儿童提供丰富的物理和社会刺激

在儿童的大脑发育方面，父母要给儿童提供丰富的物理和社会刺激。个体在出生时，大脑中的神经元就已经为迎接外部的刺激做好了充分的准备，神经元的数量甚至比成人大脑神经元的数量更多，大约有 1000 亿到 2000 亿个，而每一个神经元又有 2500 多个突触。在儿童大脑发育的过程中，神经元的功能进一步分化，一些神经元专门对视觉刺激进行反应，而另一些神经元可能专门负责对声音的反应。那些得到足够视觉或听觉刺激的神经元就会保留下来，并且他们的突触之间的联结也会增多，形成复杂的联结网络，而那些没有得到足够刺激的神经元细胞就被"修剪"掉。因此，在婴幼儿阶段，父母要给儿童提供多种感官的刺激，要经常与儿童互动，给儿童足够的言语刺激，以保证儿童大脑在发育的过程中顺利地完成各脑区细胞的"修剪"和突触网络的形成，为将来的认知能力、语言和其他心理机能的发育奠定良好的物质基础。

（三）注意与儿童交谈的方式

在语言发展方面，根据维果茨基的理论，儿童与交谈技能较高的谈话者进行交谈会促进儿童语言的发展。因此，父母和早期教育者要与儿童进行会话式的交谈，鼓励儿童说出自己的想法和感受。当儿童不正确地使用词汇或不清晰地进行交谈时，他们能够给出有效、明确的反馈。另外，成年人也不要太多地矫正儿童的错误，尤其是在儿童犯语法错误时，批评会使儿童丧失信心，不再主动地试着使用能够产生新技能的语言规则。但是成人可以用"扩展"和"改造"这两种策略对语法问题做出微妙而间接的反馈，即对儿童所说的简单句扩展成为复杂句，对儿童表达错误的一些句子，以正确的方式重复一遍。

（四）多鼓励儿童进行自发地探索和发现

根据皮亚杰的理论，对儿童认知能力的培养，要多鼓励儿童进行自发地探索和发现。适当的学习经验是以儿童当前的思维为基础的。因此，养育者和教育者在儿童认识世界的过程中，一方面要根据认知发展的顺序，去启发和引导儿童自己探索物体的属性，不要给儿童教那些超出他认知能力的材料或知识，不要直接告诉儿童答案，认识到儿童的自主性、积极参与对儿童学习和认知发展的重要作用。另一方面，教育者不能用成人化的思维方式来训练儿童，尊重儿童的个体差异，要更加关注思维发展的过程，而不是思维发展的结果。

(五)建立儿童与成人之间的安全依恋关系

在儿童社会情绪发展方面，最重要的一点就是要建立儿童与成人的安全依恋关系。依恋关系的建立过程是一个儿童与成人互动的过程，抚养者和教育者要注意及时满足儿童的生理和安慰需求，尤其是对一些困难型气质的儿童，要保持足够的耐心，让儿童认识到这个世界上的人是可以信赖的，他们在这个世界上是受欢迎的人。因为鼓励儿童好行为的最有效方式是与孩子建立一种积极的关系，提供适当行为的榜样，让儿童提前知道该怎样做，当表现得好时给予表扬。温暖、合作性的亲子关系能使儿童注意父母的要求，因为他们对这种关系具有一种责任感。这使父母避免使用限制和惩罚，而注重鼓励孩子的好行为。另外，抚养者和教育者要有意识地培养儿童的自我意识，让儿童意识到自己是一个独立的个体，他与这个世界上的任何一个个体都不相同。自我意识是自我控制的基础，自我控制是指儿童克制那些社会不认可的行为冲动的能力，自我控制对个体将来的发展和成功非常重要，自控能力较强的个体，后期在学业、工作和家庭生活中有更好的表现，反之，则会出现学业落后，问题行为、犯罪等问题。养育者和教育者要对婴幼儿做出温和而敏感的反应，对他们的行为进行许多催促和提醒，用言语和表情等对儿童的自我控制行为抱以赞许和鼓励等。这样会有利于儿童自我意识和自我控制的发展。

第二节　学龄初期儿童身心发展

一、学龄初期儿童的身体发育特征

学龄初期是指从六七岁入学起到 9 岁左右的发展阶段。这个时期的儿童已进入小学接受正规的学校教育。学龄初期儿童的生理发育处于相对平稳的时期。

(一)大脑发育

学龄初期儿童的脑重量已经达到成人脑重量的 90%，到了学龄中期，其脑重量基本上与成人持平。脑重量的增加说明学龄初期儿童的神经细胞体积增大，突起分支增多，神经元之间的联结进一步加强，神经纤维增长，髓鞘化过程持续进行，另外大脑偏侧化也逐渐趋于完善之中。学龄初期儿童的大脑皮层各脑区不断发展，从形态上来看，主要表现在额叶的增大，额叶肩负着人类高级思维活动和执行控制能力的工作，该脑区是人类成熟最晚的脑区。

伴随着学龄初期儿童大脑重量和结构的变化，相应的大脑机能也发生了变化。儿童的脑兴奋和抑制过程逐渐趋向平稳，睡眠和觉醒的交替继续发生变化，觉醒的时间延长，而睡眠的时间在缩短。7岁儿童平均每天睡眠的时间约为11小时，10岁为10小时。

此外，随着额叶的逐渐发育成熟，学龄初期的儿童对自我行为的约束控制能力、处理问题的计划能力也快速提高。大脑神经纤维的髓鞘化过程趋于完成，因此，儿童能够较快地抑制自己的行为，在大脑抑制性机能发育的同时，其兴奋性的机能也迅速提高。相比婴幼儿来说，学龄初期儿童对兴奋性的条件反射潜伏期更短，而且更不容易出现泛化。一旦条件反射形成后也比较稳定，不易发生变化。

学龄初期儿童的大脑两半球功能进一步分化。右手成为绝大多数儿童的优势手，右手和左手在任务上的成绩差（即右手完成任务的成绩减去左手完成任务的成绩）进一步拉大。这说明在学龄前期开始的大脑左右半球机能的分化在学龄初期进一步延续。

（二）身高与体重

学龄初期儿童的身高和体重增加放缓，身高平均每年增长4.5～5厘米，体重平均每年增长2～2.5千克，男孩与女孩在身高和体重上的差异很小，基本处于相同的发展水平。到了学龄中期，女孩的身高和体重逐渐开始超过男孩。体重和身高的增加是源于骨骼和肌肉的发育。学龄初期儿童的骨骼比学前阶段变得更坚硬，骨骼伸长、加宽，钙化水平进一步提高，但骨骼中含有的石灰质较少，胶质较多，但骨骼富有弹性，不能承受较大的力，否则会容易发生变形和骨折。相对而言，肌肉的生长速度要比骨骼要快一些，因此，肌肉的逐渐增长使处于该年龄阶段的儿童在奔跑、跳跃、滚翻和掰手腕时具有更大的运动灵活性等，大肌肉运动能力提高较快。要判断学龄初期儿童的身体发育是否正常，不能单纯只看体重或身高，应将身高和体重两项指标结合起来衡量。6～12岁，20颗乳牙被恒牙所取代，女孩换牙稍微要早于男孩。最初掉落的牙齿是下面和上面的前齿。

在运动灵活性方面，与学前儿童的动作能力相比，学龄儿童的动作更为柔韧而富有弹性，这种特点可以从儿童挥动球拍、打球、跳高的动作和摔倒后的反应中清晰地看到。在运动平衡性方面，得到改善的平衡能力促进了许多运动技能的发展，包括跑、单脚跳、双脚跳、投、踢和许多体育活动需要的方向转换能力的发展。

二、学龄初期儿童的心理发展特征

随着生理机能发育的逐步提高，学龄初期儿童的心理机能也发生相应的变化。处于该年龄阶段的儿童，由于各感觉器官基本发育成熟，感知觉能力已基本达到成人水平。语言方面，儿童也成为熟练的口语交流者，并已开始学习使用书面语言。认知能力方面，记忆和思维能力进一步提高，儿童已进入具体运算阶段，抽象符号的运用技巧更加纯熟。社会情绪方面，儿童已能够理解各种复杂的情绪，自我意识感强烈，比较关注他人对自己的评价。

(一)感知觉发展

1. 视觉的发展

无论是双眼的聚焦能力还是视敏度，学龄初期儿童均已达到成人的水平。在颜色视觉方面，学龄初期儿童的视觉差别感受性明显提高，7岁儿童的颜色差别感受性为100，10～12岁时达到160，与成人无明显差别。在颜色的辨别力方面也迅速提高，七八岁左右的儿童能够轻松地辨认三种红色，两种黄色，对不同的蓝色和绿色辨认正确率较低，但到了小学中期，即10岁左右时，儿童能够辨别绝大多数的颜色差别。在男女差异方面，女孩比男孩表现出了更高的颜色感受性。在颜色偏好方面，学龄初期儿童表现出非常明显的颜色喜好。大多数儿童更喜欢红、绿、黄三种颜色，而不喜欢灰、黑、棕三种颜色。相比较而言，男孩更偏爱黄、蓝、绿、红等颜色，而女孩更喜欢红、黄、橙、白、蓝等颜色。

2. 听觉的发展

学龄初期儿童的听觉也基本上达到成人水平。在音调的辨别方面，7岁儿童辨别音调高低的能力为1个单位，8岁为1.6个单位，9岁为2.6个单位，10岁为3.7个单位。这说明到了学龄初期的儿童，已经能够辨别多种高低音，而且准确率不断提高。此外，听觉能力的提高还表现在对发音细微差别的区分能力上，学龄初期的儿童能够区分同音不同调的情况，也能区分一些发音非常接近的读音。在音乐节奏和旋律的辨别上，该年龄阶段的儿童也迅速提高，他们能够根据音乐节奏和旋律来做出相应的动作。

3. 空间知觉的发展

与成人相比，学龄初期儿童的空间知觉能力还存在一定的差距。首先，学龄初期儿童已经初步掌握了一些几何图形的概念。他们总是把几何图形的辨认与具体事物相联系，相比纯几何图形，他们对具体的物体形状辨认正确率更高，例如给儿童呈现不同形状梯子的实物，他们能够很好地辨认，但是如果给儿童呈现由线条构成的梯形，他们的辨认率就会下降。七八岁左右的儿童，能够以自我为中心来辨别前、后、左、右、上、下等方位，但他们也需要与具体的事物联系起来才能准确辨认。如果不给儿童提供具体的物体辅以参照，只发出抽象的口令，七八岁的儿童通常会出现辨别错误。有研究者发现，六七岁的儿童在辨别方位的过程中还处在自我中心的参照系，他们大多只能固化地辨认以自己为中心的左右方位，到了八九岁，能够初步掌握左右方位的相对性，10岁左右，他们才能比较概括、灵活地掌握左右方位[1]。

(二)语言发展

学龄初期儿童的口语已经非常熟练，成为"高超"的会话者。7岁的儿童已经掌握3500个词语，小学二年级以后，儿童已经能够进行独白言语，10岁左右的儿童，能够清楚明白地表达自己的意思。

1. 书面语言的发展

学龄初期的一个主要任务就是学习书面语言。书面语言的发展主要表现在两个方面：

(1)儿童识字的数量增加。书面语言是在听说基础上形成的一种用书写表达的语言，书面语言必须要经过专门的教学训练才能掌握。儿童的书面语言的习得速度要远远低于口头语言。七八岁儿童的书面语言与口头语言的词汇量之比为20：40，到了10岁左右，二者之比为73：75。这说明儿童的书面语言会随着儿童在学校接受教育的年限而增长。

(2)儿童阅读能力的发展，其主要表现在理解能力和阅读速度上。儿童在理解词语方面表现出以下特点：第一，以具体形象的事物来帮助自己理解词语。第二，通过想象来体会和理解词语所表达的意境。第三，在正规的学校教育下，由形象理解逐渐过渡到本质含义的理解。随着儿童识字量的逐渐增加，儿童阅读的速度也越来越快。阅读速度是衡量阅读能力的一个重要指标。学龄初期的儿童刚开始是一个字一个字地读，停顿的次数比较多，阅读速度较慢。词汇量的增加、字词句结构的掌握、知觉能力的提高，使学龄后期的儿童阅读速度大大提高，儿童在阅读中不再是以单字来阅读，而是以词组或整个句子作为阅读单元。另外，学龄初期的儿童在刚刚开始学习阅读时，都是以大声朗读为主，后来慢慢过渡到默读。

---

① 朱智贤，陈帼眉，吴凤岗：《儿童左右概念发展的实验研究》，载《心理学报》，1964(3)。

2. 内部语言的发展

刚入小学的儿童，即学龄初期的儿童在阅读课文、计算数学题目时，都会不由自主地大声朗读出来，阅读的内容、演算的过程和声音同步。到了学龄初期结束时，即到了小学三四年级后，儿童在阅读课文、演算时更多是进行默读或者半默读状态（即嘴唇在动，但并不发出声音来）。

3. 写作水平的发展

写作是书面语言的重要形式，学龄初期的儿童开始学习写作，一般要经历三个阶段，首先是口述阶段，也叫准备阶段，即儿童首先根据图画来口述故事，或者根据具体事物来用口语表述，这是写作能力发展的基础。其次，是将口述的内容写成书面语言，即所谓的过渡阶段。儿童把看图说话的内容用文字表达出来，模仿一些例文来写作。最后，儿童要开始独立写作文章，儿童要开始学会构思整个文章的内容，把所要表达的故事或描述的事物用书面语言表达出来，这对儿童来说难度较大。刚开始学习写作时，主要是以短文为主，慢慢过渡到较长的文章。

（三）思维发展

入学以后，学习成为儿童的主要任务，要完成学龄初期阶段的学习任务，儿童必须在认知能力方面满足学习的需要。学龄初期正处于皮亚杰认知发展的第三个阶段，即具体运算阶段。学龄初期儿童的思维逻辑性更强、更灵活，也更有组织性。

1. 学龄初期儿童的思维具有较好的灵活性

学龄初期儿童基本上能完成皮亚杰的守恒任务，即把高脚杯的水倒入粗矮杯中时，儿童并不认为水会变少，这说明他们能够同时从多个维度来考虑问题。另外，守恒任务的完成也能说明他们认识到思维的可逆性，即通过一系列步骤进行思维，然后再以相反的方向返回到出发点的心理能力。可逆性是各种逻辑运算的一部分，在儿童中期儿童能牢固地获得这种能力。

2. 学龄初期的儿童能进行简单的分类和类包含推理

他们能够很好地根据某一维度，如颜色或形状来对问题进行分类，但在事物的分类上，他们仍然容易被表面特征所迷惑。此外，虽然学龄初期的儿童能够运用符号来进行心理运算，但是还不能脱离具体事物的支持。如果完全脱离具体事物而进行纯粹抽象的逻辑推理，处于该年龄阶段的儿童还不能完成。

3. 学龄初期儿童的符号运算是比较零散的，不能组成一个结构整体来进行问题解决

他们认为事物的各个维度相互独立，不能把它们之间的相互关系综合来考

虑，进入形式运算阶段后，儿童才能综合考虑多种关系。

（四）记忆发展

记忆力是学龄初期儿童进行正规学校教育的必备心理机能。在学龄初期，儿童记忆力的发展主要表现在记忆容量的增加、记忆策略的使用方面。

1. 记忆容量的发展

在记忆容量方面，相比学前儿童，学龄初期的儿童信息的加工速度加快、他们更加擅长使用"组块"来记忆，因此，原来紧张的记忆容量就可以得到一些"释放"，释放出的工作记忆容量可以用来储存或执行其他的信息或认知活动。认知心理学研究发现，成人的短时记忆容量为 7 ± 2 个组块，而儿童短时记忆的组块要比成人少，我国学者钱含芬（1989）的研究发现，小学一年级儿童（7、8 岁）与三年级儿童（9、10 岁）、五年级儿童（11、12 岁）的数字记忆广度差异十分明显，三年级、五年级儿童的数字记忆容量要明显高于一年级儿童[①]。在图片、文字等记忆材料的研究中也说明儿童的记忆容量不断增加。这说明学龄初期是儿童记忆容量快速增长的一个时期。

2. 记忆策略的发展

在记忆策略方面，个体都要经历从无到有，从简单到复杂的过程。学龄初期的儿童已经初步掌握了一些记忆的策略，他们已经开始使用复述策略，复述策略是指主体在记忆过程中，对所要记忆的信息不断重复，以便能准确、牢固地记住信息的策略。与学前儿童不会使用复述策略相比，学龄初期的儿童能够用大声朗读的方式来重复记忆内容，并且由最初的被动复述逐渐转变到主动复述。此外，学龄初期的儿童也逐渐开始使用记忆组织策略，组织策略是指记忆者在识记过程中，根据材料的不同意义，将材料组织成各种类别，编入相应的主题或转换成其他形式，然后根据记忆材料之间的关系进行记忆的策略。一年级小学生虽然不能自发地使用组织策略，但他们在成人指导下，能够学会使用组织策略。精加工策略是另一种重要的记忆策略，指个体对记忆材料赋予意义的记忆策略。学龄初期的儿童还不能有意识地使用精加工策略，因为他们对事物的理解还非常依赖事物的具体形象，进行抽象运算的能力还非常有限。学龄初期的儿童正处于一个过渡期，到了青少年阶段，儿童才能很好地使用精加工策略来进行记忆。

相关链接 3-1　真的存在婴儿期遗忘症吗？

每个人都有这样的困惑，当我们试图努力回忆三岁之前发生的事情或者经历过的场景时，我们绝大多数人都不能回忆起来。然而，婴儿和学步儿却能够

[①]　钱含芬：《小学儿童短时记忆发展特点的初步研究》，载《心理科学通讯》，1989(2)。

记住他们日常生活的很多方面，但为什么到了学前期之后，我们就"彻底"忘记了自己婴儿期和学步期经历的事情呢？当然，有人或许会说我们经历的事情会随着时间的流逝而忘却，婴幼儿期的事情对我们来说已经非常久远了，所以我们无法回忆。但我们为什么却能够回忆起许多当前和过去发生的，对我们来说非常有意义的事情呢？比如父母第一次带自己出远门，第一次坐火车、搬家、被大学录取等事件，这些自传体的记忆对每个个体来说都会记忆犹新。

对于婴儿期的遗忘，发展心理学家试图给出很多种解释。有理论认为人类个体的外显记忆系统的脑功能区主要是在额叶，而额叶的成熟发育相对较晚，从一岁半左右才开始发育，到四五岁的时候才比较完善，而婴儿的记忆是外显（即不需要意识的参与）记忆而非内隐记忆，所以年长儿童和成人会用语言来存储信息，而婴儿和学步儿的记忆加工基本上是非言语的，这种记忆加工手段的不同在大脑皮层上是不相容的，这种不相容可能阻碍个体对婴幼儿时期经验的长期保存。那么这种理论假设到底有没有研究证据予以支持呢？希姆考克（Simcock）和海恩（Hayne）用一项非常有创造性的研究支持了该假设[1]。研究者带着一件非常特殊的而且容易让婴儿记住的玩具到2～4个月婴儿的家中。这个特殊的玩具被称作"魔幻伸缩机"，在婴儿清醒的情况下，实验者首先给婴儿示范如何来玩这个玩具，在魔幻伸缩机的顶部开口处插入一个物体，并且转动曲柄后，机器开始闪烁灯光并伴随着音乐。这时候在伸缩机的前部开口处出现一个缩小版的物体（与实验者在顶部放入的物体相同，只不过尺寸稍小而已），"缩小"后的物体是另一个实验者偷偷地放在前部开口处的。这就给婴儿造成一种假象，似乎是这个机器能够缩小物体。实验者在婴儿面前反复演示几次后，鼓励婴儿也来"玩"这个机器。在演示完机器如何工作之后，让儿童从一个花布包里选择物体，然后把选择的物体放进机器顶部的开口里。接着旋转曲柄，机器会制造一个"缩小"的物体。过了一天之后，实验者利用习惯化和去习惯化的范式来检查婴儿对伸缩机器缩小物体这一事件的回忆程度。第二天测试时，2～4岁的儿童对"缩小"事件的非言语记忆非常好。但是对儿童就这个游戏的特征进行开放性的访谈的结果发现36个月以下的儿童言语回忆很差。36～48个月的儿童回忆进步很快，这期间婴儿期遗忘症在衰退。

这说明婴儿的非言语记忆是非常好的，当成人再次把物体放入魔幻伸缩机的顶部开口处时，婴儿会盯着机器前部的开口处看，似乎期望看到被"缩小"的

① Simcock, G. & Hayne, H.. Age-related Changes in Verbal and Nonverbal Memory During Early Childhood. *Developmental Psychology*, 2003, Vol. 39, No. 1, pp. 805−814.

物体出现，而且能够对照片上"伸缩后"的物体能够再认。但是研究者把这个实验同样在有一定词汇能力，但小于三岁的儿童身上进行时，让儿童描述"缩小"这一事件的经历时，几乎所有儿童都无法完成。到了三四岁，儿童的言语回忆能力飞速增长，该阶段的儿童处于遗忘障碍上的混乱状态。学龄前儿童不能在间隔半年或者一年之后，把自己在游戏活动中的非言语记忆转换成语言，虽然学前儿童在语言方面已经有了很大的提高。

实证研究的结果帮助我们重新认识婴儿期的遗忘现象。为什么我们在婴儿期有很好的记忆力，但却在长大之后又不能回忆起婴儿期经历的事情。在生命的前两三年，个体主要是通过视觉表象和动作活动等非言语的加工方式来进行记忆，但随着语言的发展，儿童开始使用言语来谈论时间、地点、物体等。尤其是到了三岁以后，儿童经常用言语表征事件，并且与成人进行比较深入的讨论，当儿童用言语来对自传体事件进行编码时，就会增加他们以后回忆这些事件的可能性，言语线索成为他们回忆事件的主要线索。发展心理学研究者还发现，当个体清晰的自我形象出现以后，基本上就结束了婴儿期遗忘症，也就是说我们长大之后至少能够回忆起在此之后的很多事情。自我意识发展较好的儿童，在一年以后与母亲谈论往事的时候能够表现出较好的言语能力。相应地，大脑的发育和长幼交往共同促进了儿童自我意识和语言能力的发展，反过来二者又帮助儿童谈论对自己有意义的过去经验。

（资料来源：[美]David. R. Shaffer, Katherine Kipp：《发展心理学》，第八版，第 288～289 页，邹泓等译，北京，中国轻工业出版社，2009。）

（五）情绪发展

1. 自我情绪意识的发展

进入学龄初期后，由于儿童的自我意识和社会敏感性的快速发展，儿童在自我意识到的情绪、情绪理解能力和情绪的自我调节方面都获得了发展，特别是自我意识的情绪得到了较快的发展。尴尬、自豪、内疚这些自我意识到的情绪会明显地受个人责任感的制约。只有当个体认识到自己的行为能够带来某种成就，或者意识到自己的行为超越了社会习俗或道德的允许范围之后，他们就会体验到一种自豪或内疚的情感。一旦儿童有了自我意识的情绪体验后，当自我意识到的情绪变得很强烈时，就具有很大的破坏性。儿童会用一两次不该做的行为来评价总体自我价值，对那些羞辱自己的情境和人表现出适应不良的反应，如高度的自责、消极的退缩或强烈的愤怒等。

2. 情绪理解能力的发展

学龄初期儿童的情绪理解能力也有很大的提升。学龄初期的儿童能理解心理倾向，他们更可能通过参照内部状态而不是外部事件来解释情绪。他们对情绪体验的多样性也有更深的理解，即我们常说的混合情绪。他们能够理解一个人能同时体验几种不同的情绪。到 8 岁时，儿童认识到，他们一次能体验到不止一种情绪，其中每种情绪都可能是消极的或积极的，在强度上也不相同。学龄初期的儿童，除了能更好地理解自己的情绪之外，在揣摩他人的情绪时，儿童还能考虑更多的信息。在理解另一个人的感受时，学龄儿童能协调互相冲突的面部线索和情境线索，而学前儿童只依靠情绪的外部表现。而且年龄较大的儿童能从一个人过去的经验预测他或她在一个新情境中会产生何种的感受。

3. 情绪调节能力的发展

在情绪调节方面，学龄初期的儿童能够使用多种策略来管理自己的情绪。10 岁左右，大部分儿童会使用一套管理情绪的适应性的策略来管理自己的情绪，尤其是消极情绪。在儿童能对结果进行某种控制的情境中，他们会把解决问题和寻求社会支持作为最好的策略。当结果不能控制时，儿童会使自己分散注意，或重新定义情境来调节自己的情绪状态。情绪调节能力较高的儿童通常心情较好，更善于移情，亲社会倾向更强，并且也更受同伴的喜欢。相反，情绪调节能力差的儿童会被消极的情绪所压倒，从而影响同伴关系。

（六）自我意识发展

进入学龄初期后，儿童发生了几次自我认识的转变。首先，儿童能够从心理特征上来描绘自己。例如，我是一个安静的女孩，我是一个活跃的男孩。其次，儿童开始能把他们自己的特征和同伴的特征进行比较。例如，小强比我高，我比小军胖。此外，儿童能对造成自身优势和劣势的原因进行分析。例如，我没有丽丽跑得快，是因为我比她小。学龄初期，儿童发展起更为完善的客体我或自我概念，并把他们观察到的行为和内部状态组织到一般性的人格倾向中去，一般会在 8～11 岁之间发生重要的变化。这个变化主要体现在学龄初期的儿童开始进行社会比较，大约 7 岁时，儿童开始进行社会比较。他们从外貌、能力和行为方面和他人作比较，对自己进行判断。到了 10 岁左右，儿童会把他人的评价或者与他人比较的结果整合到自己的人格特征中。学龄初期的儿童进入更广阔的学校和社区环境中，他们开始从更多的人那里获得关于他们自身的信息。此外，随着入学后的交往范围扩大，在不同的活动中，通过与同伴的表现比较，儿童接受到更多的关于自己表现的反馈，儿童的自尊开始分化，并调整到更为现实的水平，由原来普遍的自尊分化为学习方面、社会方面和身体方面的自尊，而这些分化的自尊综合起来，共同形成总体的自我价值感。并不是所有分化的自尊在总体自尊中都起着相同的作用，儿童更重视某些方面的自我判断。虽然在童年期和青少年期存在着个别差异，但与其他的自尊因素相比，儿童知觉到的身体外貌与总体自我价值之间的相关更为密切。

（七）道德发展

在学前阶段，儿童通过模仿和强化，已经学会了许多与道德有关的行为。进入学龄初期后，儿童开始反思自己的道德经验，并逐渐内化为自己的行为准则。例如，儿童逐渐认识到，"帮助有困难的人是好事"或"拿走不属于你的东西是不对的"。儿童开始承担更多的责任，例如，帮助父母做一些力所能及的家务，主动承担班级卫生的清洁工作等。儿童不断扩展的社会生活领域和不断提高的观点采纳技能促进了道德理解能力的发展。他们能够按照公正的原则来分配玩具或有限资源，并且能够考虑到其他人的特殊需求。例如，在小组活动中，平均分配玩具；在分配食物的时候，给年幼孩子多分一块饼干等。同时，学龄初期的儿童意识到，道德规则和社会常规有时是重叠的。例如，在接受礼物后说"谢谢"是社会一致认可的举动，如果不这样做则可能伤害别人的感情。

（八）同伴关系的发展

学前儿童在游戏中就已经开始了同伴交往，但学前阶段的同伴交往不够稳定，交往对象不固定，稳定性较差。进入学龄初期后，儿童同伴交往的频率、范围、深度进一步发展，交往的形式、内容也更加复杂。首先，同伴群体的建立。进入学龄初期后，儿童表现出归属于某一群体的强烈愿望，他们一起形成了独特的价值观和行为标准，他们还会建立领导者和追随者组成的社会结构，从而保证了群体的目标能够实现。当具有这些特征时，同伴群体就形成了。同伴群体一旦建立，就会制定本群体的行为规范、大家所遵守的规则，如果有成员违反这些规范就会被警告，甚至孤立。其次，友谊关系。友谊是指个体之间形成的一种亲密关系，在这种亲密关系中，个体可以分享共同的信息，相互帮助，对对方保持忠诚。学龄初期的儿童认为，良好的友谊是建立在友好行为的基础之上的，友好行为是指友谊关系中的双方都要相互支持。处于这个发展阶段的儿童，更倾向于选择在年龄、性别、种族、民族和社会经济地位上都与自己相似的人做朋友。朋友之间在人格上、同伴悦纳性和学业成就方面也很相似。总的来说，学龄初期的友谊关系带有较强的工具性，而且比较狭隘。他们都希望彼此能够相互帮助，但却不允许朋友与其他同伴建立更亲密的关系。

三、学龄初期儿童身心发展的教育

学龄初期是儿童由快速身心发展向平稳发展过渡的一个阶段。心理发展和社会关系的转变是学龄初期儿童面临的主要任务。在小学刚入学阶段，学校适应和学业上的成功对儿童后来的发展至关重要，接受正规学校教育的主要任务是完成学业，获得人类积累的知识。

(一)培养学龄初期儿童的复合运动技能和精细运动技能

与学前期相比，学龄初期乃至整个小学阶段（包括了学龄初期和学龄中期），儿童的生理发育速度缓慢，体型变化相对较小。男孩与女孩在身材上的差别并不十分明显，男孩在身高、体重上都比女孩略高或略重一些。在身体发育和运动技能方面，抚养者和教育者除了继续保证儿童身体发育必需的营养之外，还应注意培养儿童对运动的兴趣，儿童在进入小学之前已经具备了大肌肉运动的一些技能，如跑、跳，而这些技能是儿童进行复合运动最基本的要求。虽然儿童具备了基本的运动技能，但是儿童在投掷、跳高、平衡等复合运动技能上还比较欠缺，另外，他们的精细技能(写字、绘画、手工)也处于正在发展的阶段。

在体育教学活动中，教育者要着重培养学龄初期儿童的复合运动技能和精细运动技能。除了继续巩固儿童在学前阶段习得的基本运动技能之外，抚养者和教育者还要通过游戏活动和体育运动，使儿童的跑、跳远、单脚跳和玩球技能更为精细。3～6年级的学生能够疾跑，迅速跳过转绳，进行复杂的"跳房子"游戏，踢足球和扔足球，用棒击打同学投过的球，并能在走平衡木时熟练地保持平衡。因此，要给这个年龄段的儿童提供足够的游戏和运动事件，引导他们进行一些健康有益的活动，如跑步、球类运动、跳绳等。在进行网球、篮球和足球之前，应该先让他们玩手球、正方形和足球游戏等。在时间安排上，调整游戏时间，使之适合儿童的注意广度和与同伴、家庭进行自由游戏，并与做家庭作业的时间相协调。一星期两次，对年龄较小的孩子每次不超过30分钟，对年龄较大的孩子每次不超过60分钟就足够了。在游戏和体育活动中，要强调努力、技能学习和团队工作而不是输赢，不要批评儿童的努力和失败，这会加强儿童的焦虑，逃避运动。另外，要让儿童参与制定小组活动规则。为了增强预期的反应，强化遵从行为而惩罚不遵从行为。

到6岁时，大部分儿童会相当清晰地摹写字母、他们的姓和名、1到10的数字，说明他们的精细运动能力得到了很大的提高。这时候教育者要注意训练儿童握笔的姿势和用笔的力度，对儿童不良的一些书写习惯进行矫正。在绘画方面，学龄儿童绘画中的组织性、细节和深度线索不断增加。因此，要培养儿童运用线条勾勒物体轮廓，再把勾勒出的物体相互联系起来，构成有组织整体的一个部分。

（二）利用具体实物帮助儿童进行思维活动，并逐渐摆脱具体实物对思维的束缚

在思维发展方面，学龄初期的儿童正处在前运算阶段向具体运算阶段的转变过程，这种转变是一个比较缓慢的过程，并不是所有儿童都在同一个年龄段完成转变。在这个转变过程中，儿童可以在心理上完成一些运算或活动，而不像学前阶段必须借助实际的物体或身体活动来完成。学龄初期的儿童通常会同时表现出两个发展阶段的认知行为，他们在发展高级认知行为的同时，仍然保持着前一个认知发展阶段的思维特点。因此，在小学中低年级的教学中，教育者一方面要注意运用一些形象直观的教学手段，如挂图、视频、演示等。另一方面，要注意引导儿童使用抽象符号在心理层面进行运算或操作，例如在阅读教学中，除了让儿童大声朗读之外，要慢慢过渡到半朗读，再到默读。在数学教学中，让儿童先通过实物来进行计算，然后在脱离实物的情况下进行心算联系。要帮助儿童从依赖具体事物和活动的思维模式下，尽快转变到逐渐脱离具体事物和活动，再到完全脱离具体事物和活动的阶段。教学的最终目的是让儿童能够完全运用抽象的符号在心理层面进行运算或思考。此外，教师要在新旧知识的教学过程中，注意创设或营造一种新旧知识的"不平衡"，即儿童原来掌握的知识或思维方式不能解决新的问题，启发儿童进行思考，让儿童主动发现事物的一些规律和解决办法。

（三）充分信任儿童，保护儿童的自尊心

在社会情绪方面，小学低年级要完成的任务是解决埃里克森人格发展阶段的第四个危机，即勤奋对自卑。学龄初期的儿童开始努力证实自己已经长大，自主性的愿望比较强烈，总是希望教育者一方面要给予儿童充分的信任，让他们自主地完成一些任务，不要过多地进行干涉和保护。另一方面，要注意保护儿童的自尊心，不要让儿童总是陷入失败的境地，否则他们会形成自卑的心理，从失败的阴影中无法走出。给儿童安排任务时，要考虑儿童的能力，不要安排过难的任务。

（四）对每个儿童给予关注和鼓励，引导他们正确认识自我

自我意识是学龄初期重要的发展任务，自我概念和自尊是自我意识的重要方面，自我意识的发展会明显地受到家庭、学校经历以及同伴的影响。小学低年级的儿童在进行自我描述时开始关注更加抽象的内在特质，如能力、友好等，能够区分个人、内在的我与公开的、外在的我。处于这个阶段的儿童通过与他人的比较来评价自我，社会比较是这一阶段的显著特点。教育者对儿童的

接纳尤为重要，儿童的能力的确有高低之分，不论教师如何去教，儿童怎么去努力，儿童自己都很清楚自己在哪些方面不如别人。这时候，重要他人对他们的态度和看法对他们的影响最大。因此，教育者要无条件地接纳不同能力的儿童，对每个儿童给予关注和鼓励，让他们对自我有一个正确的认识和评估。

（五）强化儿童亲社会行为，建立积极向上的同伴群体

学龄初期，儿童交往的范围扩大，能够有机会长时间与同龄人相互交往，同伴关系成为儿童社会关系的重要组成部分。同伴圈子的建立和友谊的获得使儿童找到了归属感。这些社会关系使得儿童有机会将自己的能力与他人进行比较，并且能够与同伴进行相互交流和学习。在教育中，成人要系统化地强化儿童的亲社会行为，对儿童表现出的分享、合作和帮助行为进行肯定和表扬，忽略同伴群体中的一些攻击等不良行为。同时，还要引导儿童建立积极向上的同伴群体，要监控同伴群体的行为，必要时要进行干预，因为一个偏离正常发展轨道的同伴圈子，会使群体成员误入歧途。

第三节　学龄中期儿童身心发展

一、学龄中期儿童的身体发育特征

学龄中期是指 9～11 岁左右的儿童，该年龄段是儿童期向青少年期过渡的时期，儿童的身体发育经历了由平稳发展向快速发展的过程。

（一）大脑发育

学龄中期儿童的脑重量与成人脑重量相差无几。从大脑神经元波幅的变化来看，大脑机能也逐渐趋于成熟。一般认为，神经元电活动由 θ 波转向 α 波，说明神经元发育逐渐成熟。学龄初期的儿童，大脑神经元的电位变化基本上达到了 α 波的范围，9 岁时，儿童枕叶皮质细胞电位变化达到 α 波，θ 波消失。到了 11 岁，枕叶与颞叶皮质细胞电位变化均达到了 α 波，θ 波消失[1]。另外，大脑神经元的髓鞘化过程也基本完成，神经元与神经元之间的联结网络也趋于稳定。

（二）身高与体重

在学龄中期的较早阶段，儿童的身高与体重处于一个平稳增长的过程，到了学龄中期的后期，儿童的身高和体重增长的速度明显加快，因为他们即将要进

---

① 刘世熠，邬勤娥，万传文：《人脑 α 波阻抑与思维活动（心算）》，载《心理学报》，1964(3)。

入人生发育的第二个高峰期——青春期。9 岁时，男生的平均身高约为 131 厘米，女生的平均身高约为 130 厘米。10 岁时，女生的身高增长速度开始超过男生，平均身高达到了 135.6 厘米，而男生的平均身高为 135.3 厘米。11 岁时，女生已进入快速的发育阶段，身高已达到了 141 厘米，而男生的身高还不到 140 厘米。在体重方面，9 岁时，男孩的平均体重约为 25.5 千克，女孩为 24.9 千克，男孩略高于女孩。到了 10 岁时，男孩的平均体重约为 28 千克，女孩的平均体重约为 27.8 千克。从 11 岁开始，女孩的平均体重开始超越男孩，女孩的体重约为 31 千克，男孩约为 30.5 千克。这说明在学龄中期的后半段，女孩身体发育速度加快，男女生在身体发育方面的差异发生了逆转，女孩的身高和体重已经开始超越了男孩。此外，学龄中期儿童的下肢生长很快，所以他们的腿显得比儿童早期长，脚也长得很快，经常要买新鞋。11 岁时，女生开始出现第二性征，乳房开始发育，脂肪变多。

此外，学龄中期儿童的肌肉力量明显增强，其运动水平也随之提高，他们对一些剧烈的游戏和运动越来越感兴趣。在内脏机能的发育方面，他们的心率和脉搏明显放慢，11 岁时，心搏约为 80 次/分钟。

二、学龄中期儿童的心理发展特征

进入学龄中期后，儿童的感知觉已与成人无明显差别。心理发展方面的特征主要表现在思维、记忆以及自我意识情感等方面。

(一)感知觉发展

在视觉方面，学龄中期儿童的感受性继续提高，相对于学龄初期的儿童来说，对各种颜色区分的精确性明显提高，他们对不同颜色识别的正确率要比学龄初期儿童(小学一年级)高出 60%。在视敏度方面，学龄中期儿童的水平与成人基本持平。听觉方面，在高音和低音的区分准确率方面进一步提高，明显高于学龄初期的儿童。在知觉方面，学龄中期儿童的知觉逻辑性增强，他们在知觉过程中能把一般的规则、原理进行关联。

(二)记忆发展

相比学龄初期的儿童，学龄中期儿童的短时记忆容量进一步增大，已非常接近成人的 7±2 个组块的水平。儿童开始以有意识记忆为主，即他们在识记过程中有预定目的任务，有意识进行记忆，并且在识记过程中付出意志努力。学龄中期的儿童开始由无意识记忆向有意识记忆转化，在小学低年级，儿童在识记过程中很少付出意志努力，即主要以无意识记忆为主。从小学二年级到四年级，有意识记忆发展最为迅速，研究表明，该年龄段的儿童有意识记忆的回忆正确率超过 50％。

学龄中期的儿童不仅仅在记忆容量、记忆的主动性方面有很大的提高，而且记忆策略、元记忆方面也有很大的提高。学龄中期的儿童，大多数已经能够使用策略来提高记忆成绩，他们使用最多的是复述策略，其次是组织策略，而精加工的策略使用最少。如果教育者能够引导他们在识记过程中使用策略，他们能够很快掌握。

元记忆是个体对自己记忆过程的认识和监控。主要表现在元记忆体验和元记忆监控方面。元记忆体验主要是指在识记过程中的情绪体验。学龄初期的儿童会经常出现"舌尖"现象，他们在回忆过去识记内容时，仿佛知道但又说不出来。例如，小学生在背诵课文时，有时候心理非常清楚接下来的内容，但就是无法流畅地表达出来。随着年级的升高，小学生逐渐对自己识记的过程进行反思，例如他们知道，要在短时间内记住一个电话号码，必须在心里反复重复，而且在记住后要立即开始拨打。元记忆监控是指个体在进行记忆活动的过程中，把自己正在进行的记忆活动作为认识对象，连续地监控和调节该过程的心理活动。学龄中期儿童检验自己的记忆成果，或者在复习识记的内容时，总会去复习那些自己不熟练的内容。如果他们发现在识记过程中，有些内容很难记住的话，他们会自动地进行重复或赋予其意义。

（三）思维发展

学龄中期的儿童正处于具体运算阶段向形式运算阶段发展的过程。他们虽然不能完全脱离具体事物来进行思考和推理，但已经能运用一些抽象符号来进行运算。学龄中期的儿童绝大部分都能完成皮亚杰的守恒任务，并且初步掌握了可逆性和类包含的概念。三四年级的小学生对因果关系有了一定的理解，但有时候仍然会被事物的表面现象所迷惑。他们在解决问题时，能够同时考虑问题的多个方面，能忽略错误表象来进行推理。

此外，他们正在从自我中心的思维向去自我中心或客观性思维的方向发展。这个阶段的儿童，有时也会表现出自我中心，但是他们也能意识到他人与自己可能具有不同的观点，也能采纳他人的观点。例如他们能够理解别人看到的景色可能与自己不同，能够理解物体下落是因为万有引力。到了学龄中期的后半段，儿童的思维开始发展到形式阶段，儿童开始进行一些抽象的思维，能够了解到事物的各种可能性，能够用假设——演绎的方式来进行推理。即对没有经历过的场景和情形进行推理，不再需要具体的东西和事件作为思维的对象。在面对一个问题时，他们能从所有可能会影响结果的因素出发，先提出一些假设(或预测)。然后，他们从这些假设出发，用演绎推理方式，逐步地检验这些假设，看哪些假设是正确的。这种问题解决过程是从抽象理论开始，再回到具体现实。然而，学龄中期的儿童仅仅处于形式运算阶段的初期，他们还不能完全运用抽象的形式符号来进行思维运算，在皮亚杰著名的"钟摆问题"中，处于这个年龄阶段的儿童大部分都不能通过。也就是说，学龄中期的儿童仅仅能够解决一些简单的抽象问题，但还不能进行复杂的符号运算。

(四)情绪发展

小学高年级儿童普遍存在着与生理、认知和社会性发展有关的情绪问题。他们总体是乐观的，但会存在着许多担忧，例如被同伴排斥、没有知心朋友、学业成绩不好等，伴随着这些担忧会产生愤怒、内疚、挫折等消极情绪。学龄中期的儿童，除了能够熟练地表达自豪、内疚、羞怯等自我意识的情绪之外，还能使用个人信息、情境信息和过去的经历来理解情绪。他们能够根据很多外部线索(如面部表情、语气等)来判断他人的情绪状态。同时，对自己或他人面对同一情境产生的不同情绪感受也能够理解。

与此同时，儿童越来越多地了解到社会认可的情感表达规则，逐渐学会在不同场合下应当表达的情绪。例如，在别人送给自己礼物时，尽管不喜欢，但仍要表现出高兴的样子。在情绪管理方面，相对学龄前和学龄初期儿童而言，学龄中期的儿童在面对消极情绪时，更多采用自我安慰和转移注意的策略来平复自己的情绪。

(五)自我意识的发展

学龄中期儿童在描述自我的时候，已经开始从身体、行为和其他外在行为的范围中突破，他们更注重个人的内在特质和稳定的心理特征。例如，"我喜欢游泳"，"我有很多好朋友"，"老师说，我是班里最爱帮助同学的孩子"。11岁，即学龄中期的末期，儿童的自我意识开始分化，他们会认为自我可能由很多方面组成，如身体自我、运动自我、学业自我。例如可能会这样描述自己，"我比较擅长体育运动，但我的学习成绩在班里一般"。个体的自我概念变得更加心理化，更抽象、连贯。

(六)同伴关系的发展

学龄中期的儿童同伴交往越来越复杂，更加喜欢玩有正式规则的游戏。这时候同伴群体已经开始建立，他们很清楚地知道自己属于哪个群体，在同伴中他们去学习群体的规则，去发现团队协作的价值，相互形成忠诚感和承诺。到后期，开始出现同伴小圈子，他们会花更多的时间与特定的一些同伴在一起，成员的数量 5～8 名，他们有共同的价值观和爱好，有的儿童可能同时属于好几个同伴圈子。

在儿童的同伴关系中，同伴接纳的程度是衡量一个儿童在群体中的社会地位高低的重要指标。那些在群体中对同伴友好、亲社会行为较多的个体，往往会受到绝大多数成员的欢迎和接纳。在儿童与同伴接触的过程中，他们会逐渐和一个或多个同伴形成亲密的联系，这种亲密的关系纽带称作友谊。学龄中期的儿童已经具有了较强的观点采择能力，他们认为朋友是和自己心理上相似的人，彼此值得信任、忠诚、友好，对彼此的感受和需要敏感。

（七）性别角色的发展

儿童对性别角色的理解在学龄中期得到进一步发展，他们的性别角色认同随着年龄的增长而发生变化。性别角色认同是指个体认为自己相对具有男性化或女性化特点。在性别角色的发展变化方面，男孩和女孩的发展状况是不同的。进入小学后，儿童就知道哪些学习课程和技能是男性化的，哪些是女性化的。例如，他们认为工程师应该是男性从事的职业，而护士是女性应该从事的职业。在学龄期，他们认为阅读、绘画和音乐主要是为女孩准备的，而体育和数学则主要是为男孩准备的。到了学龄中期，男孩和女孩的性别角色同一性会沿着不同的途径发展。从 3 年级到 6 年级，男孩对男性化的人格特征的认同增强了，而女孩对女性化特征的认同则削弱了。尽管女孩仍然倾向于认同女性化特征，但她们开始认为自己具有某些"异性"特征。这种差异在儿童活动中也表现得很明显。虽然男孩通常选择男性化的活动，但女孩在试着选择多种活动时则具有较大的自由感。

三、学龄中期儿童身心发展的教育对策

（一）教育者要根据儿童的发展水平制定教育目标

处于每个发展阶段的儿童都会有不同的发展任务和面临的挑战。对于学龄中期的儿童来说，他们正处于从儿童期向青少年过渡的阶段。在生理发展方面即将要进入第二个发育高峰，到了小学高年级，女孩在身高、体重方面开始超过男孩。在认知方面，学龄中期儿童处于具体运算阶段向形式运算的过渡阶段，他们虽不能完全脱离具体事物来进行心理运算，但同时又能进行一些简单的抽象符号运算。记忆力方面，他们的记忆容量相比学龄初期有所增加，元认知开始发展，能够监控自己识记的过程。在社会情绪方面，学龄中期儿童的自我意识情绪、情绪理解和情绪调节能力进一步提高，他们能够综合运用多种信息来推测他人的情绪和自己的情绪状态，面对强烈的情绪反应，能够运用转移

注意等策略进行管理和平复。虽然儿童很早就形成了自我意识，学前期和学龄初期儿童的自我意识大多限于自己的一些"表面"特征，到了学龄中期，儿童在描述自我的时候更侧重于心理特征。学龄中期也是儿童建立同伴群体和同伴圈子的关键时期，他们会根据自己的兴趣爱好、价值观等选择性地加入一些同伴圈子，与圈子里的同伴分享信息。除了同伴群体，儿童也很注重与一个或多个同伴建立亲密的友谊关系。此外，到了学龄中期，儿童的性别角色认同进一步增强，男孩和女孩的性别角色认同出现分化，男孩开始更加认同男性的性别角色，而女孩在认同女性性别角色的基础上，也认同一些男性的性别角色。

教育者要清楚地认识到随着生理、认知及社会情绪的发展，儿童在不同的发展时期都会面临不同的挑战。教育者要根据学生的不同发展水平来界定学生的发展目标，当发现某些学生在发展过程中需要不同的支持时，要及时调整教学。

(二)保证儿童充足的体力，足够的运动和游戏时间

在生理发展方面，学龄中期的儿童花大量时间来学习、投入游戏、交友和新奇活动，这需要耗费大量的体力。因此，一些必需的营养要保证。教育者要注意预防儿童的近视问题，近视是儿童中期最常见的视力问题。到学龄期末，近25%的儿童患有近视。个体在阅读和其他室内环境中工作的时间越长，近视的可能性越大。家长和教师要注意纠正学生的一些不良用眼习惯，例如长时间阅读或观看视频，规范儿童的错误书写姿势等。

要保证儿童足够的运动和游戏时间。学龄中期是儿童运动能力发展的重要时期，身体运动促进了儿童许多方面的能力，例如身体健康、自我价值感及与他人相处所必需的认知和社会技能等。许多儿童在一天的大部分时间里都要坐车、骑自行车上学和回家，回家后又要收看很长时间的电视。因此，除了上更多的体育课之外，教育者要督促儿童尽可能地参加各种体育活动，培养一种健康的生活方式和积极的自我意识。

(三)训练儿童的抽象思维能力

在学龄中期的儿童认知发展中，教育者要注意训练儿童的抽象思维能力，尤其是假设－演绎推理的能力。在教学中，教师要启发和引导学生运用符号进行组织和分析。在介绍含有抽象概念和理论的新知识时，要留给学生足够的时间来吸收。开始的时候可以举一些熟悉的例子，鼓励学生使用假设－演绎推理来自己探索问题的答案。对学龄中期的儿童来说，大部分人还没有达到形式运算的思维水平，他们在思考复杂任务时需要更多的帮助，教师可以将已经达到形式运算水平的学生和未能达到形式运算水平的学生安排在一起，组成学习小

组或者结成学习伙伴，让他们互动学习。此外，要鼓励学生用自己的话来表达原理和概念，以促进其理解原理和概念背后的含义。在教育实践中，教育者可以通过组织讨论活动来提高学生的假设－演绎推理能力，例如给学生布置作文，让学生从两个正反对立的观点来论述。或者针对同一件事情，列出完全相反或矛盾的论据，让学生去衡量和评价不同来源证据的可靠性，以提高推理和判断的能力。

（四）要从多方面对学生进行评价，促进儿童自我概念健康发展

在社会情绪发展方面，教育者对儿童的评价不能一概而论，要对其优点给予肯定，对其不足委婉地指出。"学习好就什么都好"的评价不利于儿童自我概念的发展，教师在对学生的评价中要从多个方面来进行。这样才能促进学龄中期儿童自我概念的健康发展，自我概念的分化是这一时期自我意识发展的最典型特征。此外，教育者要引导儿童对自我能力、人格等心理特征的正确认识，让他们知道心理特征是可以变化的，而不是一成不变的。

（五）建立良好的班级氛围

班级是一种自然的同伴群体，作为班级管理者的教师要注意引导班级的人际氛围和学习氛围，对于学龄中期的儿童来说，虽然教师和成人对他们的影响相对较大，但同伴的影响日益增强。在班级事物的管理和规则制定中，教师可让儿童充分参与讨论，提出自己的意见，让儿童有一种归属感和"主人翁"的感觉，这样他们可能会更好地遵守班级规则。此外，教师也要坚决制止班级中的一些不良行为，如攻击、逃课、欺辱等行为。鼓励同学之间亲社会行为，如帮助、合作、分享等活动。

【复习与思考】

1. 根据托马斯和切斯夫妇的研究，儿童的气质可以划分为哪几种类型？

2. 学龄前儿童的身心发展有哪些特征？对这一时期的儿童应该如何进行教育？

3. 学龄初期儿童身心发展有哪些特征？对这一时期的儿童应该如何进行教育？

4. 学龄中期儿童身心发展有哪些特征？对这一时期的儿童应该如何进行教育？

【拓展学习】

如何在日常言语交流中促进儿童自我意识与自尊的发展①

当儿童能清楚地把自己与其他事物区别开时，表明他们已经具有自我意识了。一般而言，儿童在十八个月左右就会出现自我意识。自我意识的内容并不是一成不变的，而是随着儿童年龄的增长而不断丰富。从一开始意识到自己与别人是不同的，到后来开始形成我是谁，或者我不是谁的概念，即自我概念的建立，到了后来就会发展到自我评价阶段，也就是我们常说的自尊的建立。自我概念是儿童的特征、能力、行为、态度以及价值观的整合体，是儿童区别于其他人的最根本属性。当儿童获得自我感知的时候，往往就会开始对自我的价值做出积极或消极的评判，这些评判通常受到成人或同伴的影响。作为成人，可以通过外部的影响来促进儿童自我意识和自尊的健康发展。研究表明，成人与儿童的日常言语交流对于儿童自我意识和自尊发展有很大影响。语言环境包括在特定环境中发生的语言交流，其中有语句、词语或者沉默，说了多少，说了什么，怎样说，谁说的，谁在听等这些交流方式对儿童的自我意识和自尊有重要作用。语言环境可分为积极的语言环境和消极的语言环境。在积极的语言环境中，成人的语言能够满足儿童的需要并让儿童觉得自己有价值。而在消极的语言环境中，儿童会感觉到自己不受喜欢，不受重视，让儿童感觉自己没有价值。下面是一些具体的言语交流技巧，供家长和教育者参考使用。

（1）当儿童每天早上来到幼儿园时，老师要向儿童问好，并且用表情等非言语的交流技能让儿童切实感受到你的喜爱之情。

（2）当儿童示意要发言的时候，老师要叫出儿童的名字来。

（3）在游戏活动中，邀请儿童与成人一起参与。

（4）教师或家长要礼貌地跟儿童说话。例如，儿童在发言的时候，要等他说完自己的看法之后再进行点评。

（5）认真地倾听儿童说些什么。通过眼神接触、微笑以及点头来表现你的兴趣，不要随便打断儿童的说话。

（6）让儿童把自己所说的话作出详细的解释，并适当穿插一些评论。

（7）每天与儿童交流时，可选择一些开放性的问题。例如，向儿童问一些他们可能感兴趣的问题，"你四岁的生日是怎么过的""你觉得鼹鼠姐妹的动画

---

① ［美］Kostelnik, M. J：《儿童社会性发展指南：理论到实践》，第四版，第139～148页，邹晓艳等译，北京，人民教育出版社，2009。

片好看吗"等。

(8)在儿童归纳自己想法的时候，家长或教师要保持足够时间的沉默。

(9)利用自然的机会与儿童交谈。比如吃早点、穿衣服、上厕所等时间都是比较好的交流机会。

(10)当自己情绪不好的时候，避免与儿童交流，以免把负面情绪传染给儿童。

(11)当儿童取得一些进步的时候，家长和教师要给予言语上的表扬或鼓励，但表扬和鼓励要针对具体行为，避免空洞的赞美。

(12)与儿童交流时，注意说话的内容和方式。要站在儿童的角度来考虑他们是否能够理解你的话，对自己一些不好的语言习惯要改进，如口头禅、口音以及不正确的语言和词语使用等。

第四章　青少年注意与认知

【本章重点】

- 青少年注意的发展
- 青少年感知觉的发展
- 青少年记忆的发展
- 青少年思维的发展
- 青少年认知能力的培养

前面章节我们已经对儿童发展的基本概念以及相关理论进行了阐述，对学龄前儿童、学龄初期儿童、学龄中期儿童的发展特征进行了简单的梳理。从本章开始，我们将专门对青少年儿童的身心发展进行详细的阐述，使本书的内容对培养中学教师的目标而言更具有针对性。

案例4-1　一群苦恼的学生

我们是一群老师心目中不思进取的"差生"，我们也渴望笑脸、成功、爱与尊重。然而这些我们都得不到。当我们竭尽所能但考试的分数仍然是全班垫底时，得到的依然是老师、家长的训斥，同学的"白眼"。没人想到我们会有什么心理感受，他们不关心这些。当我们经过一整天艰苦的学习，疲惫不堪回到家时，我们多么渴望这时的家是个温暖的港湾啊！可饭桌上，父母不停地称赞同事、邻居家的孩子多么出色，让我们顿时没了食欲。他们可能已经忘了我们也有上进心，也渴望成功和被认可，这时候哪怕是一句理解、宽慰的话就会让我们感动得流泪！可这些也成了奢望。现在只要一提起学习，我们就像泄了气的皮球一样提不起劲来。

（资料来源：南京某中学的中学生心理小论文）

认知发展一直是发展心理学中重要的研究课题，而青少年的认知发展更是展现了众多年龄阶段的特征，值得我们深入探讨。当代著名认知心理学家弗拉维尔认为：认知(cognition)是人类智力活动的过程与产物，如推理、思维、问题解决等过程以及知识、计划、策略、技能等产物的获得。① 因此，认知既包括内容，也包括过程。认知的内容是指个体所掌握的概念、事实、命题、规则等，如"现在晴空万里""青春期是人生发展的重要阶段之一""空气是无色的混合气体"。认知过程通常指人接受、贮存和运用信息（或知识）（information）的历程，包括感知觉、注意、记忆、想象、思维和语言等。本章节我们来重点讨论注意、感知觉和思维。

第一节　青少年注意的发展

一、注意概念及功能

（一）注意的概念

注意不是一种独立的心理过程，因为注意本身并不反映事物及其属性，但只有当人们注意着什么事物的时候，人们才能感知着什么、记忆着什么和思考着什么。注意（attention）是心理活动的一种状态，是对一定对象的指向和集中。②

（二）注意的功能

注意不属于心理过程，它是心理活动的一种状态，一种积极的状态。这种积极的状态有以下功能：

1. 选择性功能

作用于各种感觉器官的刺激是数量巨大的，只有通过注意对各种刺激进行选择，将那些有意义的、重要的、符合于我们当前需要的刺激区分出来，使心理活动具有一定的指向性。许多心理学家把注意看作知觉选择性的高度表现。

2. 保持功能

筛选出的各种外界信息必须加以注意才能保持在意识中或进行进一步的加工，转换成更持久的形式进行储存，如果不加注意，很快就会消失。

3. 调节和监督功能

注意可以控制我们对自己的行动和活动进行调节和监督，保持活动向一定的目标和方向进行，使注意适当分配和转移。

---

① ［美］弗拉维尔，P. H. 米勒：《认知发展》，第 2 页，邓赐平译，上海，华东师范大学出版社，2002。

② 林崇德等：《心理学大辞典》，第 1742 页，上海，上海教育出版社，2003。

二、注意的种类

根据产生和保持注意时有无目的性和意志努力程度的不同，美国心理学家詹姆斯（W.James）曾把注意分为随意注意（有意注意）和不随意注意（无意注意）两种类型。苏联心理学家多勃雷宁进一步提出，除随意注意和不随意注意外，还有一种随意后注意（有意后注意）。

（一）无意注意

无意注意指没有预定目的，也不需要作意志努力的注意。例如，突然一声巨响，大家都不由自主地转头去找寻声音的来源，这种注意就叫无意注意，这是一种不需要意志努力的注意，是人和动物都具有的初级注意。

（二）有意注意

有意注意指有预定目的，需要一定意志努力的注意。有意注意是人类向自己提出既定的目标和任务，并自觉排除干扰，把注意集中于目标和任务有关的事物上。我们在课堂学习中的注意大多属于此类注意。语言在有意注意中起着重要的影响作用，在当前没有具体刺激存在的情况下，借助于语言刺激也能产生有意注意。有意注意是一种高级的注意形式。

（三）有意后注意

有意后注意是指事前没有预定的目的，但在活动中具有明确的目标，而且不需要意志努力的注意。有意后注意是注意的一种特殊形式。一方面，它和有意注意相同，都与自觉的目的、任务相联系；另一方面，它和无意注意相同，它不需要人的意志努力。这种注意的维持是相对长久有效和轻松有趣的。

在日常的学习过程中，无意注意与有意注意是密切联系的，并在一定条件下可以相互转化。学习内容如果只能引起学生的无意注意，这样的学习内容是不全面的也是不深刻的；而有意注意虽然可以使我们获取全面而深刻的知识，但需要主观的意志努力，持续一段时间大脑就会产生疲劳感。因此我们在日常学习中要让有意注意和无意注意交替呈现，并尽量多的引起学生的有意后注意。

三、注意的品质

（一）注意的广度

1. 注意广度的定义

注意的广度也叫做注意的范围，是指一个人在同一时间能清楚把握对象的数量。最早进行注意广度实验的是汉密尔顿，他在地上洒一把石子让人们即刻辨认，结果发现人们很不容易同时观察 6 个以上的石子。

注意广度也表明个体知觉的范围。在同一时间内注意广度越大，知觉的对象就越多，注意广度越小，知觉的对象也越少。研究注意广度，一般用速示器将数字、图形、词或字母等刺激材料以很短的时间呈现出来，由于被试的眼球来不及转动，因此被试对这些刺激物的知觉几乎是同时进行的，被试所能知觉的数量就作为他的注意广度。研究结果表明，在0.1秒的时间内，成人一般能把握8~9个黑色圆点，把握4~6个不相联系的外文字母，以及4~5个没有联系的汉字。这证明注意广度是有一定限度的。

2. 影响个体注意广度的因素

一个人的注意广度，可以因各种条件而变化。

(1)刺激物的特点。如用速示器呈现的外文字母，颜色相同时，注意广度就大，颜色不同时，注意广度就小；排成一行时注意广度就大，杂乱无章分散排列时，注意广度就小；字母的大小相同时，注意广度就大，大小不同时，注意广度就小等等。总之，注意的对象越集中，排列得越有规律，越能成为互相联系的整体，注意广度就越大。

(2)活动的任务和个人的知识经验。例如，只要求知觉字母的数量就比要求指出哪个字母有错误时注意广度大。精通外文的人就比刚学外文的人阅读外文时的注意广度大。提高材料的意义性是扩大注意范围的有效方法(见短时记忆)。

注意广度在生活实践中有很重要的意义，注意广度的扩大，有助于一个人在同样的时间内输入更多的信息，提高工作效率，使人能够更好地适应周围世界。

相关链接4-1　电视对儿童注意的影响

今天的儿童是在电视机旁长大的一代，各种各样的电视节目的"过度刺激"对他们会有怎样的影响呢？心理学家通过各种各样的实验发现，过多观看电视会缩小儿童的注意范围，降低儿童的阅读能力。电视节目节奏过快是导致注意范围缩小的主要原因。"摄像机"和焦距不停地变化使得收看者的关注点每秒都在改变，久而久之注意的范围便会缩小。一位有影响的学前教育家科恩(D. Cohen)认为，那些周围环境中充满狂乱节奏和电视速度的儿童，也就是易受干扰的儿童，对他们来说，集中注意是一个严峻的考验。

(资料来源：卢家楣等：《心理学——基础理论及其教育应用》，第239页，上海，上海人民出版社，1998。)

（二）注意的稳定性

1. 注意稳定性的定义

注意的稳定性是指注意保持在某一对象或活动上的时间久暂特性。

注意的稳定性有狭义和广义之分。人的感受性不能长时间地保持稳定状态。例如，在听觉方面，把一只怀表放在离被试耳朵一定的距离上，使他刚能听到表的滴嗒声。这时被试时而听到表的声音，时而听不到；或者感到表的声音时强时弱。注意的这种周期性变化，称作注意的起伏。这是注意的一种基本规律，也是狭义的注意不稳定的表现。注意起伏的一个周期包括一个正时相和一个负时相。正时相表现为感受性的提高，感觉到有刺激或刺激增强；负时相表现为感受性的降低。每一次起伏周期历时约 8～10 秒，个体之间的个别差异较大。一般认为，注意的起伏是外周感受器官和中枢的适应过程造成的。在发生适应现象以后，感受性减弱，然而由于刺激物又作用于新的感受细胞，或者感受器官经过一个恢复过程，感受性又会再度提高。有人把注意起伏与机体一系列功能变化联系起来，如呼吸、脉搏和其他生物节律等。

不显著的注意起伏现象在其他方面也可以看到。如在研究反应时的实验中，要求被试对刺激物（光、声等）尽可能迅速地做出预先规定的运动反应（如按电钮）。结果发现，如果在给予刺激之前大约 2～3 秒内给一个预备信号，会得到最好的效果。如果时间间隔较长，就出现因注意起伏而造成的反应时加长现象。由此可见，狭义的注意稳定性，其时间是相当短的。不过，这种不显著的起伏，只是在要求一个人非常迅速地对刺激物进行反应的时候才有消极的影响，而在较长时间或多样化的工作中则影响极小。

就广义而言，注意的稳定性并不意味着心理活动总是指向和集中于某一事物或活动，而是指虽然行动所接触的对象和活动本身有所变化，但注意的总方向和总任务却没有改变。例如，学生听课时，既要看教科书、看实验演示、板书，又要听教师讲述，还要记笔记等。由于这些活动都服从于听课这一项总任务，它们属于在注意稳定性范围之内的注意转移。对于要求持久注意的活动，这种转移有积极作用，它可以防止疲劳，提高注意稳定性。

2. 提高注意稳定性的方法

①应该明确要完成的总任务和具体任务，并积极地去尝试解决它。②要使注意对象内容丰富，活动多样化。不同的活动最好是交替进行，并在活动中不断地提出新问题。③注意与外部实际活动相结合，可以起到组织和控制注意的作用。因此，人在注意的时候，若能把注意与实际操作结合起来，直接接触实物，就可以使注意较长时间地稳定在所注意的对象上。④注意的稳定性还与一

个人的主体状态有关。例如，在身体健康、精力充沛的情况下，能以极大的兴趣从不同的方面去观察所注意的事物，并以积极的态度进行思维，注意的稳定性就容易保持。

（三）注意的分配

1. 注意分配的定义

注意的分配指人在进行两种或多种活动时能把注意指向不同的对象。

这种现象在生活中到处可见。例如，教师一边讲课，一边还能观察学生听讲的情况；操纵机械的工人，一边观察仪表，一边控制和调节操作，有时还能注意周围环境的变化等。

2. 注意分配的条件

研究表明，注意分配的实现取决于同时并进的几种活动的性质、复杂程度以及人对活动的熟悉或熟练程度等条件。当同时进行的几种活动越复杂或难度越大时，注意分配就越困难。在智力和运动两种活动同时进行时，智力活动的效率比运动活动的效率有更大程度的降低。同时进行两种智力活动，则注意分配的困难更大一些。在影响注意分配的各种因素中，对活动的熟练程度起作用最大。要想能够很好地分配注意。

①是在同时进行的两种活动中，必须有一种活动达到了相对"自动化"的程度，即不再需要更多的注意，这样人就能把注意集中在比较生疏的活动上。

②使同时进行的几种活动之间建立一定的联系，或通过训练使复杂的活动形成一定的反应系统，这样注意分配也就比较容易了。

（四）注意的转移

1. 注意转移的定义

注意的转移是指个体主动地把注意从一个对象或一种活动转移到另一个对象或另一种活动上去。

注意的转移不同于注意的分散。前者是根据任务需要，有目的地、主动地转换注意对象，为的是提高活动效率，保证活动的顺利完成，如看完一堂录像教学课，要求学生转而互相讨论。后者是由于外部刺激或主体内部因素的干扰作用引起的，是消极被动的。注意的分散违背了活动任务的要求，偏离了正确的注意对象，降低了活动效率。如果两个学生在看教学录像的过程中交头接耳，互相说笑，而没有关注录像的内容，显然是注意分散的表现。

2. 影响注意转移的因素

良好的注意转移表现在两种活动之间的转换时间短，活动过程的效率高。影响注意转移的因素有以下四个方面：

①对原活动的注意集中程度。个体对原来活动兴趣越浓厚，注意力越集中，注意的转移就越困难。一个沉迷于电脑游戏的孩子很难让他转移注意力，去拿起书本温习功课。当然，如果对原活动的注意力本来就不够集中，就比较容易随活动任务的要求而转移。

②新注意对象的吸引力。如果新的活动对象引起个体的兴趣，或能够满足他的心理需要，注意的转移就比较容易实现。假如那个正玩电脑游戏的孩子，听到自己喜欢的电视动画片开演了，可能会离开电脑，将注意力转移到看电视上。

③明确的信号提示。在需要注意转移的时候，明确的信号提示可以帮助个体的大脑处于兴奋和唤醒状态，灵活迅速地转换注意对象。文艺演出中报幕员的角色，其实也发挥着这方面的作用。这种提示信号，既可能是物理刺激（如铃声、号角），也可以是他人的言语命令，甚至是自己的内部言语的提醒。

④个体的神经类型和自控能力。神经类型灵活性高的人比不灵活的人更容易实现注意的转移，自控能力强的人比自控能力弱的人更善于主动及时地进行注意的转移。

主动而迅速地进行注意的转移，对各种工作和学习过程都十分重要。有些工作要求在短时间内对各种新刺激作出迅速准确地反应，对注意转移的要求尤其高。例如，一个优秀的飞行员在起飞和降落时的五六分钟之内，注意的转移就达 200 次之多。

四、影响注意的因素

（一）引起个体无意注意的因素

引起无意注意的因素可以分为两大类：一是客观刺激物特点，二是个体的主观状态。

1. 客观刺激物的特点

①刺激物的强度。刺激物的强度是引起无意注意的重要原因。刺激物的强度分为绝对强度和相对强度两种。如一道响雷、浓烈的气味等，都能够引起人的无意注意。女性穿着高跟鞋走在喧闹的大街上发出的声音不能算是强烈刺激，不会引起人们的注意，但在安静的图书馆、阅览室内却能引起众人的无意注意。

②刺激物的对比。刺激物之间在大小、强度、形状、颜色等方面的对比越强烈，差别越大，往往越容易引起人的无意注意。例如，"万绿丛中一点红""鹤立鸡群"等容易引起人的无意注意。

③刺激物的变动。运动着的刺激物往往比静止的刺激物更容易引起人们的

注意。大街上霓虹灯的闪亮变化，交通指挥灯信号变换时的闪动，能够很容易地引起人们的注意。教师讲课时，通过声音大小的变化、语速快慢的变化往往能吸引学生的注意。

④刺激物的新异性。刺激物的新异性也是引起无意注意的重要原因之一。习惯性的刺激很难引起人们的注意。新奇的事物容易引起人们的注意。所以，一个教师如果平常上课不讲普通话，而有人听课就讲普通话，往往容易使学生注意教师讲话发音，对讲课内容反而不关注。刺激物的新异性可分为绝对新异性和相对新异性。绝对新异性指人们从未感知过的事物及其特征，相对新异性是指刺激物特征的新异变化。例如，班级来了一名新生，任课教师进入教室后首先发现这名新生，这就是属于绝对新异性引起教师的注意；班级中一名学生改变了发型，任课教师进入教室后注意到这名学生的改变，这种现象属于相对新异性引起的注意。

2. 人的主观状态

虽然刺激物的特点是引起个体无意注意的主要原因，但个体的主观状态是引起无意注意的另一类主要原因。同一个事物，能引起一些人的注意，却不能引起另一些人的注意。引起个体无意注意的主观原因有以下三方面：

① 需要和兴趣。能满足人的需要和符合个人兴趣的事物，容易成为人们无意注意的对象。例如，饥饿的人往往先注意到路两边的饭馆，音乐爱好者容易看到报纸上有关音乐会、音乐人的消息，其他人则可能视而不见。

② 情绪和精神状态。人的情绪状态在很大程度上影响着无意注意。如果一个人的心情愉悦，周围的事物甚至平时很少在意的事物也会引起注意；相反，如果一个人的情绪处于悲伤、愤怒的状态，平常容易感兴趣的事物可能也听而不闻，视而不见。人的精神状态对无意注意也有重要影响。当个体身体健康、精神饱满时，容易对事物产生注意；而当个体身体不适或者过于疲劳时，对周围的事物不易产生注意。

③ 知识经验。和个体的知识经验有关联的事物容易引起人的注意。

(二)引起和保持个体有意注意的条件

1. 对活动任务的理解

有意注意是有目的、服从于一定活动任务的注意。因此，人们对活动目的、意义的认识与理解的程度越深刻、越清楚，对达成目的的愿望越强烈，与完成任务有关的事物就越能引起和保持人们的有意注意。

2. 间接兴趣

兴趣有两种：直接兴趣和间接兴趣。无意注意主要依赖于个体的直接兴趣，而有意注意往往主要依赖于人们的间接兴趣。个体对某一活动的间接兴趣主要是指个体对活动结果的兴趣，这种间接兴趣对个体维持有意注意有着重要的作用。例如，许多人对枯燥无味的外语学习本身并无多大兴趣，但对它的结果，如可以与外国友人进行顺畅的交流、可以到国外学习感兴趣，这就是间接兴趣。由于这种间接兴趣的存在，学习者对外语就能保持稳定的有意注意。间接兴趣越浓厚、强烈，有意注意就越稳定。

3. 意志努力

人们在从事某种活动过程中，总会受到外界或者个体本身一些无关因素的干扰。在这种情况下，个体的意志力是维持有意注意、保证活动正常进行下去的重要因素。据说国外某著名大学就有意在学生的自习课上安排一些干扰性刺激物，以锻炼学生在嘈杂环境中排除干扰集中注意的能力。

五、青少年注意发展的年龄特征

（一）注意逐渐向高级形态发展和深化，从无意注意为主向有意注意过渡

儿童的注意起始于无意注意，它主要依靠外部刺激物的作用。随着儿童自身兴趣爱好的发展，无意注意逐渐发展深化。初中以后，儿童的有意注意逐渐发展并取代了无意注意的优势地位，注意的稳定性、集中性也有了长足的发展，出现了更高级的注意形态，即有意后注意。

（二）注意的品质不断改善

青少年的注意品质有了良好的发展。首先，注意广度迅速提高。研究发现13 岁儿童的注意广度已经接近成人。其次，注意保持的时间延长和注意集中的程度提高。这个阶段的儿童开始能够很好地进行有意注意和无意注意的交替运用，因此能够更长时间地对特定对象进行观察。有研究发现，在一次飞机模型故障的观察中，初中生持续观察时间平均为 1 小时 35 分钟，而高中生持续观察时间平均为 3 个小时。另一项研究表明，从初一年级到初二年级，儿童注意的稳定性迅速显著的提高，从小学三年级开始到初三年级，女生的注意稳定性均高于男生。再次，注意的分配能力缓慢发展。注意分配能力的发展与技能熟练化和协调化的进程相关联，只有当各种技能逐渐熟练，并经过严格训练后，学生才能够对注意进行合理的分配。最后，注意的转移能力长足发展。一般而言，小学二年级到初中二年级是注意转移能力迅速增长期，初中二年级到高中二年级是其发展停滞期，高中二年级到大学二年级是其缓慢增长期。

六、青少年注意发展的培养

注意品质的个体差异虽然与先天的神经系统类型有着密切的关系，但后天

的实践中适当有效的教育和训练可以改善个体的注意品质。对青少年注意发展的培养应侧重于注意稳定性、注意转移、注意广度、注意分配等注意品质的训练。

（一）注意稳定性训练

注意分散往往与意志薄弱、情绪不稳等因素有关。注意稳定性训练的方法有：

(1)计数训练法。从100、99、98……依次数到1，也可以从1000、998、996……依次数到2，做到快、准。多次训练，注意力会有所提高。

(2)阅读训练法。选择一段课文，准确朗读，不要多读字、少读字或读错字。如不准确，就要重新再来一遍，一直到准确为止。阅读课文的量从少逐渐增多。

(3)听音训练法。全神贯注地听钟发出的滴答声，如能坚持20分钟，则说明注意力正常，坚持时间越长越好。

(4)抗干扰训练法。选择一个有干扰刺激源的环境进行学习，如开着电视或音响，在有外界干扰的环境下完成学习任务。训练应循序渐进，干扰刺激从小到大，时间从短到长，任务从易到难。

(5)静坐放松法。通过静坐放松达到心情舒畅、排除杂念、情绪稳定、头脑清醒的状态。

(6)意志锻炼法。即规定学生在一定的时间内完成一定工作量。从短时间内做个体感兴趣的事，逐渐过渡到长时间坚持完成个体不太感兴趣的工作或学习任务，在实践中克服心理惰性的不良影响。

（二）注意转移训练

改善儿童注意转移的品质可以通过提高他们的自我控制能力来实现。具体做法如下：

按以下规则出两道题。

第一题，写两个数，一个在上，一个在下。例如4和2，然后把它们加起来，把和的个位数写在右边的上方，而把左边上面的那个数移到下面，连续这样做……

4 6 0 6 6 2 8 0

2 4 6 0 6 6 2 8

第二题，起始的两个数与上题相同，然后把两个数的和的个位数写在右边的下面，把左边下面的数移到上面，连续这样做……

4 2 6 8 4 2 6 8

2 6 8 4 2 6 8 4

稍加训练后，每隔半分钟向学生发出命令"第一""第二""第一""第二"等，要求他们听到命令后，画一竖线，立即改做另一题，尽可能准确而迅速地完成作业。检查后就会发现，错误主要发生在两题转换之间。通过多次训练，儿童的自我控制能力会得到提高，做题的错误率会减少，转换的速度也会加快。

（三）注意广度的训练

训练儿童注意广度的目的在于提高他们的整体知觉能力。具体做法如下：

给儿童列一张数字表（表中数字的多少和排列顺序可根据儿童的实际情况确定），表中的数字都是无规则的，然后划去任意两个数之间的某个数，如划去"1"和"7"之间的偶数（或奇数）。

1 5 3 4 9 6 3 8 2 5 4 7 9
3 0 3 7 1 5 4 2 6 9 8 7 4
4 2 7 3 0 1 5 6 4 9 2 3 8

划数字训练的评分方法是计算划对、划错和漏划三种数据。全部划对的数字的总和称为粗分，划错的加上二分之一漏划的称为失误。粗分减去失误称为净分。用公式表示为：

净分＝划对数－（划错数＋1/2 漏划数）

失误率＝（划错数＋1/2 漏划数）/划对数×100%

要求学生每天拿出一定的时间进行自我训练，坚持一段时间后可通过比较多次训练间的净分和失误率，看出自己的注意广度的成效。一般来说，经过多次重复练习，净分会逐步提高，失误率会逐步下降，表明注意力已经得到提高。

（四）注意分配的训练

提高学生学习时的注意分配能力，关键在于训练他们掌握与学习有关的技能，并使各种技能协调化。例如，在训练他们熟练写字的基础上，进一步训练他们边听边记的能力，为记课堂笔记打下基础。

第二节　青少年感知觉的发展

一、感知觉的概念

感觉（sensation）是人脑对直接作用于感觉器官的客观事物个别属性的反映。[1] 在日常生活当中，外界的大量客观事物作用于我们的感觉器官，使我们产

---

① 林崇德等：《心理学大辞典》，第381页，上海，上海教育出版社，2003。

生各种各样的感觉。例如我们看到的颜色、听到的声音、闻到的气味、感受到的温度等。同样我们也能够感受到来自机体内部的感觉，如疼痛、舒适、饥渴等。不论这些感觉来源于外部还是内部，它们都是对客观事物个别属性的反映。

知觉(perception)是个体经由各感官觉知环境中物体的存在、特征以及彼此关系的过程，也是人脑对直接作用于感觉器官的客观事物的整体属性的反映。[①] 知觉是人对感觉信息的组织过程。人们倾向于有选择地输入信息，把感觉信息整合、组织起来，形成稳定清晰的完整映像。人们对环境事物的知觉，并非单纯地对环境中客观事物的客观反映，而是带有相当成分的主观意识与解释。这种组织功能主要依靠于个体过去的经验。

个体知觉过程包括感觉、知觉组织、辨认与识别三个环节。

①感觉。感觉是一种最简单的心理现象，但却起着十分重要的作用。只有通过感觉，我们才能开始我们认识客观世界的第一步。

②知觉组织。在日常生活中，我们的大脑总是不断对感觉信息加以组织。比如我们感受到的听觉刺激，会被知觉为言语、水流声、鸣笛声，即组织成有意义的声音。

③辨认和识别。这个阶段赋予知觉以意义。辨认和识别一个物体是什么，涉及更高的认知加工过程。

二、知觉的特征

知觉过程是一个有组织、有规律的心理活动过程，这些规律表现在以下一些知觉特征上。

(一)知觉的选择性

当注意指向某个事物时，该事物便成为知觉的对象，而其他事物成为知觉的背景。支配注意选择性的规律，也是知觉对象从背景中分出的一条规律。

我们把下面的图(图 4-1，图 4-2)称为是"两可图"，也就是既可以看成是这样，也可以看成是那样，这和人的知觉选择性有关。知觉选择性是指人根据当前的需要，对外来刺激有选择地作为知觉对象进行组织加工的过程。知觉对象和知觉背景之间的关系是相对的。此时的知觉对象可以成为彼时的知觉背景，而此时的知觉背景也可以成为彼时的知觉对象，它们之间是可以不断发生对换的。当然，这种选择性会受到我们已有的知识经验、生活经历以及兴趣爱好等的影响。

---

① 林崇德等：《心理学大辞典》，第 1687 页，上海，上海教育出版社，2003。

图 4-1   图 4-2

（二）知觉的整体性

知觉对象有不同的部分组成，但我们并不把它感知为各个孤立的部分，而总是把它知觉为一个有组织的整体。知觉的这种特性称为知觉的整体性。

与感觉不同，在知觉过程中，人们不是孤立地反映刺激物的个别特性和属性，而是多个个别属性的有机综合，反映事物的整体和关系。这就是知觉的整体性。人的知觉系统具有把个别属性、个别部分综合成整体的能力。知觉的整合作用离不开组成整体的各个成分的特点。如点子图，尽管这些点子没有用线连起来，但仍能看到一个三角形和一个长方形。如果点子数量不同，其空间分布不同，我们知觉到的几何形状也不同。

另一方面，我们对事物个别属性的知觉依赖于事物的整体特性。如观看缺口的圆环，没顶的三角时，心目中仍能将缺少的部分补足，完成一个整体的形象。在此过程中过去的知识和经验常常能提供补充信息。

比如，实验者先给被试者呈现一张图片，上面画着一个身穿运动服，正在奔跑的男子，使人一看就断定他是球场上正在锻炼的一位足球运动员。接着给被试者呈现第二张图片，在那个足球运动员的前方，有一位惊慌奔逃的姑娘。这时被断定了一幅坏人追逐姑娘的画面。最后实验者拿出第三张图片，在两个奔跑的行人后面，是一头刚从动物园里逃跑出来的狮子。这时，被试者才明白了画面的真正意思：运动员和年轻的姑娘为躲避狮子而拼命地奔跑。可见离开了整体情境，离开了各部分的相互关系，部分就失去了它确定的意义。在知觉活动中，人们常常会对整体的知觉先于个别成分的知觉，如走进一间房子、面对一个陌生人等。

（三）知觉的恒常性

当知觉对象的物理特性在一定范围内发生了变化的时候，知觉形象并不因此发生相应的变化。知觉的这种特性称为知觉的恒常性。

在不同的角度、不同的距离、不同明暗度的情境之下，观察某一熟知物体时，虽然该物体的物理特征（大小、形状、亮度、颜色等）因受环境影响而有所改变，但我们对物体特征所获得的知觉经验，却倾向于保持其原样不变的心理作用。像此种外在刺激因环境影响使其特征改变，而在知觉经验上却维持不变的心理倾向，称之为知觉恒常性（perceptual constancy）。知觉恒常性表现在很多方面，最主要的有四种：

1. 亮度恒常性

一匹黑布和一匹白布并列时，看起来黑布呈黑色，白布呈白色；那是因为黑与白两色的亮度不同，构成不同的视觉刺激使然，是一种以生理的视觉器官为基础获得的视觉经验。如将黑白两匹布摊开，一半置阳光下，另一半置阴影中，此时两匹布的两半，虽在亮度上各自有所改变，但由之获得的知觉经验，仍然是一匹黑布和一匹白布；不会将黑（或白）布看成是两段不同的布料。显然，这纯粹是心理现象，而不是物理现象。如按物理学原理，将一匹布所在之阴明处两段拍照，在照片上的颜色，两段绝不相同。像此种物体本身所处照明环境改变，而由物体所得亮度知觉仍然保持不变的心理倾向，称为亮度恒常性（brightness constancy）。

亮度恒常性的心理现象，其形成原因有两种解释：其一是因为对物体本身的特征熟悉（熟悉粉笔是白色，煤炭为黑色），因而对物体特征做解释时，大部分凭个人经验，少部分凭视觉资料；纸张是白色，墨汁是黑色，即使不看，也会知道。其二是因为物体本身对光反射率不变的关系。

如上例，白布在日光或在阴影中，其所感受的光刺激强度虽不相同，但两者相对的对光刺激的反射率，却仍然保持不变。在阳光之下，白布对光的反射率高，在阴影之中，白布对光的反射率仍高；在阳光之下，黑布对光的反射率低，在阴影之中，黑布对光的反射率仍低。物体知觉必须是在某种环境下产生，亦即物体之存在不能脱离其环境。既然物体在任何亮度的环境下，其对光的反射率保持不变，因而由之获得的亮度知觉也就不变。

2. 大小恒常性

同一物体在网膜上构成影像的大小，常因所观察物体距离远近而改变；距离愈远，影像愈小。这是以生理为基础的视觉现象。但根据视觉资料判断物体大小时，我们并不单纯以网膜上影像的大小为根据。例如：在乡野田间同时看到近处一只狗，远处一只牛，牛在网膜构成的像，可能远比狗的影像要小，但在知觉判断上仍然肯定判断牛比狗大。像此种对物体大小的知觉经验，不因物体距离远近所构成网膜影像大小而有所影响的现象，称为大小恒常性(size constancy)。

从视觉生理的观点看，从物体到眼睛之间的距离，与该物体在网膜构成影像的大小，恰成反比。如以手握铅笔置于眼前30厘米所得影像为标准，铅笔外移至60厘米时，网膜影像只等于原来的一半；再将铅笔外移至1.2米时，其影像将缩小为原来的四分之一。虽然视觉的生理现象是如此，但由生理基础的视觉现象转变为知觉的心理现象时，却始终保持一支铅笔原来的大小形象。这说明知觉是主观的心理现象。但知觉的心理现象，也并非全然否定了由视觉所得客观资料的特征。如上例，网膜影像较原来缩小一半时，我们就知铅笔的距离放远了一倍。如此，网膜影像的变化，就成了我们判断物体远近知觉的线索。

3. 形状恒常性

当观察者面对一个门口时，如将门扇从全闭到全开，门扇的形状将有多种变化。全闭时是长方形，全开时是一垂直条形，半开时则是变为近边较长远边较短的梯形。此门因角度改变而产生的形状变化，在眼睛的网膜上，随时反映出来，这是以生理为基础的视觉现象。但由之所得心理性知觉经验而言，门的形状是保持长方形不变的。像此种心理上保持物体形状不变的知觉现象，称为形状的恒常性(shape constancy)。

物体形状随视觉生理上网膜的形状改变，而知觉心理上仍保持不变的现象，显然与个体生活经验有关。开始学习画图的幼儿园小朋友，在他们所画的图形中，很少看到形状恒常性的现象。他们在画一排远近不同的房子时，都会把门窗画成一样大小的长方形。

4. 颜色恒常性

很多物体本身带有固定的颜色，如西瓜的皮是绿的，切开后里面的瓤是红的。物体的颜色之所以能被我们看出来，那是因为物体色泽对光波的反射。物体对光波的反射，与该物体所处的环境有关；物体在光亮的环境中，对光波的反射多，其原来的颜色也就明确；物体在阴暗的环境中，对光波的反射少，其原来的颜色也就不明确，甚至显不出它原来的颜色。例如：透过茶色太阳眼镜看周围的物体，在视觉上所见到的事物，都会失却原来的颜色。又如：在荧光路灯下看行人，常看到蓝色衣服变成紫色。这是以生理为基础的视觉现象，以心理作用为基础的知觉经验，却未必如此。在多半的情形下，仍保留原来对物体颜色的知觉。像此种不因物体环境改变而保持对其颜色知觉不变的心理倾向，称为颜色恒常性(color constancy)。

颜色恒常性与个体的生活经验有关。假如某人有生以来从未见过绿皮红瓤的西瓜，在光亮中初次看到时，他当然确定瓜皮是绿的，瓜瓤是红的，因为以生理为基础的色觉，是不必靠经验的。但如让他在阴暗处初次看到，他就不一定能辨别西瓜本来的绿皮与红瓤两种颜色。因此，颜色恒常性这个概念，只限于用以说明知觉的心理倾向，而非指物体本身的颜色恒常不变。

（四）知觉的组织性

个体在处理知觉经验的感性材料时，是经过一番主观的选择处理的。知觉的这种特性称为知觉的组织性。心理学研究归纳出以下最主要的四种知觉组织法则。

相似法则：按刺激物相似特征组成知觉经验的心理倾向(图4-3)。

接近法则：在刺激情境中，个体常根据以往经验，主观地寻找刺激物之间的关系，从而获得有意义的或符合逻辑的知觉经验。这种按刺激物特征关系而组织知觉经验的心理倾向即接近法则(图4-4)。

闭合法则：人努力将一个图形知觉为一个连续的完整形状的倾向(图4-5)。

连续法则：知觉上的连续未必是事实上的连续，而是指心理上的连续(图4-6)。知觉上的连续法则，在绘画艺术、建筑艺术以及服装设计上早已广泛应用。

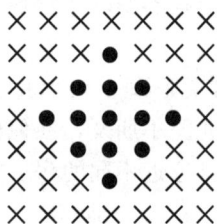

图4-3

图4-4

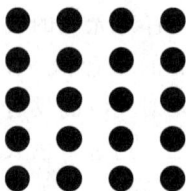

A

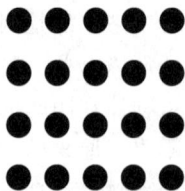

B

图4-5

图4-6

三、青少年感知觉发展的年龄特征

青少年在感觉能力方面有了较大的发展。研究表明，个体在 15 岁以后，其视觉和听觉的感觉能力甚至超过成人。初中生对各种颜色的区分能力比小学一年级学生高 60％以上。初中生对音高的分辨能力也比小学生高很多。青少年的其他感觉也有很大发展，特别是关节、肌肉的感觉能力得到很大的提高，这为他们从事写字、绘画、体育等活动提供了必要的条件。

在感觉能力发展的同时，青少年的知觉能力也有了很大的发展。有研究考察了中学生的空间认知能力，发现他们的空间认知能力包括图形分解与组合能力、数学关系形象化表达能力、心理旋转能力、空间意识能力、空间定向能力、图形特征记忆能力、图形特征抽象与概括能力等多种成分。初中生与高中生的空间认知能力大部分成分是相同的，但这些成分在各自结构中的重要性程度却不尽相同。另外高中生空间认知能力结构中的因素数量多于初中生的相应结构中的因素数量。

中学生在知觉的特征方面表现出一些和他们的年龄有关的特点：

（一）知觉选择性方面

知觉的选择性是指人们能把所要知觉的对象迅速从背景中分离出来，从而实现对事物的正确理解。一切影响青少年注意发展的因素都影响着他们知觉对象的选择，比如知觉事物的直观性、新异性，学生自身的兴趣、需要、动机等。

（二）知觉整体性方面

在知觉的整体性方面，初中生已经具备了知觉整体性的特点。在教学活动或日常生活中他们能对存在一定缺欠的事物进行修补。但是由于知识和生活经验所限，初中生常忽视弱刺激部分而过分注重强刺激，从而常作出不完全甚至是错误的反应。

（三）知觉恒常性方面

在知觉的恒常性方面，由于受逻辑思维发展水平的限制，初中学生比起高中学生有所差距。初中生很容易受到局部、片面的刺激的困扰，不能稳定不变地反映客观事物；而高中学生更能抓住事物的本质特征，能够更从容、灵活地使用各种概念、定理或规律，更能做到触类旁通、举一反三。

（四）知觉组织性方面

在知觉的组织性方面，初中生已经能够根据经验，对事物加以组合、补充、删减或替代，从而形成比较完整的理解。但初中生运用这几种加工方式的时候还很幼稚，很大程度上还依靠自己的主观想象，表现出更多的随意性，这样有时对知识的理解就显得牵强附会，如果没有正确的指导和更合理的解释，他们还会把这种理解顽固地坚持下去。

四、青少年感知觉发展的培养

观察是一种有意识、有目的、有计划、持久的知觉活动，是感知觉发展的高级形态，由此形成的观察力是感知能力的核心和重要表现。所以青少年观察力发展的特点在某种程度上就代表了其感知力发展的总体趋势。因此我们应当通过加强观察能力的培养来促进青少年的感知觉发展。

帮助青少年明确观察目的。促进他们主动制订观察计划，有意识地进行集中、持久的观察，并对观察活动进行自我调控。

帮助青少年进行更持久的观察。有研究发现，中学生在注意力和观察目的性、自觉性发展的基础上，观察可持续时间不断增长。

帮助青少年观察更精细的内容。我们要通过不断深化他们对观察对象本质属性的理解，不断增强他们的语言表达能力，来促进观察的精确性、完整性和系统性的提高。

帮助青少年提高概括能力。我们应当帮助他们分清主次，加强分辨力和判断力。

相关链接 4-2　影响知觉的因素与错觉

知觉经验除了依靠感觉器官的生理功能获取相关的信息外，更重要的是靠个人对引起知觉情境的主观解释。在影响知觉的因素中，刺激情境只是必要条件，还有各种心理因素影响人的知觉。

(1)学习与经验的影响。具有不同知识经验的人在知觉同一对象时，由于理解的差异，获得的知觉印象是不一样的。

(2)知觉的观点差异。同一个物体或事件，由于角度和观点的差异，个体获得的知觉印象也会各不相同。因此，在我们凭个人所知所觉去与别人沟通交换意见时，即使所谈论的是同一件事同一个对象，有时由于观点不同，在同一事件的解释上也有可能存在巨大的差异，像师生之间、亲子之间、同学朋友之间的隔阂、矛盾和"代沟"往往由此而产生。这就是心理现象和物理现象的不同之处。

(3)知觉中的动机因素。面对同一刺激情境，具有不同动机的个体所得的知觉印象往往是很不相同的，如同样进入商场的不同消费者，由于各自的动机不同，所获得的知觉印象往往也会不同。

知觉学习会产生一些错觉(illusion)。心理学将完全不符合刺激本身特征的失真或扭曲事实的知觉经验称为错觉。错觉会使实际存在的刺激(长度、位置、运动或方向等)被错误地判断。心理学研究发现错觉有很多种，凭视觉、听觉、味觉、嗅觉等所构成的知觉经验，都会产生错觉。目前对错觉现象研究得最多的是视错觉。

(资料来源：杨跃：《中学生发展》，第67～68页，南京，南京师范大学出版社，2009。)

第三节　青少年记忆的发展

想象一下：如果一个人没有记忆，那将是什么样的情形？生活中任何活动都离不开记忆，一旦失去记忆，个体将无法正常生活、学习。记忆在个体一生的发展进程中具有重要的作用。

一、记忆的概念及过程

(一)记忆的概念

记忆是在头脑中积累和保存个体经验的心理过程，运用信息加工的术语讲，就是人脑对外界输入的信息进行编码、储存和提取的过程。[1]

(二)记忆的过程

记忆包括识记、保持、回忆(再认或再现)三个环节。识记是指人们识别并记住事物的过程，它是记忆过程的第一个环节。识记有无意识记和有意识记之分。保持是识记的事物在个体的头脑中存储并巩固的过程。它是记忆的第二个环节，是保证回忆的必要基础。回忆有两种水平，即再认和再现：再认是指过去经历过的事物再次出现时个体能够识别出来；再现是指过去经历过的事物不在时能够在头脑中呈现出来。

二、记忆的类型

记忆内容不仅包括个体看到的、听到的那些信息，个体思考过的问题、体验过的情绪、练习过的动作等，也是记忆的内容。从不同的角度划分，记忆可以分为不同的类型。

(一)从记忆的内容来看，可以将记忆划分为形象记忆、逻辑记忆、情绪记忆和动作记忆

---

[1]　彭聃龄：《普通心理学》(修订版)，第201页，北京，北京师范大学出版社，2001。

形象记忆，即以感知过的事物形象为主要内容的记忆。

逻辑记忆，即以概念、文字及其符号为内容的记忆。这种记忆储存的不是事物的形象，而是反映事物内涵、意义、性质、规律的那些公式、定义、定理、规则等内容。

情绪记忆，即以体验过的某种情绪或情感为内容的记忆。当某种情境或者事件引起个体强烈的情绪体验时，这种情境或事件会和个体体验过的情绪一起被储存到个体的头脑中。日后相关的刺激出现时，个体能够重新体验到当时的情绪。

动作记忆，即以过去做过的动作或者运动为内容的记忆。例如，学习开车、打字等都要依赖动作记忆。

（二）从记忆储存时间的长短来看，可以将记忆划分为瞬时记忆、短时记忆和长时记忆

瞬时记忆，又称"感觉记忆"，指刺激作用于感觉器官所引起的短暂记忆。也就是说，当作用于我们的感觉器官的各种刺激消失后，感觉并不随着刺激消失而消失，而是有一个极短暂的保持过程。

瞬时记忆保持的时间很短，一般在 0.25 秒～2 秒之间，信息容量是无限的。瞬时记忆是信息处理过程中的第一站。例如，我们在观看电影的时候，将屏幕上一幅幅静止的图像看成是连续运动的，就是瞬时记忆存在的结果。

短时记忆，指保持短暂且容量有限的记忆，是瞬时记忆和长时记忆的中间阶段。

瞬时记忆的一部分内容经注意进入短时记忆，短时记忆保持的时间大约为 5 秒～2 分钟。例如，电话簿上查到所需号码，打完后很难再想起来刚才所拨的号码，这就是短时记忆。短时记忆是信息处理的中间站，还需继续加以处理，否则就会消失。

短时记忆的信息容量是有限的，通常能储存 7±2 个"组块"。组块即短时记忆容量的信息单位，是由若干个刺激（如字母）联合而成的较大信息单位（如字词）。[①]也就是说，组块就是将独立的项目组成简单的集合，以提高我们能够保持的信息的容量。例如，一组数字 8253355961，若是一个数字一个数字等时距地念，如 8—2—5—3—3—5—5—9—6—1，那这组数字我们记起来是非常困难的。但是如果将数字变成两组或三组，82533—55961 或 8253—3559—61 记起来就变得容易多了，这就是"组块"的效用。在学习的过程中，我们要充分利用"组块化"的效用提高学习效率。

---

① 林崇德等：《心理学大辞典》，第 1791 页，上海，上海教育出版社，2003。

长时记忆，指信息在头脑中长时期保持的记忆。这种记忆储存在个体头脑中的时间在 1 分钟以上，且容量无限。

经过短时记忆处理过的信息，有两种结果：一是停止加工处理而被遗忘；例如刚学习过的英语单词未加复习而遗忘；二是转化为长时记忆。我们在日常生活中记住同学的名字，记住广播体操的动作，记住学过的古诗词等，均是经过处理后转化为长时记忆的。

（三）从记忆的意识维度来看，可以将记忆划分为外显记忆和内隐记忆

外显记忆，指过去经验对个体当前活动的一种有意识的影响。个体有意识地搜索过去经历过的经验，以完成当前需要完成的任务。[①]外显记忆强调的是信息提取过程的意识性。

内隐记忆，指过去经验对个体当前活动的一种无意识影响。这种记忆对个体行为的影响是自动发生的，个体自身无法意识到，因此，又称为自动的、无意识的记忆。[②]内隐记忆强调的是信息提取过程的无意识性。

相关链接 4-3　内隐记忆现象

内隐记忆现象是在遗忘病人身上首先发现的。1854 年，一位英国医生(Dunn)报告，一位因溺水昏迷而患健忘症的妇女，虽然她忘记了自己曾经学过做衣服这件事，但不久后在学裁剪衣服时却无意中表现出某些裁剪技艺方面的记忆痕迹。1865 年，又有人(Clapaede)报告，一位接受针灸治疗的遗忘症病人，治疗结束后，尽管已压根忘记了遭受针刺这件事情，但她却拒绝与为她实施治疗的医生握手。1889 年，一位对遗忘病人的内隐记忆现象进行系统调查的调查者(Korsakoff)报告，一位接受过电休克治疗的遗忘病人早忘了曾受过电击这件事。但当他再次见到电击仪时，却露出相应的行为表现。20 世纪世纪 60 年代，研究人员(Warrington & WeiskKrantz)发现，这种现象在健忘症患者身上均有发现：他们没有意识到自己拥有某方面的学习记忆，但在他们完成有关任务的操作上却表现出了记忆效果。这种现象被心理学家科菲(Cofer，1967)称为启动效应(priming effect)。后来，科学家们对正常人进行了大量的实验研究研究，发现启动效应是普遍存在的，这是一种自动的、不需要有意识回忆的记忆现象。格雷夫和斯科特(Graf & Schacter)把这类记忆称为内隐记忆，而把传统的、需经有意识回忆的记忆现象统称为外显记忆。

（资料来源：卢家楣等：《心理学——基础理论及其教育应用》，第 124 页，上海，上海人民出版社，1998。）

---

① 彭聃龄：《普通心理学》(修订版)，第 235 页，北京，北京师范大学出版社，2001。
② 彭聃龄：《普通心理学》(修订版)，第 235 页，北京，北京师范大学出版社，2001。

三、记忆的规律

(一)遗忘的进程先快后慢

遗忘是指识记过的材料不能提取，或提取时发生错误的现象。德国心理学家艾宾浩斯是最先用实验的方法揭示了人类记忆遗忘过程的(图 4-7)。为了使学习和记忆尽量避免受旧经验的影响，他用无意义音节作为记忆的材料，把识记材科学到恰能背诵的程度，经过一定时间间隔再重新学习，以重学时节省的诵读时间或次数作为记忆的指标。实验结果如表 4-1 所示：

表 4-1　不同时间间隔后的成绩

时间间隔	重学时节约诵读时间的百分数	遗忘的百分数
20 分钟	58.2	41.8
1 小时	44.2	55.8
8～9 小时	35.8	64.2
1 日	33.7	66.3
2 日	27.8	72.2
6 日	25.4	74.6
31 日	21.1	78.9

（资料来源：韩日昌：《心理学》(修订三版)，第 85 页，上海，华东师范大学出版社，2005。）

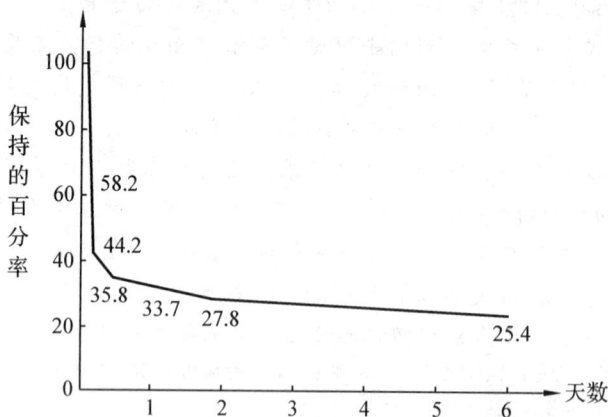

图 4-7　艾宾浩斯遗忘曲线

（资料来源：韩日昌：《心理学》(修订三版)，第 85 页，上海，华东师范大学出版社，2005。）

图 4-7 的曲线表明了遗忘发展的一条规律：遗忘的进程不是均衡的，而是在记忆的最初阶段遗忘的速度很快，然后呈现逐渐减慢的趋势，即先快后慢。

（二）有意义的材料识记效果优于无意义的材料

有意义的材料是指材料本身具有内在联系、材料之间具有逻辑性、连续性等特性。识记材料的意义性越强，识记的效果越好。

（三）材料的序列位置效应影响记忆的效果

在多个刺激连续呈现的情况下，各个刺激在序列中的位置会影响记忆的效果。一般情况下，系列记忆材料的开始和末尾部分记忆效果好，中间位置的内容容易遗忘，这种现象与前摄抑制和倒摄抑制有关。

前摄抑制，指先前学习的材料对后续学习的材料所产生的干扰作用。倒摄抑制是指后学习的材料对保持和回忆先学习的材料所发生的干扰作用。干扰程度受前后两种学习材料的相似性、学习时间的间隔、先学习材料的巩固程度等因素影响。

在系列材料的记忆过程中，材料开头部分的内容只受倒摄抑制的影响，末尾部分的内容只受前摄抑制的影响，而中间部分则受两种抑制的影响，因此系列材料的记忆出现序列位置效应。

四、青少年记忆发展的年龄特征

（一）青少年的记忆是个体一生中的最佳时期

青少年阶段，个体进入了一生中记忆的最佳时期。根据台湾心理学家的研究，在不同年龄阶段对不同类型记忆状况的分析、测查中，青少年记忆表现出最佳水平。[①]

（二）意义识记超过机械识记并占主导地位

由于生活经验的缺乏以及思维水平的限制，小学生的学习、生活中经常使用机械识记的方式进行学习，初中生虽然意义识记有了一定的提高，但机械识记在他们的记忆中仍占优势。11～14 岁是记忆从机械识记向意义识记转变的时期。高中生机械识记能力明显下降，而意义识记逐渐处于优势地位。研究发现[②]，高中生无论在对无关联的记忆材料的主观组织，还是对本身有明显类包含关系的记忆材料的客观组织上，都明显优于初中生和小学生。

（三）抽象逻辑记忆明显增强，开始占据主导地位

进入青春期后，青少年的抽象逻辑思维迅速发展，思维逐渐从形象思维占

---

① 卢家楣等：《心理学——基础理论及其教育应用》，第146页，上海，上海人民出版社，1998。
② 冯江平等：《青年心理学导论》，第114页，北京，高等教育出版社，2004。

优势发展为逻辑思维占优势。相应地，青少年抽象逻辑记忆发展速度逐渐超过形象记忆的发展，并最终占据主导地位。

(四)使用记忆策略的水平提高

个体在记忆活动常用的记忆策略主要有复述策略、精细阐述策略、组织策略、提取策略等。个体使用记忆策略的水平受个体的经验、思维发展水平和学习动机等因素影响，其中思维发展水平是决定个体记忆策略发展的重要因素。学前儿童记忆策略的发展处于萌芽阶段，这时期个体尚未掌握记忆策略。小学儿童记忆策略的发展处于形成阶段，他们还不能有效地运用这些策略提高记忆效率。青少年儿童记忆策略的发展处于成熟阶段，他们在学习活动中能够主动地运用记忆策略，而且能根据记忆的任务来调整记忆策略。可见，青少年对记忆策略的使用已经非常熟练了。

五、利用记忆规律和策略，提高青少年的学习效率

根据记忆的基本规律以及青少年记忆发展的特点，教育者可以指导青少年充分利用记忆规律，恰当使用各种记忆策略，从而提高青少年的学习效率。

(一)明确学习的目标任务

心理学的研究表明：有意识记的效果优于无意识记。在学习活动中，教育者要及时向青少年提出明确的学习任务，促使青少年在学习活动中使用有意识记的方式去记住有关知识，完成学习任务，从而保证他们的学习效果。

(二)对记忆材料进行优化处理

记忆材料的性质是影响记忆效果的重要因素。一般情况下，动作记忆的保持效果最好，形象性材料保持效果也很长久，抽象逻辑记忆的效果最差；有意义材料的记忆效果优于无意义材料。在面对不同性质的记忆材料时，教育者要教会青少年对记忆材料进行相应的转化，从而增强记忆效果。例如，将无意义材料转变为有意义的材料，提高记忆效果。大家非常熟知的圆周率的记忆方法：3.14159，无意义的数字转变为歌谣——山巅一寺一壶酒，就是对记忆材料进行优化处理的极好例子。

(三)合理安排学习的时间和内容

由于前摄抑制和倒摄抑制的效应存在，为了达到更好的学习效果，青少年可以在每天的清晨和晚上进行重要内容的学习，这样可以防止前摄抑制或者倒摄抑制的影响。而在学习内容上，性质反差较大的内容较宜排在一起，而相近的学习内容不宜放在一起。例如，物理和化学不宜放在一起复习，在复习完物理后，选择复习英语，然后再复习化学，这样学习的效果会更好。

（四）采取科学的复习手段，提高记忆效果。

复习并不是单纯的重复。掌握科学的复习方法，将有助于提高青少年的学习效率。科学的复习方法主要有以下几种：

及时复习。对刚刚学过的内容要及时复习，复习的间隔可以是先密后疏。学习的当天一定要对学习内容进行温习，这是防止遗忘的最重要的手段。

适当地进行过度学习。学习程度可以分为低度学习（识记达不到背诵的标准）、中度学习（识记刚刚能达到背诵的标准）、过度学习（超过刚能背诵的程度）三种。心理学研究发现，当学习达到150％的学习程度时，记忆效果最佳。过度学习超过150％后，记忆效果不再有显著增长，因此，把握过度学习的"度"至关重要。

集中复习和分散复习相结合。集中复习是指一次较长时间的复习，将较长时间分为几次使用是分散复习。一般情况下，分散复习的效果要优于集中复习。一次集中复习的时间不宜太长，太长的集中复习时间容易使个体疲劳从而导致复习效果下降。分散复习也并不意味着每次复习时间越短越好。集中复习和分散复习的时间长短要试具体情况而定，较为适宜的做法是集中复习和分散复习相结合。

动用多种感官共同参与复习。复习时要充分调动视觉、听觉、触觉等多感官的参与，以达到良好效果。多种感官参与复习之所以能取得良好效果，是因为同一信息通过多种感觉通道传到大脑皮层从而建立了广泛的暂时神经联系。这样的联系不仅巩固而且也容易联系和恢复。例如，青少年学习英语单词的时候，用嘴巴念、耳朵听和纸上写等多种方法进行，效果更好。

第四节　青少年思维的发展

一、思维的概念及其特征

（一）思维概念

思维（thinking）是人脑借助语言、表象或动作实现的、对客观现实的间接和概括的反映，是一种高级形式的认知活动。[①] 思维不同于感知觉，感知觉是感知事物的个别属性或个别的事物；思维则能反映一类事物的本质和事物之间

① 林崇德等：《心理学大辞典》，第1185页，上海，海教育出版社，2003。

的规律性联系。思维是以感知觉为基础的一种更复杂、更高级的认识过程。

（二）思维的基本特征

概括性和间接性是思维活动的基本特征。

1. 概括性

通过感知觉，我们只能感知形形色色的具体的笔（铅笔、毛笔、钢笔、水彩笔等），但通过思维我们可以把所有笔的本质属性（书写工具）概括出来。因此，概括性就是把同一类事物的共同特征和本质特征抽取出来加以概括。思维的概括性包含有两层意思：第一，能找出一类事物所特有的共性并把它们归结在一起，从而认识该类事物的性质及其与它类事物的关系。比如，借助思维，人可以把形状、大小各不相同而能结出枣子的树木归一类，称之为"枣树"；把枣树、杨树、银杏等依据其有根、木质茎、叶等共性归在一起，称之为"树"；还可以把树、草、地衣、青苔等归成一类，称之为"植物"，概括出它是由具有细胞壁的细胞构成的，是一类含有叶绿素、以无机物为养料的生物。这种不同层次的概括，不仅扩大了人对事物的认识范围，而且也加深了人对事物本质的了解。第二，能从部分事物相互联系的事实中找到普遍的或必然的联系，并将其推广到同类的现象中去。比如，借助思维，人可以认识植物与动物、动植物与人类的生态平衡关系，认识温度的升降与金属胀缩的关系，认识体温、生物电及血液成分等变化与人体健康状况之间的联系等。这种概括，加深了人对客观事物的内在关系与规律性的认识，有助于人对现实环境的适应、控制与改造。

2. 间接性

感知觉只能反映直接作用于感觉器官的事物，而思维总是通过某种媒介来反映客观事物，这就是思维的间接性。其表现在思维必须要借助于一定的中间媒介物和相应的知识经验来达到对事物的本质属性和规律的了解与把握。如医生能通过观察病人的舌头、体温、脉搏、血压、脸色等变化来了解病人身体内部脏器的活动状态。思维的间接性，使人的认知能力突破了时空的限制，从具体的一事一物的认知的局限性中摆脱出来，因此人类的认知能力远远超过动物的认知能力。人可以依据某一媒介物，便可上知亘古，下知未来。人类不仅可以掌握那些没有直接经历感知过的或根本不可能经历感知到的事物，而且还可预见和推知事物发展的过程和结果。例如，我们看不到光的运动，但通过思维却可把握其 30 万公里/秒的速度，可以了解上亿年前的自然环境等。

二、思维的类型

（一）动作思维、形象思维和抽象思维

根据思维过程中所凭借的中介物不同，可以把思维分为动作思维、形象思维和抽象思维。

1. 动作思维

动作思维是依据实际行动来解决具体问题的思维。3岁前幼儿的思维就属于动作思维。成人也会出现动作思维，但是以丰富的知识经验为中介，并在整个动作思维过程中由词和语言加以调节和控制，与幼儿的动作思维不同。思维往往是从动作开始的，切断活动与思维的联系，思维就不能得到发展。而实践操作最易于激发学生的思维和想象，使学习变成学生的精神追求。苏霍姆林斯基说过："手和脑之间有着千丝万缕的联系，手使脑得到发展，使它更加明智；脑使手得到发展，使它变成思维的工具和镜子。"而动手操作是帮助学生理解掌握抽象知识的一种有效途径，也是培养学生探索知识的一种方法。教学时，要重视引导学生动手实践，去探索新知，解决问题。比如教学"圆柱的面积计算"时，让学生动手沿圆柱的高剪开，将它的侧面展开，让学生观察是什么图形，再把长方形会拢起来。通过一剪、一展、一合，使学生领悟到长方形长相当于圆柱底的周长，长方形的宽相当于圆柱的高，从而推导出求圆柱侧面面积的公式：S侧＝C周长×h高。教师完全的放手使实践活动更加自主，这使圆柱的侧面展开图由单一的长方形（正方形）增加了平行四边形。这样的训练，培养了学生动手操作能力和积极思维的良好习惯，使学生在这样经常性问题解决中领悟到问题解决的一般方法。并且通过摆弄、操作，学生从实践中获取了知识，同时也体验到了成功的喜悦与学习的乐趣。

2. 形象思维

形象思维指人们利用头脑中的具体形象（表象）来解决问题的思维过程。学龄前儿童的思维主要是形象思维，艺术家、作家、导演、设计师等也常需运用形象思维。形象思维内在的逻辑机制是形象观念间的类属关系。抽象思维是以一般的属性表现着个别的事物，而形象思维则要通过独具个性的特殊形象来表现事物的本质。因此说，形象观念作为形象思维逻辑起点，其内涵就是蕴含在具体形象中的某类事物的本质。

形象思维的基本特点是：①形象性。形象性是形象思维最基本的特点。形象思维所反映的对象是事物的形象，思维形式是意象、直感、想象等形象性的观念，其表达的工具和手段是能为感官所感知的图形、图像、图式和形象性的符号。形象思维的形象性使它具有生动性、直观性和整体性的优点。②非逻辑性。形象思维不像抽象（逻辑）思维那样，对信息的加工一步一步、首尾相接地、线性地进行，而是可以调用许多形象性材料，合在一起形成新的形象，或由一个形象跳跃到另一个形象。它对信息的加工过程不是系列加工，而是平行加工，是面性的或立体性的。它可以使思维主体迅速从整体上把握住问题。形象思维是或然性或似真性的思维，思维的结果有待于逻辑的证明或实践的检验。③粗略性。形象思维对问题的反映是粗线条的反映，对问题的把握是大体上的把握，对问题的分析是定性的或半定量的。所以，形象思维通常用于问题的定性分析。抽象思维可以给出精确的数量关系，所以，在实际的思维活动中，往往需要将抽象思维与形象思维巧妙结合，协同使用。④想象性。想象是思维主体运用已有的形象形成新形象的过程。形象思维并不满足于对已有形象的再现，它更致力于追求对已有形象的加工，而获得新形象产品的输出。所以，形象性使形象思维具有创造性的优点。这也说明了一个道理，富有创造力的人通常都具有极强的想象力。

3. 抽象思维

抽象思维又称逻辑思维，是以概念、判断、推理等形式进行的思维，是人类特有的一种思维形式。如中学阶段的学习（尤其是数理化的学习）、科学家进行科学推理等，都需要运用抽象思维。人们在认识活动中运用概念、判断、推理等思维形式，对客观现实进行间接的、概括的反映的过程，属于理性认识阶段。抽象思维凭借科学的抽象概念对事物的本质和客观世界发展的深远过程进行反映，使人们通过认识活动获得远远超出靠感觉器官直接感知的知识。科学的抽象是在概念中反映自然界或社会物质过程的内在本质的思想，它是在对事物的本质属性进行分析、综合、比较的基础上，抽取出事物的本质属性，撇开其非本质属性，使认识从感性的具体进入抽象的规定，形成概念。空洞的、臆造的、不可捉摸的抽象是不科学的抽象。科学的、合乎逻辑的抽象思维是在社会实践的基础上形成的。

抽象思维深刻地反映着外部世界，使人能在认识客观规律的基础上科学地预见事物和现象的发展趋势，预言"生动的直观"没有直接提供出来的、但存在于意识之外的自然现象及其特征。它对科学研究具有重要意义。"'生活印象'、'体验'，经由技术及许多手法——观察、比较、研究，依着哲学而完成或形态化为思想，依着科学而完成或形态化为假说和理论，依着艺术作品而完成或形态化为形象和技术及手法。"他还说："在科学和艺术文学之间，是有很多共同点的：无论是科学还是艺术文学，其中起主导作用的，是观察，是比较和研究；无论是艺术家还是科学家，都必须有想象和推测——'直观'。想象和推测，可以补充在事实的连锁中不足的和还没有发现的环节。"这就是说，不管是抽象思维还是形象思维，它们在认识客观事物时，都是通过实践由感性到理性，从而达到对事物本质的认识。但由于揭示事物本质的手段不同，方法不同，抽象思维是借助于科学推理去揭示真理，形象思维是借助于形象塑造去揭示真理，因而作家、艺术家的思维活动，除了遵循认识的一般规律之外，还始终离不开具体可感的物象形态，并且要饱含着感情、发挥着想象，把思想、感情、想象和物象形态有机地糅合在一起来进行艺术思维。"满纸荒唐言，一把辛酸泪！都云作者痴，谁解其中味?"曹雪芹就是掌握了这种思维方法才写出了感人至深的《红楼梦》。形象思维还受作者世界观的指导和支配，也受制于作者对生活的理解熟悉程度，还决定于作者的艺术素养和对艺术技巧的掌握。

（二）聚合思维与发散思维

根据思维探索目标的方向不同，可以把思维分为聚合思维与发散思维。

1. 聚合思维

聚合思维又称求同思维、集中思维、会聚思维等，指把问题所提供的各种信息聚合起来，得出一个正确的或最好答案的思维，主要特点是求同。聚合式思维是遵从传统的逻辑规则，从已知信息出发，沿着单一或归一的方向论证推导，探求正确答案的思维形式。

聚合式思维的特征是：①同一性，即求同性。聚合式思维要求人们从相同的方面去考虑问题，从传统经验寻求解决问题的答案。同一性、求同性体现了事物发展继承性、统一性的本质要求。②程序性，即有序性和规范性。聚合式思维按照严格的程序进行审查、比较、评价。③比较性。是指聚合式思维在几种选择项中，通过比较寻找一个合适的选择项。

2. 发散思维

发散思维又称求异思维、分散思维、辐射思维等，指从一个目标出发，沿着各种不同途径去思考，探求多种答案的思维。发散思维从已有的信息出发，尽可能向各个方向扩展，不受已知的或现存的方式、方法、规则和范畴的约束，并且从这种扩散、辐射和求异式的思考中，求得多种不同的解决办法，衍生出各种不同的结果。这种思路好比自行车车轮一样，许多辐条以车轴为中心沿径向向外辐射。发散思维是多向的、立体的和开放型的思维。

发散思维具有下列特征：①流畅性。指能产生大量念头的能力特征。②变通性。指改变思维方向的能力特征。③独特性。指能够产生不同寻常的新念头的能力特征。

发散思维的流畅性反映了数量和速度；变通性反映的是灵活和跨越；独特性反映的是本质，在发散思维中起核心作用。发散思维可以使人思路活跃，思维敏捷，办法多而新颖，能提出大量可供选择的方案、办法或建议，特别能提出一些别出心裁的、完全出乎意料的新鲜见解，使问题奇迹般地得到解决。

(三)常规思维与创造性思维

根据思维的创新程度，可分为常规思维与创造性思维。

1. 常规思维

常规思维又称再造性思维，指人们运用已获得的知识经验，按现成的方案和程序直接解决问题。如学生运用已经学会的公式解决同一类型的问题。这种思维创造性水平相对较低，对原有知识不需要进行明显的改组，也没有创造出新的思维成果，往往缺乏新颖性和独创性。

2. 创造性思维

创造性思维是指以新异、独特的方式来解决问题的一种思维。创造性思维是人类思维的高级过程，会产生新的思维成果，是学校教育、教学中应着力培养的思维。通过创造性思维，不仅可以提示客观事物的本质和规律性，而且能在此基础上产生新颖的、独特的、有社会意义的思维成果，开拓人类知识的新领域。

广义的创造性思维是指思维主体有创见、有意义的思维活动，每个正常人都有这种创造性思维。狭义的创造性思维是指思维主体发明创造、提出新的假说、创见新的理论、形成新的概念等探索未知领域的思维活动，这种创造性思维是少数人才有的。

创造性思维是在抽象思维和形象思维的基础上和相互作用中发展起来的，抽象思维和形象思维是创造性思维的基本形式。除此之外，还包括扩散思维、集中思维、逆向思维、分合思维、联想思维。其中扩散思维是从所给的信息中产生信息。创造性思维着重点是从同一来源中产生各种各样为数众多的输出，并且很可能发生移转作用。集中思维是从所给的信息中产生逻辑的结论，其着重点是产生独有的或者习惯上所接受的最好的成果。逆向思维是把思维方向逆转过来，用对立的、表面看来似乎不可能并有的两条思路同时去寻找解决问题之答案的形式。分合思维是一种把思考对象在思想中加以分解或合并，然后获得一种新的思维产物的思维方式。联想思维是一种把已经掌握的知识与某种思维对象联系起来，从其相关性中发现启发点从而获取创造性设想的思维形式。

创造性思维是创造成果产生的必要前提和条件，创造是历史进步的动力。创造性思维能力是个人推动社会前进的必要手段，特别是在知识经济时代，创造性思维的培养训练更显得重要。其培养途径主要有丰富个体知识结构、培养联想思维、克服习惯思维对新构思的抗拒等，此外，还可以培养思维的变通性，加强讨论，经常进行思想碰撞。

三、思维与个性

解决问题的思维活动需要集中精力并作出努力，还需要个体具备一定的知识与技能。个体的兴趣、性格、意志品质都会制约思维活动的进程，同时个体的自我意识对思维活动具有定向、控制和调节作用。思维活动的特点也反映了人们的个性差异。有的人善于发现事物本质，考虑问题深刻；有的人不善于区分主次，不善于区分现象和本质。有的人善于根据具体情况灵活而迅速地解决问题，有的人则拘泥于一种解决方案。有的人不易受他人暗示，不迷信权威；有的人人云亦云，无独立见解。

可见，思维总是与个体其他心理现象密切联系着，是在个体的整个心理背景上进行的。

四、青少年思维发展的年龄特征

青少年开始从新的角度看待世界，他们对世界的看法比以前更抽象，能同时注意事物的多个维度，对事件的看法也更为全面。根据皮亚杰的认知发展阶段理论可知，青少年正处于形式运算思维阶段（11岁、12岁及以上）。这个阶段的主要思维特点是，在头脑中可以把事物的形式和内容分开，可以离开具体事物，根据假设来进行逻辑推演，能运用形式运算来解决诸如组合、包含、比例、排除、概率及因素分析等逻辑课题。

青少年在其两个阶段——初中阶段和高中阶段的思维特点又有不同。初中阶段个体的形象思维趋于成熟，抽象逻辑思维开始占优势。从初中二年级开始，学生的抽象逻辑思维开始由经验型水平向理论型水平转化。因此，初中生思维活动的基本特点是抽象逻辑思维已占优势地位，但有时思维中的具体形象成分还起作用。高中阶段个体的形象思维已完全发展成熟，抽象逻辑思维的发展也进入了成熟期。到高中二年级时，经验型向理论型的转化初步完成，标志着他们的抽象逻辑思维趋向成熟。因此，逻辑思维的发展是青少年思维发展的重点。

按照思维中所遵循的逻辑规律与所用的逻辑方法的不同，逻辑思维可以分为形式逻辑思维和辩证逻辑思维两大类。形式逻辑思维和辩证逻辑思维也是抽象逻辑思维的两个不同的发展阶段，辩证逻辑思维是以形式逻辑思维为基础，且高于形式逻辑思维。这两种思维形式的发展和成熟，是青少年思维发展和成熟的重要标志。高中生形式逻辑思维的发展较为稳定而匀速，而辩证逻辑思维的发展则比较迅速。在此阶段，其形式逻辑思维获得了相当完善的发展，在思维活动中占据主导地位。而辩证逻辑思维的发展水平低于形式逻辑思维，两者的发展相辅相成，使得青少年的思维水平更高、更成熟、更完善。

五、青少年思维发展的培养

对青少年而言，思维发展培养要注意以下几点：

（一）善于发现问题，提出问题

思维活动是从问题开始的，善于发现问题，会提出问题，是各种专门人才必须具备的素质。凡在人类历史长河中有突出贡献的人，都具有善于发现问题和提出问题的能力；他们不仅能学习和借鉴前人的成果和已有的知识经验，而且能从中发现问题，提出问题，进行新的探索，从而有所创新，有所发明。如伽利略敢于向权威挑战，抵住世俗的眼光，大胆地在比萨斜塔实验，打破了神话；魏格纳大胆设疑，标新立异地提出大陆漂移假设；爱因斯坦敢冒天下之大不韪，突破牛顿经典理论的束缚，创立相对论。

（二）明确思维的目的和方向

思维总是为解决一定的问题而进行的，有目的的思考才有意义，才有可能成功，漫无目的的乱想不会有什么结果。正确的思考动机与强烈的思考兴趣与愿望，能推动人们积极地去弄清楚为什么思考，思考什么，怎样去思考。只有这样，才能做到心中有数，使得思维活动持久有序，能随时随处发现与思维目的有关的一系列事情，使得思维有章可循，有始有终。要想做到这一点，应不断地向自己提出一系列小问题，让思维逐步、逐层深入地展开，直到问题解决。

（三）思路开阔，知识充分，方法得当

思维只有在清晰开阔时才能顺利进行，才能以最简捷、最有效的方法去分析和解决问题。为了开阔思路，就要求自己从各个不同方面和角度提出问题，进行思考，尽可能多想几种解决问题的办法和途径，并择优录用。要善于根据条件的变化，及时开拓思路，勇于打破条条框框的束缚，克服思维惰性。思维要想顺利展开，还必须以一定的知识储备为前提。只有当一个人有了充足的材料和经验后，才能从中发现问题，找出疑点来。正确的思维，还应该以正确的思维方式为依托。应避免静止、孤立、片面地看问题，克服不推理、不分析、不比较、盲目下结论的缺点。通过比较，可识别事物之间的异同；通过分析，可深入了解事物各个部分与属性；通过综合，可从整体上把握问题；通过抽象与概括，可找出事物的本质联系与关系。要在学习中不断总结经验，找到分析

和思考问题的方法，做到有条有理地思维。

（四）积极发展创造性思维

创造性思维是思维的高级阶段，创造任何一样东西都与创造性思维有关。要想发展创造性思维，首先，需要有强烈的求知欲和好奇心；其次，思维要流畅、变通，要不依定规，努力寻求变异，探索多种解决问题的办法。

【复习与思考】

1. 关键概念：注意 有意注意 有意后注意 感觉 知觉 思维
2. 试论述青少年注意发展的年龄特征。
3. 注意可以分为哪几种类型？
4. 知觉的特征是什么？
5. 思维的种类有哪些？
6. 青少年思维发展的特征有哪些？
7. 如何对青少年的思维发展进行培养？

【拓展学习】

促使学生注意听讲的小窍门

（1）给予信号。当学生注意力分散时，教师及时给予信号能有效加以制止。如凝视开始做小动作的学生，突然停止讲课并凝视之或摇头示意。

（2）临近控制。为使信号更加奏效，教师可以一边凝视学生，一边走进他/她。教师走近学生并站立其旁，若加以提醒（或轻拍其背，或轻加警语），效果更佳。

（3）提出问题。教师的提问能引起学生的有意注意。提问应面向全班，然后指名让不注意听讲的学生回答。提出的问题应与正在进行的教学活动有关，以激发其听课的积极性，切忌提不动脑筋的问题（如"你说对不对呀？"）或招供式的问题（如"你在干什么？""你为什么不注意听讲？"）

（4）特殊安排。有些学习灵气聪明的学生在自习时会早早地完成教师统一布置的学习任务，但又不会安排余暇时间，于是违反纪律的行为就会不时发生。对这类学生，教师应预先做好特殊安排，如要求他们做完练习后预习下一单元的功课等。

（5）提出批评。学生不注意听讲，经常违反课堂纪律，教师应加以批评，但批评应简明、客观，避免唠叨或抱怨式的指责，更不能涉及人格侮辱。

第五章　青少年情意

【本章重点】
- 情绪情感的定义和种类
- 青少年情绪情感的特点
- 意志过程及意志品质
- 青少年意志发展的年龄特征
- 青少年情绪情感以及意志品质的培养

案例5-1　爱变脸的杨倩倩

杨倩倩反映：我曾经以为我的情绪已经很成熟了。但是仍然有些事情使我感到苦恼，情绪总是不稳定。比如说，当和同学们在一起聊天时，情绪可高了，兴高采烈。可是如果谁说了一句不好听的话，情绪就马上低沉下去，心里特别不痛快。可是仔细想一想，别人说的话没有什么很得罪人的地方。看电影、电视的时候，经常感动得热泪盈眶，有时候却很生气，恨不得把电视机砸了。和同学讨论问题的时候，往往因为激动而吵起嘴来，甚至动手打架，可是很快与同学又好得不得了。也正是因为这个原因，老师和同学们都不太喜欢我。可是看到有的同学整天不声不响，"三锥子扎不出血来"，对什么事情都无动于衷，我都替他感到闷得慌。到底是我不正常呢？还是别人不正常？能不能告诉我究竟是怎么回事？

（资料来源：南京某中学的中学生心理小论文）

看到这个案例，作为一名未来的教师，你能帮助杨倩倩吗？能告诉杨倩倩究竟是怎么回事吗？

第一节　情绪情感概述

一、情绪情感的概念

（一）情绪情感的定义

情绪（emotion），狭义指有机体受到生活环境中的刺激时，生物需要是否获得满足而产生的暂时性较剧烈的态度及其体验。[①]

情感(feeling)是和人的社会性需要相联系的一种较复杂而又稳定的态度的体验。[②]

情绪是人对客观事物是否符合自身需要而产生的态度体验。情绪同认识活动一样，也是人脑对客观现实的反映。情绪反映的是一种主客体的关系，是作为主体的人的需要和客观事物之间的关系。例如，长期遭受旱灾的地区降了一场大雨，这场雨显然符合人们的主观需要，人们会对之采取肯定的态度，产生满意、愉快等内心体验；相反，已经遭受洪涝灾害的地区仍然降雨不止，造成更大的损失，降雨显然违背了人们的主观需要，人们对之持否定的态度，产生不满、愤怒甚至憎恶等内心体验。

各种情绪情感，人人都有切身体会。情绪情感不同于认知，它不是反映活动，而是人们对反映内容的一种特殊的态度，它具有独特的主观体验、外部表现并且伴随植物性神经系统的生理反应。

(二)情绪情感的构成

主观体验。认知是对事物逼真的反映，但情绪情感则不同，不同的人或者同一个人在不同的时间、地点和条件下对同样的事物，可能会产生不同的情绪情感。情绪情感具有独特的主观体验。

生理唤醒。一定的情绪情感总是伴有内脏器官、内分泌腺或神经系统的生理变化，如血压升高或降低、呼吸加快或变慢、胃肠运动加强或减弱、瞳孔扩大或缩小等由自主神经系统变化所引起的生理反应。情绪状态时的这些生理反应称为生理唤醒。

外部行为。情绪情感总是或隐或现地通过外在行为表现出来。如人悲伤时会痛哭流涕、激动时会手舞足蹈、高兴时会开怀大笑。但有些情绪情感可能只有内心感受而无明显的行为表现，特别是由于人们通过学习对情绪情感的表现具有自我控制能力以后，许多情绪情感往往不表现在明显的外部行为上。

(三)情绪与情感的区别

在现实生活中，情绪和情感是紧密联系在一起的，但二者却存在着一些差异。

从需要的角度看待二者的区别。情绪更多的是与人的物质或生理需要相联系的态度体验。如当人们满足了饥渴需要时会感到高兴，当人们的生命安全受

[①]　朱智贤：《心理学大词典》，第503页，北京，北京师范大学出版社，1989。

[②]　朱智贤：《心理学大词典》，第498页，北京，北京师范大学出版社，1989。

到威胁时会感到恐惧，这些都是人的情绪反应。情感更多地与人的精神或社会需要相联系。如友谊感的产生是由于我们的交往需要得到满足，当人们获得成功时会产生成就感。友谊感和成就感就是情感。

从发生早晚的角度看待二者的区别。从发展的角度来看，情绪发生早、情感产生晚。人出生时会有情绪反应，但没有情感。情绪是人与动物所共有的，而情感是人所特有的，它是随着人的年龄增长而逐渐发展起来的。如人刚生下来时，并没有道德感、成就感和美感等，这些情感反应是随着儿童的社会化过程而逐渐形成的。

从反映特点看待二者的区别。情绪与情感的反映特点不同。情绪具有情境性、激动性、暂时性、表浅性与外显性，如当我们遇到危险时会极度恐惧，但危险过后恐惧会消失。情感具有稳定性、持久性、深刻性、内隐性，如大多数人不论遇到什么挫折，其民族自尊心不会轻易改变。父辈对下一代殷切的期望、深沉的爱都体现了情感的深刻性与内隐性。

实际上，情绪和情感既有区别又有联系，它们总是彼此依存，相互交融在一起。稳定的情感是在情绪的基础上形成起来的，同时又通过情绪反应得以表达，因此离开情绪的情感是不存在的。而情绪的变化也往往反映了情感的深度，而且在情绪变化的过程中，常常饱含着情感。

二、情绪情感的种类

(一)情绪的基本形式

人类具有四种基本的情绪：快乐、愤怒、恐惧和悲哀。这四种情绪在体验上是单纯的、不复杂的。在这四种基本的情绪基础上，可以派生出许多不同情感的组合形式，也可以赋予不同的社会内容。

快乐是个人目的达到、紧张解除后的情绪体验。如经过积极准备，考取了大学后常常会有快乐的情绪。快乐程度和紧张程度取决于目的的重要程度和目的达到的意外程度，如果追求的目的非常重要，并且目的的达到带有突然性，也会引起异常的欢乐，否则只能引起微小的满意，一般把程度分为：满意、愉快、异常的欢乐、狂喜。

愤怒是个人目的不能达到或一再受到妨碍从而逐渐积累起紧张而产生的情绪。如幼儿的目的性行动受到阻挠或威胁时，就能引起愤怒情绪。挫折不一定引起人的愤怒，但他认为阻挠是不合理时，甚至是恶意的，则最容易引起愤怒，人在愤怒时有时会引起对阻挠的进攻。一般把愤怒的程度分为：轻微的不满、生气、愠、怒、大怒、暴怒。

恐惧是个人企图摆脱、逃避某种情景而又无能为力时所产生的情绪。恐惧与快乐、愤怒不同，快乐和愤怒都是会使个体接近的情绪。恐惧是一种会使个体企图摆脱危险的逃避的情绪。如，在遇到地震，人们无力对付时，往往会恐惧万分。引起恐惧的关键因素是人缺乏处理可怕情境的力量。此外，熟悉的环境发生了意想不到的变化也会引起人的恐惧情绪。

悲哀是个人在失去所盼望的、所追求的东西或有价值的东西时所引起的情绪，如考试失败由悲哀所带来的紧张释放产生哭泣，哭泣一般不超过 15 分钟，在这段时间内完全可以减轻过度的紧张。哭泣之后会使人精力衰竭，甚至会神志不清，最后使人感到轻松。悲哀的程度取决于失去事物的价值，失去的东西价值越大，引起的悲哀也越强烈；失去的东西价值越小，引起的悲哀也越微弱。一般把悲哀的程度分为：遗憾、失望、难过、悲伤、悲痛。痛苦是最普遍的消极情绪。它一般是与悲哀同步发生的，悲哀似乎是痛苦的表现形式。

(二)情绪状态

情绪依据其发生的强度、持续性、紧张度可分为以下三种状态：心境、激情、应激。它们在人的生活中都有重要意义。

1. 心境

心境是一种使人的所有情感体验都感染上某种色彩的较持久而又微弱的情绪状态。[1] 如愉快、舒畅、烦闷、抑郁等。在心境发生的全部时间内，它似乎影响着人的一切，好像周围的所有事物都染上了这种情绪色彩。当人心情愉快时，看什么都顺眼，做什么事都带劲。真好像是"看花花也笑，看水水歌唱"。可当人心情烦闷时，看什么都不顺眼，"见到什么都来气"。

2. 激情

激情是一种强烈的、暴风雨般的、激动而短促的情绪状态。[2] 激情是短暂爆发式的，激情状态下自我卷入的程度很深，失去心身平衡，伴有明显的生理和身体方面的变化。如盛怒时暴跳如雷、拍案大叫；狂喜时手舞足蹈、捧腹大笑。激情通常是由强烈的欲望和明显的刺激引起的。

3. 应激

应激是出乎意料的紧急情况所引起的急速而高度紧张的情绪状态。[3] 当遇到突发事件和危险时，个体迅速运用智慧和经验，作出决定以应付紧急情况，

---

[1]　朱智贤：《心理学大词典》，第 759 页，北京，北京师范大学出版社，1989。
[2]　朱智贤：《心理学大词典》，第 290 页，北京，北京师范大学出版社，1989。
[3]　章志光：《心理学》，第 289 页，北京，人民教育出版社，1984。

此时产生的特殊体验就是应激。应激状态改变了机体的激活水平，特别是肌肉的紧张度、血压、腺体的分泌、心率、呼吸系统发生明显变化。应激的激活程度有个别差异。有的人在应激状态时所有的肌肉都紧张，有的人只有部分肌肉紧张；有的人在应激时心率加快，有的人不出现这种情况。这是由于个人的生理特点以及经验、态度、个性不同的缘故。

(三)情感的种类

情感是与人的社会观念及评价系统分不开的，它反映着个体与社会的关系，体现出人的精神面貌。常见的情感有道德感、理智感、美感等。

1. 道德感

道德感是人运用一定的道德标准评价自身或他人行为时产生的一种高级情感体验。①道德感总是和道德评价密切结合在一起的，对符合道德原则的行为发生敬佩、羡慕、赞扬、自豪等情感，对不道德的行为发生厌恶、憎恨和羞耻等情感。道德感并非是一个纯知识的问题，更重要的是在行动中自觉遵守所掌握的道德规范。

2. 理智感

道德感是一种高级情感。同情、反感、眷恋、疏远、尊敬、轻视、感激、爱、憎、背信弃义等属于道德感；同志感、友谊感、爱国主义感、集体主义感，也属于道德感。它和道德信念、道德判断密切相关。因而具有明显的社会性和阶级性。

理智感是个体在智力活动中认识、探求或维护真理的需要、意愿是否得到满足而产生的情感体验。②人在认识事物或研究问题时，当有新发现会表现出愉快或喜悦的情感；遇到困难会表现出惊讶和疑虑等，这些都属于理智感。理智感是在认识过程中产生和发展起来的，反过来它又推动着人的认识进一步前进，成为认识世界和改造世界的动力。例如，当一个人认识到知识的价值和意义，感到获得知识的乐趣以及追求真理过程中的幸福感时，他就会不计名利得失，以一种忘我的奉献精神投入到学习和工作中。居里夫妇在提炼镭的艰辛历程中，在发现镭的那一刻，所体验到的理智感可能不是一般人所能有的。

3. 美感

美感是由人对客观事物或对美的特征的情感体验，由审美需要与观念是否

---

① 朱智贤：《心理学大词典》，第 101 页，北京，北京师范大学出版社，1989。
② 朱智贤：《心理学大词典》，第 426 页，北京，北京师范大学出版社，1989。

得到满足而产生。①美感的源泉是艺术作品(音乐、绘画、雕塑、散文和诗歌、建筑物等)以及自然界本身。美感是一种愉悦的体验,也是一种倾向性的体验,它受到社会生活条件的制约。不同的社会制度,不同的习俗习惯,不同的社会经历,使人们的审美标准各不相同,因而对各种事物的美的感受也各异。

人都有不同程度的美感能力,但不是天生的,而是在社会实践中产生和发展起来的。不同时代、阶级、民族和地域的人,所具有的美感不同。即使是同时代、同地域、同民族的人之间也会因文化修养、个性特征等的不同,从而形成美感的差异性。美感的基本特征之一,是形象的直观性和可感性。

三、情绪情感对个体身心的影响

(一)情绪对个体健康的影响

在中世纪,享有"医学之王"美誉的著名伊朗医学家西拿曾做过一个实验。他把两只公羊分别系在两个不同的地方,给以同样的食物。一只公羊待的地方是平静、安稳没有危险的草坪;另一只公羊待的地方是旁边关着狼群的动物馆。第二只公羊由于经常看到狼在它身边窥视而整天提心吊胆,精神一直处于高度紧张状态,不久就死了。而前一只公羊却一直生活得很好。西拿做的这个实验表明了情绪对动物有很大的影响。

对于人类而言,情绪对个体健康同样具有重大影响。现代生理医学以及心理医学都证明了这一点。医学及心理学研究都证明:当个体的情绪发生变化的时候,个体的身体内部同时会发生一系列的生理变化。例如,当个体产生愉快的情绪时,肾上腺素分泌适量,呼吸平和,血管舒张而使血压偏低,唾液腺和消化腺分泌适中,肠胃蠕动加强等,这些生理反应对个体身体保养有促进作用;而当个体产生焦虑情绪时,肾上腺素分泌过多,血压升高,心跳加速,消化腺分泌过量,肠胃蠕动过快,这种状况对个体身体产生不良影响。我国古代医学中很早就有关于不良情绪影响人的生理功能的记述,如喜伤心、怒伤肝、忧伤肺、思伤脾、恐伤肾。这里的喜、怒、忧、思、恐都是指情绪反应超过了一定的限度,或过分强烈,或持续过久。倘若一个人的情绪长期处于消极状态,不仅影响个体的身体健康,对个体的心理健康也同样有着影响,个体的心理问题和心理疾病大多与长期消极情绪有密切关系。

(二)情绪对个体认知活动的影响

心理学家通过大量的实验研究证明了不同性质的情绪对个体认知和行为将

---

① 章志光:《心理学》,第291页,北京,人民教育出版社,1984。

产生不同的影响。一般来说，正性情绪（如愉快、兴趣等）对认知活动起协调、促进的作用。个体在情绪良好时思路开阔，思维敏捷，学习和工作效率高；负性情绪（如担忧、愤怒等）则起阻碍、瓦解的作用。个体在情绪低沉或郁闷时，思路阻塞，操作迟缓，无创造性，学习工作效率低。

我国学者孟昭兰曾经用诱发婴儿各种情绪的方法证实情绪对认知活动的影响。实验是在如下条件下进行的：在 4 个实验中，均以 1 岁 4 个月到 1 岁 6 个月的婴儿为被试，在实验室内通过人工方法分别诱发实验 1：愉快与痛苦；实验 2：兴趣与惧怕；实验 3：愤怒与无怒；实验 4：爆发怒与潜在怒。各实验历时 3 分钟。然后向婴儿呈现操作任务，性质为问题解决，转动迂回杠杆取玩具或组装机器人。

4 个实验的结果显示：（1）不同性质情绪对认知操作有不同的作用，愉快比痛苦显示更优的操作效果；兴趣状态比惧怕有更优的操作效果；无怒的中性状态比愤怒状态下操作更好；爆发怒比潜在怒的操作效果更好。（2）情绪强度差异对认知操作有不同的影响。以愉快和爆发怒为例，在这两种情绪的背景下，认知操作呈"U"型曲线，表明最弱和最强的激活度不如中等强度能使操作效果达到最优。然而在负性情绪背景下（痛苦、恐惧），则发现情绪激活越强烈，操作效果越差。（3）情绪对操作策略选择有影响。在不同的情绪状态下，婴儿采用的操作策略有所不同。以迂回获取玩具的操作任务为例：愉快状态下婴儿采用有效的迂回获取策略较多，因此在操作中获得成功较快；而痛苦状态下婴儿更多采用径直抓取（难以成功）和被动呆视不动，从而延长了操作时间。[①]

心理学的其他相关研究证明，不仅是情绪的性质影响个体认知活动，情绪唤醒的强度同样对个体的认知有影响。例如，早在 20 世纪 50 年代，心理学家赫布（D. O. Hebb）就曾指出，一个人情绪唤醒水平和智能操作效率之间似乎存在着一种非线性关系，见图 5-1。

他指出，在情绪唤醒水平较低时，由于大脑得不到足够的能量，操作效率较低，在情绪唤醒达到最佳水平时，智力操作效率也最高。后来耶基斯等人通过实验证实了赫布指出的这种关系，并且进一步发现，情绪唤醒水平的最佳点随智能操作活动的复杂性而变化。智能操作活动越复杂，情绪唤醒水平的最佳点越偏低些。[②]

---

① 孟昭兰：《婴儿心理学》，第 347～350 页，北京，北京大学出版社，1997。
② 卢家楣：《情感教学心理学》，第 102～103 页，上海，上海教育出版社，2000。

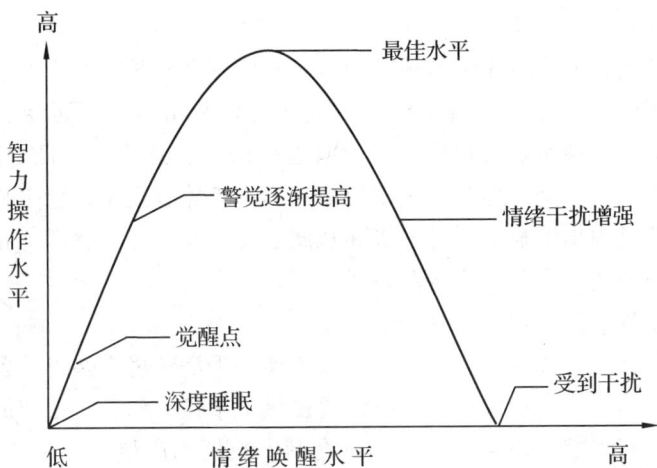

图 5-1　情绪唤醒水平与智力操作水平之间的关系

第二节　青少年情绪情感的发展

情绪情感的发展是一个动态的过程，与人的生理、认知、需要以及人格的发展有密切的关系。青少年由于生理成熟、心理成熟和社会成熟的不同步性，因此在情绪情感发展上会呈现出一系列带有明显年龄特征的特点。

一、青少年情绪情感的特点

(一)情绪体验的不稳定性和两极性

由于自我意识的迅速发展，青少年的内心世界日益丰富，对外界环境和事物也非常的敏感，他们的情绪容易波动，也就是在情绪的两极之间快速变化，表现出极其不稳定的特点。一方面，他们的情绪反应从开始到到达峰值的时间非常短暂，同时这种峰值的持续时间也比较短，来得快去得也快；另一方面，他们自身也能体验到复杂甚至是剧烈波动的情绪，甚至可以同时感受截然相反的情绪。产生这种现象的原因是因为青少年的情绪和他们的需要、评价以及预期有着密切的关系，这三者正处于变化和不平衡的状态，因此导致青少年的情绪波动较大。另外，青少年认知发展尚未成熟，看问题的片面性也使得他们的情绪容易出现不稳定性和两极性。研究发现，青少年报告的极端积极情绪和消极情绪都比他们父母多，但中立的或温和的情绪状态则不及他们父母那么多。

(二)情绪体验的心境化和持久性

随着年龄增长，青少年情绪体验的持续时间逐渐延长，呈现明显的心境化色彩。他们逐渐发展出对自身情绪的控制能力，情绪体验不再受制于外界刺激，当刺激消失，情绪也会慢慢转化为具有弥散性、感染性特征的心境体验，并且保持比较长的时间。但是，早期青少年的心境体验还不是稳定持久的，他们的情绪体验呈现出明显的主导心境和从属心境相互并存的状态。在青少年后期，儿童的心境体验会趋于稳定和持久。

(三)情绪情感体验的丰富性和强烈性

青少年自身生理成熟、社会实践领域扩展、生活环境复杂以及各种社会文化因素交互作用，为他们的情绪情感体验提供了丰富的源泉。他们的情绪情感体验不仅越来越丰富，而且反应强烈，充满了热情和激情。面对同样的刺激，青少年表现出来的情绪反应强度比成人要强烈的多。

有调查表明，青少年喜爱激昂热情的文艺作品，其喜爱率达到 60.41%，对低缓平静作品的喜爱率则低很多，只有 25.51%。青少年在欣赏音乐作品过程中，那些明朗、欢快、节奏感强的作品非常容易引起青少年的强烈反应，而平静和缓的作品对青少年的吸引力则不够。

(四)情绪情感表现的外显性和内隐性

青少年初期的儿童，个体更多地表现出纯真单一的情绪情感特点，各种情绪情感往往通过面部表情、身体动作显露出来，但随着生理成熟、逻辑思维能力发展以及个人知识经验积累，他们情绪情感的自我认知、自我体验及自我调控能力逐渐增强，情绪情感表达逐渐温和细致，并且逐渐学会根据具体情况来调节和控制自己的情感表现和行为反应。情绪的文饰性是青少年情绪变化的明显特征。当情绪表现与他人或社会对其评价不一致时，青少年往往对情绪表现进行掩饰、克制甚至是用逆反的方式进行表现。

(五)情绪识别能力不断提高

情绪识别是一种复杂的认知过程，包括观察、分析、判断、推理等复杂的心理过程。个体主要通过他人的表情完成对他们情绪的识别。研究发现，10～14 岁时，个体的情绪表情识别能力进入一个快速发展期，14 岁左右情绪面部表情认知能力已基本接近成人水平。伴随着表情认知的发展，青少年自觉运用和控制表情的能力也得到了进一步完善，这为他们非言语手段的社交能力的提高创造了有利条件，也为情绪文饰现象在青少年时期出现提供了可能性。

二、青少年情绪情感教育与引导

(一)培养青少年正确的需要观

情绪情感是同人的需要相联系的，而人的需要又受到社会经济发展水平和价值观等条件的制约，所以个体只有选择符合社会要求并能体现自身价值的需要，才能使得自身需要得以满足，并产生积极的情绪情感。

(二)改变容易引起青少年不良情绪的错误观念

个体情绪好坏由个体的认知和想法决定，如果个体的非理性的思想、观念和评价发生改变，那么就可以改变其情绪和行为。引起个体不良情绪的非理性信念具有以下特征：

(1)绝对化。即凡事以自己的愿望出发，认为一定会发生或一定不会发生。

(2)过度概括化。即以偏概全、以点带面的片面认知方式。

(3)夸大化。即认为某事一旦发生就全完了，糟糕极了，可怕极了。

这就是美国心理学家埃利斯提出的"情绪 ABC"理论，我们可以根据这个理论原理来引导青少年消除消极情绪，产生积极情绪。

(三)指导青少年了解自己的情绪情感特点

不同的个体有着不同的情绪情感特点，教育工作者应当帮助青少年深入了解自身情绪情感特点，有意识地学习控制和调节自己的情绪情感，克服情绪情感体验或表达方面的缺点，努力培养积极向上、健康活泼的情感体验。

(四)建立和谐温馨、积极向上的集体氛围，组织青少年参加班集体活动

集体的氛围会影响每个成员的情绪，和谐温馨的集体氛围有助于满足学生归属感和爱的需要，同时可以促进他们通过与他人的良好交往来体现自身价值。青少年积极参加各类班集体活动，既缓解了学习压力，又锻炼了他们的人际交往能力，对消除消极情绪、培养积极情绪起到了良好的效果。

相关链接 5-1　ABC 理论

ABC 理论是由美国心理学家埃利斯创建的。就是认为激发事件 A(activating event 的第一个英文字母)只是引发情绪和行为后果 C(consequence 的第一个英文字母)的间接原因，而引起 C 的直接原因则是个体对激发事件 A 的认知和评价而产生的信念 B(belief 的第一个英文字母)，即人的消极情绪和行为障碍结果(C)，不是由于某一激发事件(A)直接引发的，而是由于经受这一事件的个体对它不正确的认知和评价所产生的错误信念(B)所直接引起。错误信念也称为非理性信念。

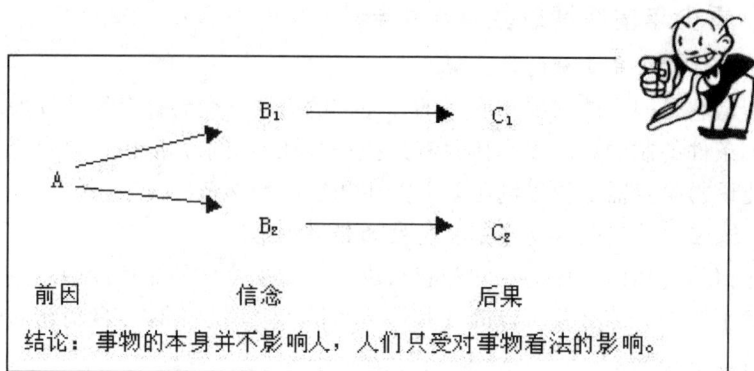

結論：事物的本身并不影响人，人们只受对事物看法的影响。

如图中，A(Antecedent)指事情的前因，C(Consequence)指事情的后果，有前因必有后果，但是有同样的前因 A，产生了不一样的后果 C_1 和 C_2。这是因为从前因到结果之间，一定会透过一座桥梁 B(Bridge)，这座桥梁就是信念和我们对情境的评价与解释。又因为，同一情境之下(A)，不同的人的理念以及评价与解释不同(B_1 和 B_2)，所以会得到不同的结果(C_1 和 C_2)。因此，事情发生的一切根源缘于我们的信念、评价与解释。

情绪 ABC 理论的创始者埃利斯认为：正是由于我们常有的一些不合理的信念才使我们产生情绪困扰。如果这些不合理的信念久而久之，还会引起情绪障碍。情绪 ABC 理论中：A 表示诱发性事件，B 表示个体针对此诱发性事件产生的一些信念，即对这件事的一些看法、解释。C 表示自己产生的情绪和行为的结果。

通常人们会认为诱发事件 A 直接导致了人的情绪和行为结果 C，发生了什么事就引起了什么情绪体验。然而，你有没有发现同样一件事，对不同的人，会引起不同的情绪体验。同样是报考英语六级，结果两个人都没过。一个人无所谓，而另一个人却伤心欲绝。

为什么？就是诱发事件 A 与情绪、行为结果 C 之间还有个对诱发事件 A 的看法、解释的 B 在作怪。一个人可能认为：这次考试只是试一试，考不过也没关系，下次可以再来。另一个人可能说：我精心准备了那么长时间，竟然没过，是不是我太笨了，我还有什么用啊，人家会怎么评价我。于是不同的 B 带来的 C 大相径庭。

常见的不合理信念有：人应该得到生活中所有对自己重要的人的喜爱和赞许；有价值的人应在各方面都比别人强；任何事物都应按自己的意愿发展，否则会很糟糕；一个人应该担心随时可能发生灾祸；情绪由外界控制，自己无能为力；已经定下的事是无法改变的；一个人碰到的种种问题，应该都有一个正确、完满的答案，如果一个人无法找到它，便是不能容忍的事；对不好的人应该给予严厉的惩罚和制裁；逃避、挑战与责任要比正视它们容易得多。

依据 ABC 理论，分析日常生活中的一些具体情况，我们不难发现人的不合理观念常常具有以下三个特征。

一是绝对化的要求：是指人们常常以自己的意愿为出发点，认为某事物必定发生或不发生的想法。它常常表现为将"希望""想要"等绝对化为"必须""应该"或"一定要"等。例如，"我必须成功""别人必须对我好"等。这种绝对化的要求之所以不合理，是因为每一客观事物都有其自身的发展规律，不可能依个人的意志为转移。对于某个人来说，他不可能在每一件事上都获得成功，他周围的人或事物的表现及发展也不会依他的意愿来改变。因此，当某些事物的发展与其对事物的绝对化要求相悖时，他就会感到难以接受和适应，从而极易陷入情绪困扰之中。

二是过分概括化：这是一种以偏概全的不合理思维方式的表现，它常常把"有时""某些"过分概括化为"总是""所有"等。用埃利斯的话来说，这就好像凭一本书的封面来判定它的好坏一样。它具体体现在人们对自己或他人的不合理评价上，典型特征是以某一件或某几件事来评价自身或他人的整体价值。例如，有些人遭受一些失败后，就会认为自己"一无是处、毫无价值"，这种片面的自我否定往往导致自卑自弃、自罪自责等不良情绪。而这种评价一旦指向他人，就会一味地指责别人，产生怨恨、敌意等消极情绪。我们应该认识到，"金无足赤，人无完人"，每个人都有犯错误的可能性。

三是糟糕至极：这种观念认为如果一件不好的事情发生，那将是非常可怕和糟糕的。例如，"我没考上大学，一切都完了"，"我没当上处长，不会有前途了。"这种想法是非理性的，因为对任何一件事情来说，都会有比之更坏的情况发生，所以没有一件事情可被定义为糟糕至极。但如果一个人坚持这种"糟糕"观时，那么当他遇到他所谓的百分之百糟糕的事时，他就会陷入不良的情绪体验之中，而一蹶不振。

因此，在日常生活和工作中，当遭遇各种失败和挫折，要想避免情绪失调，就应多检查一下自己的大脑，看是否存在一些"绝对化要求""过分概括化"和"糟糕至极"等不合理想法，如果有，就要有意识地用合理观念取而代之。

第三节　意志概述

一、意志的概念

意志是人自觉地确定目的，根据目的调节、支配自身的行动，克服各种困难，去实现预定目标的心理过程。[①] 人类所有成就都需要意志的支撑才能实现。意志不是人生来就具有的，而是后天习得的，是在家庭、学校、社会的教育引导下，在现实实践中自我磨炼、逐步发展起来的。

二、意志过程

（一）采取决定阶段

采取决定阶段一般包含确定目的或目标、制订计划、心理冲突、作出决定等许多环节。无论是确定目标，还是拟定行动计划，还是作出决策，都会产生心理冲突，都需要作出意志努力。

（二）执行决定阶段

执行决定是意志行动的最重要环节。因为不管作出的决定有多坚决，不付诸行动，这种决定都是空谈。在执行决定的过程中，已经确立起来的决心和信心有可能发生动摇，如事物发展变化超出预期，出现新情况、新问题；或者是执行决定过程中产生新意图、新方法，但和预定目的发生矛盾；或者执行过程中遇到困难，要付出巨大努力而与个体消极的个性品质（如懒惰、骄傲、保守等）发生矛盾。只有解决了这些矛盾才能将意志行动贯彻到底，达到预定的目的。

三、意志行动中的心理冲突

意志行动中的心理冲突或动机冲突从形式上大体可以分为以下四类：

双趋式冲突：两个具有同样吸引力的目标，两个动机同样强烈，但不能同时获得时所遇到的冲突叫双趋式冲突。如"鱼和熊掌不可兼得"。

双避式冲突：两个目标都想避开，但只能避开一个的时候，人们只好选择对自己损失小的，避开损失大的目标。如怕货币贬值存钱会带来损失，花钱买东西又没值得买的东西，要选择一个损失小的。这种难以做出抉择的矛盾心情就是双避式冲突。

---

① 朱智贤：《心理学大词典》，第 861 页，北京，北京师范大学出版社，1989。

趋避式冲突：想达到一个目标，它对自己既有利又有弊时所遇到的矛盾心情。如想吃巧克力又怕胖等。

双重趋避式冲突：即有多个目标，每个目标对自己都有利也有弊，反复权衡拿不定主意时的矛盾心情。如两种工作，一种社会地位高但待遇低，另一种待遇高但社会地位低，反复权衡拿不定主意。

四、意志品质

(一)意志的自觉性

指对行动的目的有深刻认识、能自觉支配自己的行动，使之服从于活动目的的品质。具有自觉性品质的人，是在对行为的目的深刻认识的基础上采取决定的，他不随波逐流，不屈服于外界的压力，能独立地判断，独立地采取决定和执行决定。这反映了一个人在活动中坚定的立场和始终如一的追求目标。它贯穿于意志行动的始终，也是意志行动进行和发展的重要动力。具有自觉性的人，在行动中既能坚持独立性，不轻易受外界影响，又能不骄不躁，虚心听取有益的意见。与自觉性相反的是受暗示性和武断从事。易受暗示的人，遇事不独立思考，容易受别人的影响，随大流，跟别人跑，人云亦云，没有独立的见解和敢为天下先的勇气，为人处世易受他人影响，表现出过多的屈从和盲从。有些人虽然自己拿主意，但对问题不做深入细致的分析，武断从事。这种人不能算是有自觉性的人，他们遇到问题时也容易动摇。他们容易从主观出发，一意孤行，刚愎自用，听不进中肯的意见和合理的建议。历史上的马谡失街亭，曹操走华容，楚霸王四面楚歌，都是由于武断从事的后果。意志品质的自觉性应该是为了实现预定目的，既坚持正确的决策，不为他人所动，又能及时听取合理化建议，修正不合理的地方。

(二)意志的果断性

指迅速、不失时机地采取决定的品质。遇到机会能当机立断，不失时机，不是碰运气的巧合，而是有强烈愿望、深入思考，因此对机会特别敏锐，善于观察，能够抓得住机会。机会不会和无心人有缘，即使有了机会他们也会认识不到，或者在机会面前优柔寡断，让其轻易错过。有的人看来也容易做决断，但他们抓的并不是机会。前者是优柔寡断，后者是鲁莽草率，都是和果断性意志品质背道而驰的。

意志的果断性是指面对复杂多变的情境，能够迅速而有效地采取决定并行动。要想迅速而有效地采取决定，不仅要大胆，更要心细。果断性是在全面地考虑行动的各个环节和环境的诸多因素的基础上，明辨是非，当机立断。在有些时候，果断性还同一个人的信仰和人生观有密切的联系。在危急关头，更需要深明大义，敢作敢为，甚至不惜牺牲自己的利益。具有果断性的人既能顾全大局，处事严谨，又能果敢坚决，雷厉风行。

与果断性相反的品质是优柔寡断和鲁莽草率。优柔寡断的表现是面临选择常犹豫不决，摇摆不定，作出决定后又患得患失，踌躇不前。在个体身上表现出来的这种情况，一方面可能是情形复杂，不易作出判断；另一方面则是意志品质上的欠缺，瞻前顾后，过于小心。鲁莽草率的表现是处事冲动鲁莽，不等到时机成熟就草率从事。鲁莽草率的人或是性格暴躁、懒于思考，或是目光短浅、不计后果、贸然行动。这两个方面都是意志品质果断性缺乏的表现。

（三）意志的坚忍性

指坚持不懈地克服困难、永不退缩的品质，又称毅力或顽强性。目标越远大，需要付出的努力越多，需要花费的时间也越长。如果没有坚持不懈的意志品质很难达到远大的目标。有时解决问题的条件还不太成熟，需要等待，需要坚持，如果放弃了努力就等于前功尽弃。有些人遇到困难就退缩，只有三分钟的劲头，虎头蛇尾，这些就是缺乏坚忍性的表现。有些人表面看起来有坚持性，但情况发生变化时还要墨守成规，不去适应改变了的环境，一味地钻牛角尖，这是执拗，和坚忍性相违背。

意志的坚忍性在于既能坚持原则，抵制各种内外干扰，又能审时度势，灵活机动地达到预定目的。鲁迅先生在"风雨如磐"的旧社会，既有坚定的信仰和不屈的战斗精神，又提倡"韧性的战斗"，不同意青年学生赤手空拳去白白地流血牺牲，可以说是意志品质坚忍性的最好体现。

与坚忍性相反的品质是执拗。有些人在意志行动刚开始的时候，决心很大，干劲十足，一旦遇到困难，就灰心丧气，感觉前路茫茫，中途退缩。生活中这种虎头蛇尾的人不在少数，应属于意志薄弱者之列。但也有些人在行动中认准目标后，就一成不变地按计划行事，遇到特殊情况，或者客观条件发生了变化，也不能审时度势，寻求变通。平时我们说某人总是"一条道走到黑"，或是"不见黄河不死心"，就是指行为过于执拗，总是一意孤行。

（四）意志的自制性

指善于管理和控制自己情绪和行动的能力，又称自制力或意志力。一个人的精力有限，要想达到一定的目的，就必须放弃一切妨碍这一目的的其他目标，或影响这一目标的其他活动，有所得就必有所失，有所为就必有所不为，否则所有的目标都会受影响，该达到的目标也会力不从心，难于达到。有些人虽然意识到这一点，但仍管不住自己。自己知道学习最重要，过几天就要考试，但碍于面子，宁愿耽误学习也不愿拒绝朋友的邀请去踢足球、看电影等，这些行为属于管不住自己。有些人不顾自己的实际情况，只是凭兴趣，想干什么就干什么，这是任性；看到困难没有勇气去克服，这是怯懦。所有这些都是缺乏自制性的表现。

有意志的自制性是指能够完全自觉、灵活地控制自己的情绪，约束自己的言行的意志品质。人生活在社会环境中，个人利益和愿望常会同他人或集体的愿望与利益发生冲突，这时就需要依据社会的道德标准和公共规范来调整自己的行为。此时，自制性就显得尤为可贵。具有自制性的人，有很强的组织纪律性，情绪稳定，注意力集中，通常被称为意志坚定的人。具有自制性的人既能发动合乎目的性的行动，又能抑制与行动目标不一致或相违背的行动。

与自制性相反的表现是任性和怯懦。前者表现为容易受情绪左右，缺乏理智，常在需要克制冲动的时候任意为之，意气行事。后者表现为在需要采取行动、迎接挑战的时候却临阵退缩，不敢有所行动。这两种都是意志缺乏自制性的表现。

第四节　青少年意志的发展

一、青少年意志品质发展的特点

(一)自觉性品质有所提高

自觉性是指一个人对行动的目的、意义有明确而深刻的认识，并以此支配自己的行动，使自己的行动服从于社会要求的品质。它反映着一个人的世界观、人生观和信念，并贯穿于意志行动的始终。它使人自觉、独立地调节自己的行为，使它服从于一定的目的任务，而不是靠外力来监督。中学生由于认识的局限性，自觉性、幼稚性仍处在错综矛盾的状态。但是他们已能把个人目的和社会价值联系起来，使个人目的自觉地服从于社会利益。

中学生的自觉性品质是随着年龄增长而发展的，不同年级表现出不同的特点。如初一、初二学生身心巨变，他们的自觉品质比起小学生已有很大的提高，他们处处表现出独立、能干、勇敢，而不依赖于家长、教师，也不像小学生那样易受暗示。但是他们毕竟尚未完全成熟，因此自觉性还不十分稳定，有时把鲁莽、冒险、顽皮、顶撞、破坏纪律误认为勇敢。到了高中阶段，学生已有比较明确的学习目的，并且能为自己制定短暂的学习目标。为了实现这一目标，他们学习的自觉性增强了，并能积极主动地克服学习上的困难。

（二）果断性品质有所发展

果断性是指一个人能迅速而又合理地采取行动的意志品质。果断性以正确认识为基础，以自觉性为前提，以大胆勇敢为条件。它是在社会实践中锻炼出来的，往往又在复杂的现实中表现出来。初中生的果断性水平还比较低，而轻率往往是他们的主要特点。由于他们反应快，行动比中学生有以下进步：知识更加丰富，社会生活经验不断积累，在处事的果断性方面有了很大发展；对新事物、新情况反应快，行动也快；懂得珍惜时间，反对因犹豫不决而浪费时间；发现学习过程中的问题能及时解决，对待现实生活中的各种矛盾并不回避，而是以积极态度果断处理。

（三）自制性品质有所增强

自制性是指一个人在行动过程中，能够控制自己的情绪和调节行动的品质。自制性也是以人的意志自觉性为基础的。中学生自制性的发展有一个循序渐进的过程。初中生自制力比较差，因为正处于青春发育期，身体的急剧变化引起身心发展上的各种不平衡，故情绪波动大，对自己的行为举止难于控制，主要表现为好动、上课时不安宁。所以，品德不良学生往往多出现在初中阶段。高中的学生情绪比较稳定，道德认识也逐渐成熟，比较能控制和调节个人的行为举止。

（四）坚忍性品质逐渐形成

坚忍性是指为了实现目的能不屈不挠、坚持不懈地克服各种困难的意志品质。坚忍性同一个人的精力与毅力密切相连。精力，指一个人从事各种活动的紧张度；毅力，指一个人从事各种活动的持续度。意志的坚忍性，意味着能适应紧张的工作生活，又能锲而不舍、有始有终、直至实现目的。坚忍性与学生的兴趣、动机及对任务意义的认识有关。初中生对自己感兴趣的课程，才能够保持较长久的注意力，当学习顺利时劲头十足，一碰到困难就会败下阵来。高中生就不同了，他们的责任感比较强，即使智力水平一般的学生，在学习遇到困难时也不是立刻退缩，而是努力解决。

二、青少年意志发展的培养

（一）目标导向法

通过帮助他们明确生活目的，树立生活的理想，使他们心目中有努力的方向。他们才能克服重重困难，争取到达目的地。但是必须注意目标设立必须恰当，不能太高也不能太低。目标设定太高，一旦达不到则造成对青少年信心的沉重打击；目标设定太低，青少年轻易就能达到，就失去其意志培养的目的。

目标导向法也可以学习榜样，通过对榜样的认识和学习，培养他们的意志。初中生容易受生动形象化教育的影响。所以榜样的权威作用，有时候比批评效果要好。老师可以在班会课上开展著名人物、模范人物、领袖人物的系列活动，通过学习榜样人物的事迹，形成动力，从而鼓励自己前进。

（二）监督训练法

这种训练法通过老师家长的民主监督以及一些相应的强化训练，以达到培养学生的自制力。每个人都会有惰性，特别是中学生，如果缺乏自制力，一旦被惰性所奴隶，将会浪费大好的青春。因此，要学会克服自己的惰性，不断地激励自己摆脱懒惰这一毛病。

每个人也都会受到外界的诱惑。虽然很多同学在一开始能够信誓旦旦，也能设立好目标，但是一旦真正实施起来往往不能坚持，比如说学生受网络游戏的诱惑，或是一些不良书刊的影响，不能很好地在预定轨道上坚持。个体除了要不断地提醒自己不要懒惰、要坚决抵制外界的诱惑外，还要让自己多参加集体活动，在自己的行为中融入集体荣誉感，借此来约束自己的行为，锻炼自己的自制力。

（三）挫折训练法

通过以苦锻志，以达到培养学生意志的目的。没有困难，就没有意志，只有经历不断的挫折考验，不断地增强耐挫力，青少年的意志水平才会提高。

挫折是人生中不可避免的，有的人跌倒了能爬起来，有的人稍遇挫折便一蹶不振。这就关系到一个耐挫力的问题。耐挫力即是指挫折及耐受能力，是指个人对挫折的可忍耐、可接受程度的大小。耐挫力高的人，往往比较积极、自信，往往能够战胜这种困境产生的紧张状态与情绪反应。耐挫力是意志力的其中一方面。所以通过培养耐挫力，便能在很大程度上提高青少年的意志力。

培养青少年的耐挫力可以从学习和生活上的小事着手。生活中，多让孩子自己处理遇到的问题，比如说家务，适当地让他们下厨，体验煮菜做饭的辛苦；让他们饭前帮忙，饭后洗碗，锻炼吃苦耐劳的品质。学习中，鼓励他们遇到问题不要马上向老师求助，应自己开动脑筋，养成独立思考的习惯。在教学上，老师可以适当设计一些难题让学生去思考、解答。通过不断地以困境和难题来刺激学生，培养青少年的耐挫力，使他们的意志品质得到完善。

当青少年犯错时，我们应该适当地加以惩罚，通过对学生适当的惩罚，对他们进行挫折教育。青少年在家中或学校，即使犯的是一些小错误，教师和家长都要及时地指出并采取相应的教育措施。如果教师或家长都是以一种无所谓的态度去对待他们的错误，不指出也不纠正，久而久之，青少年学生便会滋生一种错误的心理，总认为自己是对的，别人的观点不能接受，一旦发现自己的观点或行为不被外界所认可的时候，便会做出极端行为。如一学生遭老师批评，并令其写检讨书，此学生因从小受宠成性，从未遇到批评，因而一时不能接受，居然结束了自己年轻的生命。人生不可能永远不犯错，教师、家长应从小就教育孩子知错能改，学生通过不断地接受别人的意见，找出自己的不足，并克服自身的缺点，以达到完善意志力的目的。

（四）情感激励法

情感跟意志有着十分密切的联系，当人的某种情感对人的活动起到推动或支持的作用时，这种积极的情感便会成为意志行动的动力。情感是由客观事物与我们的实际需要两者之间的关系演变的。这里我们引入健康的高级情感，因为它可以成为人们行动的强大动力，健康的高级情感是由人的社会性情感组成的，如道德感、理智感和美感。我们应该注重培养中学生的高级情感，使得他们获得探求知识时克服各种挫折困境的意志力量。

（五）活动锻炼法

通过实际的活动锻炼是培养我们坚强意志的一个非常重要的途径。我们可以通过以下两个方面进行意志的培养锻炼。

1. 通过教学活动

①教师通过难度的刺激，帮助学生克服困难和障碍的心理，从而达到培养意志力的目的。②要求学生在课堂上遵纪守法，遵守课堂纪律，确保他们能够在集体和班级学习生活中学会自制、自觉。③鼓励学生自觉独立地完成作业，很多学生缺乏独立性，原因是教师和家长担心学生在完成作业时遇到困难产生挫折感，从而产生厌学的心理。教师和家长便在学生做作业的时候在一旁监督并帮助学生检查作业完成情况。其实这种做法久而久之便会使学生丧失学习的独立性，非常不利于青少年意志的培养。最好的办法就是适当的指导并让他们独立的完成。

2. 通过社会实践活动

劳动本身就是一种有目的、有计划而且需要解决困难障碍的行动，社会实践内容很广，如社会调查、军训、参观外出旅游、夏令营等。通过参加社会实践活动不仅可以培养青少年的集体观、组织性、纪律性，更可以通过活动中面对的苦难，磨炼自己的意志力。

（六）自我教育

①自我提醒。即自己针对自己的弱点，选择相关的座右铭来警戒和勉励自己。

②自我约束。通过了解自己意志的薄弱点，针对性地制定一些要求来约束自己。如针对青少年睡懒觉的习惯，定下一个 6：45 早起的规则并形成晨练的习惯。

③自我反省。"一日三省吾身"，坚持每日一思，其实也是个人意志坚强的一种表现。

总之，青少年要善于掌握自己的愿望，制订切实可行的计划，执行决定要态度坚决，有始有终，坚持不懈。制订切实可行的自我锻炼计划可从小处入手，从克服自己的缺点开始，如制订个人学习、生活、体育锻炼以及公益劳动的计划。在实施计划的行动中要持之以恒，培养顽强的毅力。在执行过程中养成自我检查、自我判断、自我批评的习惯，通常可以采取写日记的方法，把自己意志品质的优缺点记下来，以便巩固优点，改正缺点。同时还可以搜集一些警句格言，当作座右铭自勉，以促进意志的自我提高。如"自古英才多磨难，从来纨绔少伟男""宝剑锋从磨砺出，梅花香自苦寒来"等都是激励人进行意志锻炼的有益格言和警句，既有利于语言知识的培养，也有助于进行意志品质的自我教育和自我锻炼。

【复习与思考】

1. 关键概念：情绪　情感　心境　激情　应激　意志
2. 情绪有哪三种状态？
3. 情感的种类有哪些？
4. 如何教育与引导青少年的情绪情感？
5. 青少年意志发展的特征有哪些？
6. 如何促进青少年意志的发展？

【拓展学习】

坚毅的奇迹

五月的洛杉矶，天空湛蓝。年轻护士凯蒂与登山爱好者汇集在特鲁莱德镇，她和加州来的里克编在一组。下午 2：30，凯蒂在山崖凹陷处享受和煦的阳光，可山顶风速已达每小时 80 千米。一块巨大的岩石骤然降落，砸在凯蒂的腿上，血流如注。半条腿不见了！她发现左小腿躺在身旁，仅剩二十几毫米宽的皮肤和肌肉与膝部相连。她意识到自己可能会因腿动脉破裂出血而致死。"直面恐惧，理清思路，付诸行动"，她坚毅地把半条几乎被砸断的腿放直，但一点儿感觉也没有。同伴里克迅速下滑到她身旁，顿时吓得脸色煞白。"我去喊人。""来不及了，"凯蒂镇静地说，"把我弄出去！"里克抱起了她，凯蒂觉察到他的惊恐，便详细告诉他，一旦自己休克或昏死过去，他该采取什么措施⋯⋯

公路上一辆卡车把他们带往附近的诊所。在 20 分钟颠簸的路程中，凯蒂用双手紧紧地把伤腿固定，心想："最危急的关头已经闯过，我一定要坚持下去。"小镇诊所的护士面对惨况吓得不知所措，是凯蒂在下达命令："我是急救护士，听着，用 16 号针头扎入我的前臂，马上输入乳酸盐林格注射液，每分钟测一次血压。"诊所大夫为她的精神所折服。余下的几个月里，她经历了十几次手术，右腿上一根静脉被抽出，移入左腿代替动脉供血。她咬紧牙关挺过来了。坚毅，使她起死回生。

凯蒂面临这样不幸的境遇，表现出了坚毅的人格力量。遇险不惧，遇危不屈，遇挫不折，反映出人类的坚强意志，充分体现了健康人格的完整性和完美性。实际上，事业上成功的历程也是人格渐入完美的过程。坚强的意志无疑是事业大厦的一块奠基石。居里夫人曾说过："我从来不曾有过幸运，将来也永远不指望幸运⋯⋯我激励自己，我用尽了所有的力量应付一切⋯⋯我的毅力终于占了上风。我的最高原则是：不论对任何困难，都决不屈服！"由此可见，坚强的意志是一种超越，一种突破，是对生命的创造，是向外界的挑战，也是人格健康的标志。莎士比亚说："我们的身体就像一座园圃，我们的意志是这园圃里的园丁。不论我们插荨麻，种莴苣，栽下牛膝草，拔起百里香，或者单独培植一种草木，或者把全园种得万卉纷披，让它荒废也好，把它辛勤耕垦也好，那权力都在于我们的意志。"

（作者：佚名）

第六章　青少年个性

【本章重点】
● 个性的概念、特征及结构
● 气质的类型及青少年的特点
● 性格的结构及青少年的性格特点
● 能力及能力的种类
● 能力的个体差异及青少年能力发展的特点
● 个性倾向性概念及构成
● 马斯洛的需要层次理论

《魔戒》中的霍比特族英雄弗罗多·巴金斯知道在他充满艰险的征途中，总有那么一个人从来不会让他失望，这就是他忠心耿耿、永远快乐的同伴萨姆·甘姆齐。在他们俩即将启程离开自己深爱的家乡时，弗罗多还提醒萨姆说这次征途可能不会一帆风顺：

"这将是非常危险的，萨姆，而且现在已经很危险了。很有可能我们俩都回不来。"

"主人，如果您不能回来，那我也就不回来，这是一定的。"萨姆说，"精灵们跟我说你怎么不离开他！我说，离开您！我不可以这么想。如果他上月球，我就跟随他去；如果有强盗想要挡住他的去路，那他们也得跟我较量。"（托尔金，《指环王：护戒使者》，第96页）

当弗罗多不得不只身冒险进入可怕的莫都时，是萨姆依然坚持不管发生什么，都要陪伴弗罗多。当弗罗多日渐消沉的时候，是萨姆一路用歌声和故事鼓舞着弗罗多。当弗罗多带上魔戒被魔力所征服时，也是萨姆将弗罗多拯救出来，摆脱魔戒的控制。

萨姆·甘姆齐开心快乐、富有责任心、情绪稳定、乐观，他的忠诚以及战胜邪恶黑暗势力的必胜信念从未有过丝毫的动摇。

托尔金在他的小说中刻画的人物萨姆·甘姆齐，在他出现以及之后的再次出现，都展现出了其个性的独特性和一致性。①

萨姆·甘姆齐身上表现出来的那种与众不同的独特性就是本章要探讨的个体心理中的另一重要部分——个性心理。本章将着重讨论个性心理特征、个性倾向性以及自我意识的相关概念、特质以及青少年在这几个方面表现出来的年龄特征。

第一节　个性概述

个性心理是心理学研究的内容之一，包括了个性心理特征和个性心理倾向性以及自我几个主要方面，如个体的性格、气质、能力以及个体的兴趣、价值观、世界观等均属于个性心理范畴。个性心理是从心理学角度了解"我是一个什么样的人""他是一个什么样的人""我对自己是个什么样的人有什么感受"等诸如此类问题的关键。青春期是个体心理发展的一个重要时期，青少年在个性心理方面也表现出了其独特的心理年龄特征。

一、个性概念及特征

（一）个性概念

现代心理学普遍认为，个性（人格）是一个复杂的系统概念，是一个人独特的、相对稳定的行为模式，是由每个人所具有的才智、态度、价值观、愿望、情感和习惯以独特方式结合的，在过去、现在和将来具有一贯性的产物。②

（二）个性的特征

1. 整体性

整体性指个性的内在统一性，即一个人的动机、行为和内心世界之间应该是和谐一致的。个性的各个成分或特征也不是孤立地存在着、机械地联合在一起，而是错综复杂地相互联系、交互作用组成一个有机的整体。

2. 独特性和共同性

一位心理学家说过，每个人就某一方面来说，①就像其他所有人一样，②就像其他一些人一样，③不像其他任何人。③每个人身上这三种特征都综合、

---

① ［美］戴维·迈尔斯：《心理学》，第 496 页，黄希庭等译，北京，人民邮电出版社，2006。

② ［美］Dennis Coon：《心理学导论：思想与行为的认知之路》，第九版，第 463 页，郑刚等译，北京，中国轻工业出版社，2004。

③ 高玉祥：《个性心理学》，第 14 页，北京，北京师范大学出版社，1989。

复杂地交织在一起。这句话很好地概括了个性中的独特性与共同性。

现代心理学的研究证明了人类个性中存在共同性的观点。

进化心理学研究发现，进化机制导致人类产生一定的"心理模块"，在某种意义上指导人类的行为。例如，大多数人都害怕蛇，这是因为自远古时代，蛇就对人类产生伤害，这种记忆被刻画为模块，通过遗传的形式一代传一代。再例如，婴儿在听到其他孩子的哭声时自己也会哭，而听到自己哭声的录音却不会这样，这种现象被称为先天移情，也解释了属于人类共有的某些心理机制。总之，尽管进化心理学的观点缺乏实证验证，但是，其目的在于刻画人类的共性，具有一定的启发意义。

文化心理学的观点也刻画了不同文化下成员的共性，例如许多研究中国人性格的材料中都表明，中国人的性格或多或少都具有儒家思想的烙印，这显然受到两千年来以儒家思想为主流的传统文化的影响。尽管现代的文化发生了一定的变迁，但是，文化心理学的研究认为，文化具有某种内核，内核具有惯性，不轻易改变，那么同作为某文化下的成员，他们之间就会具有某种共性。

但在另一方面，个性中的独特性仍然是其最主要的构成。个性的独特性是指人与人之间的心理和行为是各不相同的。构成个性的各种因素在每个人身上的侧重点和组合方式是不同的，如在认知、情意、气质、能力、性格等方面反映出每个人区别于他人的一面，有的人认知事物细致、全面、善于分析；有的人认知事物粗略，善于概括；有的人情感较丰富、细腻，而有的人情感较冷淡、麻木等。因此，如同世界上很难找到两片完全相同的叶子一样，也很难找到两个完全相同的人。

3. 生物性和社会性

人的个性是在先天自然素质的基础上，通过后天环境的作用逐渐形成起来的。因此，个性首先具有生物性的特征，人们与生俱来的感知器官、运动器官、神经系统和大脑在结构上与机能上的一系列特点，是个性形成的前提条件和物质基础。

在个体生活过程中逐渐形成了个体的个性。个体个性的形成受到社会文化、教育环境、内容以及教养方式的影响。可以说，每个人的个性都打上了他所处的社会的烙印，即个体社会化结果。正如马克思所说："'特殊的人格'的本质不是人的胡子、血液、抽象的肉体本性，而是人的社会特质。""人的本质并不是单个人所固有的抽象物，实际上，它是一切社会关系的总和。"由此可见，个性是生物性与社会性的统一。

4. 稳定性和可塑性

个性的稳定性是指个体的个性特征在时间和空间上表现出来的一致性。一个人的个性及其特征一旦形成，他人就可以从个体儿童时期的个性特征推测其成人时期的个性特征，推测个人在特定情境下的行为表现和结果。在个体生活中暂时的偶然表现的心理特征，不能认为是一个人的个性特征。

尽管个性具有稳定性的特点，但个性也绝不是一成不变的。随着社会现实和生活条件、教育条件的变化以及个体年龄的增长、主观努力等，个性也可能会发生一定程度的改变。尤其是在生活中经历重大事件或挫折后，往往会在个性上留下深刻的烙印，从而影响个性的变化，这就是个性的可塑性。

二、个性心理结构

个性心理作为整体结构，可划分为既相互联系又有区别的几个系统，即个性倾向性(动力结构)、个性心理特征(特征结构)和自我。

个性倾向性是个性中的动力结构，是个性结构中最活跃的因素，是决定社会个体发展方向的潜在力量，是人们进行活动的基本动力，也是个性结构中的核心因素。它主要包括需要、动机、价值观等心理成分。价值观是一种浸透于人的所有行动和个性中的支配着人评价和衡量好与坏、对与错的心理倾向性。价值观的基础也是人的各种需要。如果说需要是个性倾向性的基础，那么价值观则处于个性倾向性的最高层次。它制约和调节着人的需要、动机等个性倾向性成分。

个性心理特征指个体在社会活动中表现出来的比较稳定的成分，包括能力、气质和性格。个性心理特征具有相对稳定性的特点，因此，个体在一定时间内表现出来的个性特点具有相当高的一致性。

自我即自我意识，是个人对自己的自觉因素。自我意识是一种多维度、多层次的心理系统。从心理形式上来看，自我意识表现为具有认识的、情绪的和意志的三种形式。

个性倾向性和个性心理特征相互联系、相互制约，从而构成一个有机的整体。个性对心理活动有积极的引导作用，使心理活动有目的、有选择地对客观现实进行反映。个性差异通常是指人们在个性倾向性和个性心理特征方面的差异。自我使一个人的个性心理特征和个性倾向性等各成分成为统一的整体。如果自我发生障碍，人就有可能失去自己肉体的实在感，或者感觉不到自己的情感体验，觉得自己陷入了麻木不仁的状态，或者感到自己不能做主，总是受人摆布等，导致人格障碍。个性结构中的诸种心理成分不是无组织的、杂乱无章的，它们是由自我进行协调和控制而成为一个有组织的、稳定的整体。

第二节　青少年的气质发展

　　小王是一名中学教师，小王在和不同的学生接触后发现，在班级里，有的学生喜怒形之于色，性情急躁，易发脾气，遇事不能三思而后行；有的学生说话、做事总是慢条斯理，性情温和，不易动肝火，遇事犹豫不决；有的学生活泼好动、善交朋友、易适应环境；还有的学生则喜欢独处、安静，少言寡语，虽然内心不快，但不立即暴露出来等。这些学生身上表现出来的特点就是——气质。那么，到底什么是气质，气质具有什么样的特点，教育者该如何对待不同气质类型的学生，这是本节要讨论的主要内容。

一、气质概述

(一)气质的概念

　　气质是个体生来就具有的心理活动的动力特征。可以指个人的性情或脾气，也可以指个人心情随情境变化而随之改变的倾向，亦即个体的反应倾向。[①] 心理学中的"气质"一词与日常生活中所说的"气质"具有不同含义，与我们平常说的"脾气""秉性"类似，而日常生活中人们所说的"气质"通常是指某个人具有良好的仪表和行为举止、待人接物、谈吐等。

　　所谓气质的动力性特征主要通过个体心理活动的强度、速度、稳定性、心理活动的指向性等方面表现出来。例如，有的人活泼好动、反应迅速，有的人安静稳重、反应缓慢等。这反映了人们心理活动在行为举止上的不同的外在的动力特征，从而形成了不同的气质，使一个人在整个心理活动表现上带有了个人独特的色彩。

(二)气质的分类

1. 体液说

　　气质是一个古老的概念。公元前 5 世纪，古希腊医生希波克拉底在《论人的本性》一书中提出了著名的"体液说"。他认为，人体内存在四种体液即血液、粘液、黄胆汁、黑胆汁。这四种体液的不同组合会影响人的健康，四种体液协调人就健康，失调就会导致疾病。后来古罗马学者盖伦发展了希波克拉底的学说，认为根据四种体液中哪种占优势可将人分为四种气质类型，粘液汁占优势

---

　　① 张春兴：《张氏心理学辞典》，第 647 页，台北，东华书局，2000。

的气质为粘液质，黄胆汁占优势的为胆汁质，黑胆汁占优势的为抑郁质，血液占优势的为多血质。从现代心理学角度来看，希波克拉底和盖伦的气质学说是没有科学性的，但是人的气质确实存在差异，有着不同气质的类型。因此他们对气质类型的命名，被后来的学者一直沿用，但是其实质与希波克拉底、盖伦的学说完全不一样了。

2. 体型说

体型说由德国精神病学家克雷奇默（E. Kretschmer）提出。他根据对精神病患者的临床观察，认为可以按体型划分人的气质类型。根据体型特点，他把人分成三种类型，即肥满型、瘦长型、筋骨型。例如，肥满型产生躁狂气质，其行动倾向为善交际、表情活泼、热情、平易近人等；瘦长型产生分裂气质，其行动倾向为不善交际、孤僻、神经质、多思虑等；筋骨型产生黏着气质，其行动倾向为迷恋、认真、理解缓慢、行为较冲动等。他认为三种体型与不同精神病的发病率有关。

3. 激素说

激素说是生理学家柏尔曼（Berman）提出的。他认为，人的气质特点与内分泌腺的活动有密切关系。这一理论以人体内某一内分泌腺的活动占优势为判断依据，把人的气质类型分成甲状腺型、脑下垂体型、肾上腺分泌活动型等。例如，甲状腺型的人表现为体格健壮，感知灵敏，意志坚强，任性主观，自信心过强；脑下垂体型的人表现为性情温柔，细致忍耐，自制力强。

现代生理学研究证明，从神经－体液调节来看，内分泌腺活动对气质影响是不可忽视的。但激素说过分强调了激素的重要性，从而忽视了神经系统特别是高级神经系统活动特性对气质的重要影响，因此这一理论的观点过于片面。

4. 巴甫洛夫的神经活动类型说

根据巴甫洛夫的研究，大脑皮质的神经过程（兴奋和抑制）具有三个基本特性：强度、均衡性和灵活性。强度指神经细胞和整个神经系统的工作能力和界限，均衡性指兴奋和抑制两种神经过程间的相对关系，而灵活性指兴奋过程或抑制过程更迭的速率。根据这三者的不同表现，巴甫洛夫提出了四种高级神经活动类型：兴奋型、活泼型、安静型和抑制型，分别对应四种气质类型：胆汁质、多血质、粘液质以及抑郁质。其特征表现见表6-1。

表6-1　高级神经活动及其特征

神经类型(气质类型)	强度	均衡性	灵活性	行为特点
兴奋型(胆汁质)	强	不均衡		攻击性强易兴奋、不易约束、不可抑制
活泼型(多血质)	强	均衡	灵活	活泼好动、反应灵活、好交际
安静型(粘液质)	强	均衡	惰性	安静、坚定、迟缓、有节制、不好交际
抑制型(抑郁质)	弱			胆小畏缩、敏感、消极防御反应强

其中，抑郁质神经强度弱，神经系统工作能力弱，也就无所谓其均衡性和灵活性，所以，抑郁型神经在均衡性和灵活性上没有具体的表现。同理，兴奋性在灵活性维度上也没有具体的表现。个体的气质类型可以完全处于四类中的一类，也可以同时表现出混合型气质类型，如胆汁－多血质类型，抑郁－粘液质类型等。

此外，心理学家荣格提出气质类型还有外倾与内倾之分，与生活中我们经常提及的外向和内向具有大致相同的意思。多数个体并不完全属于某一类，更多处于完全外倾与完全内倾的中间位置。

现代心理学对气质类型的划分有着多种标准。但是人们在论述个体的气质类型的时候，通常仍然采用四种气质类型的划法，即多血质、胆汁质、粘液质和抑郁质。

二、青少年气质的特点

(一)气质类型分布的不均衡性和相对稳定性

我国朱智贤教授主持研究的国家重点科研项目"中国儿童青少年发展与教育"中的分项目《中国儿童青少年的气质分布与发展》(1990)研究结果表明：各种气质类型的人所占的比例相差甚远，也就是说，各种气质类型在人群中的分布是不均衡的。其中属粘液质的人数所占比例最大，其次是胆汁－多血质，多血质，胆汁质，抑郁质，粘液－抑郁质，多血－粘液质，胆汁－粘液质，胆汁－抑郁质，多血－抑郁质。从整体上看，四种比较典型的气质类型的儿童，约占我国儿童人数的一半以上(约53%)。其中属于胆汁质、多血质、粘液质的人较多，而属于抑郁质的人较少。同时，通过对男女、城乡儿童10种气质类型分布的差异进行比较和分析可知，性别变量或城乡变量，仅对少数(四种)气质类型的分布产生显著影响，而大多数(六种)气质类型的分布，并未因性别和城乡的不同而出现显著差异，因此，儿童气质的分布状态具有稳定性的特点。[①]

(二)气质的可优化性

现代神经科学的研究已经否认了人的大脑在大约 12 岁之前已经发育完善的说法，大脑的变化并不是自动生成的，它来自于个体与环境的交互作用中对大脑的使用。外界环境对大脑的发展是不可或缺的。具有生理基础的气质，因为不断发展的大脑的影响，表现出一定的可变性。但是，这种变化不是颠覆性的，而是在气质相对稳定的过程中得到的优化和发展。因此，青少年的气质形成虽然是天赋的因素起了主要的作用，表现出极大的稳定性，但是在一定条件下还是可以优化改造的。社会环境因素可能会对青少年群体的气质类型比例的变化和个体气质的优化改造产生一定的影响。

三、针对不同气质类型的青少年进行恰当的教育

按照心理学家们对个体气质类型的划分，可以看出不同气质类型的人具有不同的特征，每一种气质类型都有它的长处和短处。如何对具有不同气质类型的中学生进行教育，充分发挥学生气质特征中的优点，弥补其缺点，是教师在教育中尤其要注意的地方。

(一)对不同气质类型的学生采取不同的教育手段，因材施教，达到最佳教育效果

从传统的四种气质类型的特点来看，胆汁质和多血质的人基本上属于外向，而粘液质和抑郁质的人则属于内向。胆汁质的人热情但脾气火爆，抑郁质的人感情细腻、敏感、情绪冷漠。多血质的人活泼、灵活、反应敏捷。粘液质的人稳重，情绪波动小，做事有条不紊。针对气质类型的这些特点，教育工作者在对他们进行教育的时候就要注意采用不同的教育手段。例如，对待胆汁质的学生要采取冷处理的方法，避其锋芒，等他们的情绪稳定后再和他们进行沟通。如果在他们情绪非常激动的情况下进行则会使他们产生争辩和反抗的行为，极易产生师生间的言语甚至肢体冲突。对待抑郁质的人尽可能不在公众场合下直接批评或指责，可采取间接提醒的方法，主要以赞扬和鼓励为主。教师要有意地去放大他们的优点，缩小他们的缺点，并及时肯定他们的观点。要在他们能够接受的场合下和范围内，鼓励他们鼓起勇气，参加各种不同类型的活动，使他们在与人交往及各种活动中树立自信心、消除胆怯和害羞，防止疑虑、孤独等消极的不良心理品质的发展。对于多血质的学生，要教育他们严格要求自己，养成稳定的兴趣，要求他们在学习和生活中不要朝三暮四，虎头蛇

---

① 刘明等：《中国儿童青少年的气质分布与发展研究》，载《心理发展与教育》，1990(3)。

尾，做事要专心致志、持之以恒。根据具体情况，对多血质的学生可以直接指出他的问题，加以善意的批评。对待粘液质的学生，教师应该鼓励他们主动去探索新问题，根据问题情况灵活解决问题。防止墨守成规、谨小慎微、固执己见的不良品质蔓延。鼓励他们多与其他同学交往。对他们的批评应以摆事实、讲道理为主。

（二）充分发展不同气质类型学生的优势

当教育工作者面对众多的学生时，要能够做到充分了解、认识到每一名学生的气质类型，明确每一种气质类型的特点，充分发挥每一名学生的长处，使学生工作达到事半功倍的效果。例如，教师分配不同的工作给学生时，就要考虑到学生的气质特点，做到扬长避短。对于胆汁质、多血质的人来说，他们热情、善于与他人打交道、处理事情灵活、不惧怕在公众场合下抛头露面，因此，一些宣传、公关等活动可以交给多血质的学生去做；胆汁质的人精力旺盛、勇敢、动作敏捷、喜欢做具有挑战性的、有难度的任务，可以将一些需要创造性、需要胆量的工作交给他们；粘液质的人保守、稳重，有条理，可以给他们做一些常规的工作；抑郁质的人心思比较细腻，对外界环境变化敏感，可以让他们做一些细致的工作。通过对学生气质特点的把握，布置给不同气质类型学生不同的工作任务，充分发挥他们的长处，能够很好地树立起学生的自信心以及他们从事相应任务的积极性，使不同气质类型的学生向积极方面发展，同时要采取相应的措施防止学生形成消极的心理品质。

第三节　青少年的性格发展

一、性格概述

（一）性格的定义

性格是个人对现实的稳定的态度和习惯化了的行为方式。[1]例如，勤劳、懒惰、诚实等都是对个体的性格特征的描述。性格在个体的个性特征中处于重要地位，具有核心意义。

（二）性格与气质的区别和联系

1. 性格与气质的区别

①性格是后天形成的，主要受到社会条件的制约，气质更多地受到个体高

---

[1]　林崇德等：《心理学大辞典》，第1461页，上海，上海教育出版社，2003。

级神经活动类型的制约，主要是先天的；②性格具有社会评价意义，有好坏之分，气质无好坏之分；③性格的可塑性较大，气质的可塑性极小，变化缓慢。

2. 性格与气质的联系

性格与气质之间有着非常密切的联系。首先，气质会影响到性格特征的表现形式，使一个人的性格表现出独特的色彩；其次，气质会影响到个体性格形成的速度，例如，胆汁质和多血质比较容易形成勇敢的特征，而抑郁质形成勇敢的特征则比较困难和缓慢。反之，性格对气质具有掩盖或者改造的作用。

二、性格的结构

性格是一个复杂的心理现象，它包含着各个侧面，具有各种不同的性格特征。这些性格特征在不同的个体身上，组成了独具结构的模式。性格的结构主要包括性格的态度特征、性格的意志特征、性格的情绪特征、性格的理智特征四个方面。

(一)性格的态度特征

性格的态度特征是指个体对客观现实的稳固态度，主要包括对社会、对集体、对他人的态度特征；对学习、劳动和工作的态度特征；对自己的态度特征三个方面。

(二)性格的情绪特征

性格的情绪特征是指一个人在情绪活动中经常表现出来的强度、稳定性、持久性以及主导心境方面的特征。在情绪强度方面的特征，主要表现为个体的情绪体验的强度有强弱之分，情绪的易感度不同，有人容易受感染，有人不易受到他人的感染；在情绪稳定性方面的特征，主要表现为情绪的起伏和波动程度。有的人情绪容易波动，有的人情绪一直很平稳；情绪持久性方面的特征，主要指情绪对人身心各方面影响的时间长短。有的人情绪产生后很难平息，有的人情绪虽来势凶猛但转瞬即逝；主导心境方面的性格特征，主要是指不同的主导心境反映了主体经常性的情绪状态。如有的人总是乐观开朗；有的人却整日抑郁伤心。

(三)性格的意志特征

性格的意志特征是指个体在自觉调节自己行为的方式及水平上表现出来的心理特征。性格的意志特征主要表现为对行为目的明确程度、对行为自觉控制、对自己作出决定并贯彻执行方面的特征。

(四)性格的理智特征

性格的理智特征是指个体在认知活动中表现出来的特征。主要是个体在感知觉、记忆、思维、想象等认知活动中表现出来的个性差异。如在感知方面，有的人观察精细，有的人观察疏略；在记忆方面，有的人记忆速度快，有的人记忆速度慢，有的人记忆保持持久，有的人遗忘快等。

性格结构的四方面不是独立存在的，它们相互联系，相互影响。要了解一个人，就应对性格的各个方面作全面分析。

三、青少年性格的特点

(一)以"自我"为中心的现象尤为明显

青少年由于身心两方面的飞速发展，身体上开始接近成人的水平，心理也在向成熟方面发展。这一时期个体开始关注自己以及自己与他人的关系，注重他人对自己的评价等。他们认为自己是这个世界的中心，别人都在关注自己，每天他们觉得自己是在舞台上表演一样，周围的人们全是观众。同时，他们也会认为自己是特别的，和别人不同，噩运不会降临到自己头上。因此，青少年经常会有一些出人意料的、危险性的行为出现。

(二)具有批判精神，容易激进

青少年的认知水平发展迅速，感知觉、记忆水平得到提高，思维更加深入，看问题开始变得深刻、全面。他们更喜欢用批判的眼光去看待问题，不再对权威唯命是从。他们开始挑战传统观点和做法，同时由于青少年情绪具有冲动的特点，导致他们特别容易激进。

(三)独立性和从众性共存

青少年独立性日益显著，表现在生活和工作等多方面。独立性最为突出的是他们在观念上的独立性。他们有了自己的对问题的看法和观点，不再因为别人这么说就完全相信是这样。在独立性日益突出的同时，青少年又表现出从众的一面，他们不可避免地受到他人的观念、行为等的影响，尤其是同伴群体的影响。很多青少年为了与他们所处的"群体"一致，被群体认同，甚至学会抽烟、打架、作弊等。

四、影响青少年性格形成的因素

影响个体性格的形成与发展的因素非常繁多与复杂，将众多的因素进行分类，大体上可以分为先天因素和后天因素两大类。先天因素主要是指一些通过遗传获得的个体特征，如身高、容貌等，后天因素主要包括家庭、学校、社会等环境因素。个体良好的性格形成与环境有着密切的关系。

(一)生物因素对青少年性格形成的影响

在个体性格形成的过程中，人的神经系统类型在性格形成中有一定的作用，神经系统的某些遗传特性可能影响到某些性格的形成，加速或延缓某些行为方式的产生和发展。比如，个体的气质会影响到个体性格的形成以及外部表现的方式。而个体从父辈通过遗传获得的身体外部特征也会影响到个体性格的形成，如个体的身高、容貌等会影响个体性格。在青春期阶段，青少年开始关注自己的外表，因此，在这一阶段，外表对儿童形成某种性格特征的影响比其他的年龄段要大。

（二）家庭环境对青少年性格形成的影响

家庭是社会生活的基本单位，是儿童出生后接触到的最初场所。在家庭中，儿童与父母朝夕相处，从父母那获得各种社会经验，父母的言行举止对儿童起着潜移默化的影响，儿童逐渐形成对自己、他人以及外界事物的态度和与态度相适应的行为方式。家庭对儿童性格的形成有着不可磨灭的影响。一般来说，家庭的居住条件、父母的教育观念、经济条件、父母的教养方式等不同，对孩子的性格形成的影响也是不同的。20 世纪 60 年代前后，美国心理学家皮克（R. R. Peck）等人用谈话法、测验法等研究了美国青少年的性格特征，研究表明，性格特征的发展与父母对子女的教养态度密切相关。[①]

相关链接 6-1　戴安娜·鲍姆林德的儿童教养方式的研究

美国学者戴安娜·鲍姆林德（Diana Baumrind）等通过观察父母对家庭环境下和实验室中学龄前儿童的影响，收集了关于儿童教养方式的第一手资料。他们通过观察得出儿童教养方式的两个主要维度。第一个维度是父母向儿童提出要求，第二个维度是对孩子的责任。第一个维度是指一些父母会为他们的孩子设定高标准，并极力要求他们达到这些标准；另一些父母却要求很低，并不怎么去影响孩子的行为。第二个维度是指一些父母接纳他们的孩子，并对他们负责，他们经常进行开放式的讨论，并且互相接受彼此的观点，而其他的父母则拒绝孩子，不对他们负责。要求和责任两个维度组合产生了四种儿童教养方式，分别是权威型、专制型、放任自流型和漠不关心型。

鲍姆林德在研究中发现，在权威型教养方式下长大的儿童发展得特别好，心理学家发现这些儿童心情愉悦、快乐，面临挑战时候信心十足，并有足够的自控能力来抑制自己的破坏性行为。随着青少年的成长，权威型的教养方式还进一步促进青少年很多方面能力的发展，包括高水平的自尊、社会和道德的成熟度、学习的努力程度、大学期间的学术成就和个人抱负（Eccles, et al. 1997；Herman, et al. 1997；Luster & Mcado, 1996；Steinberg, Darling & Fletcher, 1995）。鲍姆林德发现专制型教养方式下的学龄前儿童存在焦虑、退缩和抑郁的特征。在整个青春期，专制型教养方式下成长的青少年心理调适能力一

---

① 叶奕乾，孔克勤：《个性心理学》，第 188 页，上海，华东师范大学出版社，2006。

直低于权威型教养方式下的青少年。放任自流型教养方式下成长的儿童非常不成熟。当要求他们处理与他们当前的期望相冲突的事件时，他们很难控制住自己的冲动，不听取别人的意见，表现出反叛的行为。漠不关心型教养方式下的儿童在认知、情感和社交技能方面的发展都受到摧残。这些孩子对学校失去兴趣，情绪控制力差，学业不佳（表6-2）。

表6-2　父母教养方式与儿童发展之间的关系

父母教养方式	儿童发展的结果
权威型	●童年：活泼、愉快的情绪；高水平的自尊和自我控制能力；更少的传统性别角色行为。 ●青春期：高水平的自尊，社会和道德发展、学习成绩、教育上的成就。
专制型	●童年：焦虑、孤僻、郁闷的情绪；受挫时的攻击行为。 ●青春期：心理调适能力不如权威型，但学习成绩较放任自流型和漠不关心型好。
放任自流型	●童年：冲动、抗拒和反叛；对成年人既苛求又依赖；半途而废。 ●青春期：低劣的自我控制能力和学习成绩；比权威性和专制型更滥用药物。
漠不关心型	●童年：依恋行为，认知、游戏以及情感和社会交往能力中的缺陷；攻击性强，行为出轨。 ●青春期：低劣的自我控制能力和学习成绩；滥用药物。

（资料来源：劳拉·E·贝克：《儿童发展》，第783～786页，吴颖等译，南京，江苏教育出版社，2002。）

（三）学校环境对青少年性格形成的影响

学生在学校中不仅接受知识的传授，同时还会接受思想、道德、人生观、价值观等方面的教育，这些无不影响着学生对自己、他人以及外界事物所持的态度以及行为方式。青春期是个体世界观、人生观、价值观等形成的关键时期，因此，学校教育在学生性格形成与发展中起着主导作用。同时，学生所在学校的风气、班集体以及教师等也会对学生性格的形成产生不同程度的影响。例如，如果一个学校校风端正、积极向上、学习氛围浓厚，那么在这个学校学习的学生也较容易形成积极向上、努力学习的性格特征。反之，如果一个学校总是充斥着懒散的话语，到处都是闲散、不求上进的教师和学生，那么学生也会形成懒散、对学习没有追求的性格特征。如果学生处在一个团结、友爱、和谐的班集体中，学生也容易形成关心他人、帮助他人、集体主义感、责任感等良好的性格特征，如果处在一个充满敌对、嫉妒、散漫的班集体中，学生则较易形成冷漠、不关心他人、没有集体意识等不良的性格特征。同样，教师的教育观念、教育方式、自身的性格特征也会对学生的性格形成与发展产生影响。

（四）社会环境对青少年性格形成的影响

个体出生后所处的社会环境都有着独特的社会文化背景、社会制度、社会风气、道德标准和经济文化水平，这些方面的差异对处于这一社会环境下的个体性格形成有着重要的影响。例如，由于文化传统、经济水平、道德标准等各个方面的不同，不同国家的人们就形成了民族性的性格特征。美国人通常表现出个性、开放、独立等特征；德国人表现出严谨、认真、按章办事、保守等特征；中国人表现出勤劳、谦和、礼让的性格特征。

随着信息传播技术的迅速发展，电视、网络、报刊、图书等大众传播媒介对人的心理的影响越来越大，大众传播媒介向人们提供的信息，直接影响人们对特定角色模式、角色评价、价值标准和行为规范等的认识，并对人的性格形成与发展起着潜移默化的影响。大众传播媒介对青少年学生的影响，已经成为心理学、社会学工作者越来越关注的研究课题。例如，很多青少年热衷于网络游戏，游戏占用了他们大量的时间，以至于他们和家人、同学几乎没有沟通交流，慢慢形成了孤僻、冷漠等不良性格特征。

（五）自我教育在青少年性格形成与发展中的作用

自我教育是良好性格形成与发展的内在动力。所有外界因素都要通过个体自身才能起作用。每个人都可以通过自我教育塑造自己良好的性格。俄国伟大的教育家乌申斯基认为：人的自我教育是性格形成的基本条件之一。因为一切外来的影响都要通过自我调节而起作用。从这个意义上讲，每个人都在自己塑造自己的性格。因此，自我教育在个体性格形成与发展中尤为重要。

第四节　青少年的能力发展

一、能力概述

（一）能力的概念

能力是使个体能成功完成某项活动所必须具备的心理特征。[1] 能力不是与生

---

[1]　林崇德等：《心理学大辞典》，第868页，上海，上海教育出版社，2003。

俱来的，而是在人的遗传素质基础上，在实践活动中逐渐形成和发展起来的。

（二）能力与知识、技能的区别

需要注意的是，能力并不等同于知识和技能，知识是信息在头脑中的储存，技能是个人掌握的动作方式。解一道数学题时，所用的定义和公式属于知识，解题过程中的思维灵活性和严密性则属于能力。学会骑自行车是一种技能，而掌握该技能的过程中体现出的灵活性、身体平衡性则是一种能力。

二、能力的种类

根据不同的维度，我们可以将能力进行不同的分类，常见的有以下几种：

（一）一般能力和特殊能力

这是以能力所表现的活动领域的不同来划分的。一般能力主要是指个体认知活动中必须具备的各种能力，例如个体的感知觉、记忆、思维、想象等方面表现出来的能力，都属于一般能力，传统上我们把它称为"智力"。特殊能力是在专业活动中表现出来的能力，如音乐能力、数学能力等。个体要顺利地完成某种活动，必须具备一般能力和该种活动的特殊能力。在活动中，一般能力和特殊能力的关系是辩证统一的。

（二）再造能力和创造能力

这是按照个体在活动中表现出来的能力的创造性程度进行划分的。再造能力是指个体在活动中利用已经掌握的前人积累的知识、技能，按照现成的模式顺利进行活动的能力。创造能力是指个体在活动中创造出独特的、新颖的、且具有社会价值产品的能力。再造能力和创造能力是互相联系的。再造能力是创造能力的基础，任何创造活动都是以再造能力为基础才有可能产生。

（三）认知能力和元认知能力

这是按活动的认知对象的维度划分的。认知能力是指个体接受信息、加工信息和运用信息的能力。元认知能力是指个体对自己的认识过程进行的认知和控制能力，表现为个体对自己正在发生的认知活动的认识、体验和监控。认知能力活动对象是个体认知的信息，而元认知能力活动对象是个体自身的认知活动。

相关链接 6-2　何为智力？

"智力"一词虽然在心理学上备受关注，而且在心理学研究上对智力测验的编制和应用，迄今已有近百年的历史，然而，对智力一词的界说，仍然无统一性和共识性的定义。历来心理学家对于智力一词所下的定义，大都不出两个取向：其一是概念性定义，只对智力一词作抽象式的或概括性的描述。例如：智力是抽象思考的能力；智力是学习的能力；智力是解决问题的能力；智力是适应环境的能力。其二是操作性定义，指采用具体性或操作性方法或程序来界定智力，例如：智力是根据智力测验所测定的能力。如果单从测定个别智力的观点来看，智力的操作性定义，是有其实用价值的，如此即可避免回答"智力指的是什么？"的困扰。但如果从智力测验编制的观点来看，操作性定义就缺少理论上的价值。按操作性定义，不指出智力是什么，又怎能选择适当的试题来编制智力测验呢？无法编制智力测验，又怎能按测验结果评定智力高低呢？

智力一词究竟是指什么？美国著名心理学家，也是智力理论中的智力三元论的创始者斯滕伯格(Sternberg, et al. 1981)，曾以 140 位专门研究智力的心理学者，与 476 位"行外人"(一般行业者)为对象，从事对智力一般概念的调查研究。问卷中列出很多相关概念，让受试者自行选答。调查结果发现，虽然行外人对智力一词只表达了常识性的看法，但在他们的看法中，有相当多的成分与心理学专家的意见相吻合。尤其引起心理学家特别注意的是，行外人所表示的某些不同于心理学专家的看法中，居然是智力理论中最新也是最进步的观念。结果如表 6-3 所示。

表 6-3　心理学者与行外人对智力的看法

心理学者的看法		行外人的看法	
智力内涵	行　为　表　现	智力内涵	行　为　表　现
语文能力	词汇丰富　语言流畅 好读书　善理解 对事物有好奇心 言论能见事理之各面 兴趣广泛并具多方面知识 思考敏锐且有深度 观念表达有组织　有系统	实际解决问题能力	思想开放　能接受别人意见 能理解问题情境及关键所在 能综合观念作合理思考 能从经验中形成个人的知识 能权衡轻重　作适当选择 对新奇事物敢于尝试 善于运用多方资源以解决问题
解决问题能力	能运用知识解决实际问题 有丰富的常识 头脑冷静　能客观看问题 在乱局中能善于抉择 爱真理且肯为行为负责 有直觉力　凡事早有准备 能洞识问题之关键	语文能力	说话清楚且有条理 具备某方面专门知识 喜欢读书且兴趣广泛 善用文字表达思想 善言辞　极具辩才 有随时随地阅读习惯

续表

心理学者的看法		行外人的看法	
智力内涵	行　为　表　现	智力内涵	行　为　表　现
实用能力	能掌握问题情境 抉择有目的有方向 能洞识周围环境 对世界一切变化感兴趣	社会能力	能悦纳别人　容忍别人的过失 能遵守与别人约定的时间 能公平判断　具有社会道德良心 能体察别人需求与困难 对人对己坦率而诚实 对社会事物感兴趣 遵从社会规范

（资料来源：张春兴：《现代心理学》，第 412，413 页，上海，上海人民出版社，1994。）

三、能力的个体差异

能力是在个体的实践活动中不断形成和发展的，不同的个体表现出能力的各种差异。

（一）能力类型的差异

能力类型的差异主要是指构成能力的各种因素存在的差异。例如，在认知能力上，个体的记忆方面，可以分为视觉型、听觉型、运动型、混合型。也就是说，不同个体擅长不同的记忆方式，有人擅长视觉材料的记忆，有人擅长听觉材料的记忆，有人擅长运动材料的记忆等。能力类型的差异在性别上也有体现。研究表明，男性的逻辑思维能力优于女性，女性语言理解、表达等方面的能力优于男性。

（二）能力水平的差异

能力水平差异主要是指能力高低上存在差异。能力水平差异表现在个体的各种能力上。从一般能力上看，能力水平在整个人群中呈现出正态分布，即能力水平高和能力水平低的人在总人口中所占的比例很小，而中间的人数量占绝大多数。

（三）能力表现早晚的差异

能力表现早晚的差异主要是指个体能力发展的速度上存在差异。通常我们将能力在个体成长早期就显露出来的现象称为早慧现象。例如，5 岁的孩子就掌握三四门语言，这种现象即称为早慧。中年时期是大多数人能力发展的最佳时段，很多人都是在这个年龄段获得成就，才能获得体现。还有一些人是才能表现的时间较晚，我们将这种现象称为大器晚成。例如，我国绘画大师齐白石直到晚年才显露出他在绘画上的才能。

相关链接6-3 智力测验的起源与发展

从心理测验发展的历史过程来看，能力测验比人格测验要早。而在能力测验中，发展最早的是智力测验。测量智力的工具即称为智力测验。多年来智力测验的观念已有数度演变，演变的过程中有以下三个阶段：

1. 生理计量法

虽然以智愚品评能力高下的观念古已有之，但采取科学方法评定智力高低的历史，迄今只有一百多年。在19世纪80年代，英国生物学家高尔顿（Francis Galton，1822—1911）的行为差异研究，可以说是智力测验工作的开始。高尔顿的主要兴趣，是从亲属间智力的相似程度（当时还没有相关系数的观念）以研究遗传的问题。因受17世纪英国的哲学家洛克的经验主义的影响，高尔顿相信，人类的一切知识来源于感觉器官。因此，他以感官敏锐度为指标，以线条长短（视觉）与声音强弱（听觉）的判断为试题，从而推测并推估智力的高低。此种偏重感官的生理计量法虽可以作为个别差异评定的工具，但测量结果并不具有教育上的实用价值。因为，单凭感官敏度的鉴别，对学校中鉴别学生个性以便因材施教的需求，并无实质上的帮助。因此，到了19世纪末科学心理学兴起之后，心理学家们放弃了高尔顿的生理功能的取向，改以心理取向鉴别人类的智力。

2. 心理年龄

从心理取向鉴别智力高低的尝试，始自19世纪末法国著名心理学家比奈（Alfred Binet，1857—1911）。比奈之所以编制智力测验，纯以实用的目的开始的。在1904年，法国教育部，为了设计一种鉴别学童学习能力的工具，用以在一般儿童中区别出智力较低者，编入特别班因材施教，以免在普通班级受课因学习困难而无法受益。因为当时法国政府已经开始规定小学不能拒收低能力的学童。比奈与另一名学者西蒙（Theodore Simon，1873—1961）受政府之聘，于1905年编成了一个比西量表（Binet-Simon Scale），是世界上第一个智力量表。比西量表之所以受到以后心理学界的重视，主要有以下两点理由：一是比西量表放弃了以前高尔顿采用的生理计量法，改采作业计量法，让受试者根据语文、算术、常识等题目，实际作业，从作业的结果判定智力的高低。二是比西量表创用了心理年龄（mental age，简称MA）的观念以计算测量结果。此心理年龄观念，在心理测验编制上一直沿用至今。

3. 比率智商

比西量表问世后，迅即传至世界各国，后经美国学者改进扩充后更为适用。自 1905 年该量表出版后，美国学者即引介至美国使用，其中最著名者，当推斯坦福大学教授推孟（Lewis Madison Terman，1877—1956）在 1916 年根据比西量表修订而成的斯比量表（Stanford-Binet Scale）最为完善。比西量表修订为斯比量表后，最大的改变是将原来表示智力高低的心理年龄改用智力商数或智商（intelligence quotient，简称 IQ）来表示。智商是一个商数，系指个人的心理年龄（MA）与其实际年龄（chronological age，简称 CA）的比值，又称比率智商（ratio IQ）。

$$智商（IQ）= \frac{心理年龄（MA）}{实际年龄（CA）} \times 100$$

公式内乘以 100 的目的是消除小数，以整数值表示智商的高低。

4. 离差智商

斯比量表所创用的比率智商方法，一直沿用了很多年。用此种智商表示个人智力的高低，在观念上普遍为心理学界与教育界所接受。唯在施测后对结果作解释时，必须了解以下所述道理：智商是相对的，在相对的关系中，按智商多寡比较智力高低，只有在同年龄的群体中才有意义。如果在不同年龄群体中实施同一智力测验，即使测得智商数值相等，但意义也未必相同。原因是各年龄群体中智力个别差异的分配不等，因而影响了某个体智商与其他人智商的相对关系。为了解决这一问题，美国著名心理测验学家韦克斯勒（David Wechsler，1896—1981），除继斯比量表之后编制了数个著名的智力测验外（其中以韦克斯勒量表最为著名），又创用了一种离差智商（deviation IQ）。之所以如此命名，是因为采用了统计学上标准差（standard deviation）的观念来表示智商的高低。在解释智力测验的结果时，韦克斯勒的办法是，先把测验结果的原始分数转化为标准分数，使其平均智商分数为 100，使其标准差定为 15。如此，在任何年龄的任何受试者，只要在智力测验中得到智商为 115，他在群体中的位置，自然就表示优于 84% 的人。也就是说，无论 7 岁、10 岁或者 20 岁的人，只要他的离差智商达到 115，亦即属于平均数以上一个标准差的位置，他的智力就优于群体 84% 的人。84% 是如何求得的，是将平均数以下的 50% 加上平均数与其以上的标准差之间的 34.13% 而得。

（资料来源：张春兴：《现代心理学》，第 415～420 页，上海，上海人民出版社，1994。）

四、青少年能力发展的特点

（一）青少年处于智力发展的关键时期

个体的智力水平随着个体年龄的增长不断的提高，但是在个体一生发展过程中，智力发展的速度并不是匀速的，在不同的年龄阶段表现出发展速度的差异。美国著名学者布卢姆（Benjamin S. Bloom）1964 年根据自己对 1000 名被试的跟踪研究，提出了智力发展假说。他认为如果把一个人的智力以 17 岁的水平作为 100％，那么，5 岁以前就可以达到 50％，5～8 岁又增长 30％，剩余的 20％是在 8～17 岁获得的。[①]在布卢姆之后的其他研究也证实了人类的智力发展存在非匀速增长的现象。虽然，有学者对布卢姆提出的智力发展曲线提出异议，但是不容否定的是，个体智力发展的过程确实是一个非常不等速的过程。有一项脑电波的研究表明，儿童的脑的发育在 5～6 岁和 13～14 岁存在两个加速期，可以说，青春期是儿童智力发展的一个非常关键的时期。一般来说，初中二年级是青少年智力发展的一个关键年龄，智力水平加速上升，高中二年级是智力发展的成熟期。

（二）青少年情绪智力得到进一步发展

美国心理学家梅耶和沙洛维（Mayer & Salovey）在 1990 年就提出了情绪智力这一概念，1997 年他们对提出情绪智力这一概念做了明确的定义，认为情绪智力就是个体直觉和表达情绪、用情绪促进思维、对情绪理解和推理及调节自己和他人情绪的能力。[②]青少年在情绪智力方面有了进一步的提高，他们能够比较准确地表达自己的情绪，能够体验他人情绪，表现出较好的移情能力。同时他们对自己情绪的伪装能力有了很好的发展，能够根据具体的情况掩饰、控制自己的情绪。青少年情绪智力的发展对青少年更好地适应社会有很大的帮助。

第五节　青少年的个性倾向性发展

个性倾向性（personality trend）是决定人对事物的态度和行为的动力系统，

---

① 连榕等：《发展与教育心理学》，第 111 页，福州，福建教育出版社，2007。

② Robort，J. Sternberg. *Handbook of Intelligence*. Chapter Eighteen：Mayer, Salovey, Caruso. *Models of Emotional Intelligence*. Cambridge，UK：Cambridge University Press，2000，p. 396.

以积极性和选择性为特征，包括动机、兴趣、理想、信念、价值观等。[①]个体不是被动地接受社会和教育的改造，相反个体会通过自身的个性心理特征以及心理倾向性反作用于外界社会，有目的、有选择地回应外界。例如，有的学生对学习充满激情，有的则对学习没有任何激情，这是由于他们的学习动机不同导致的，这就是他们个性所特有的倾向性的显现。个性倾向性促进个体产生个性行为，是个性行为的动力来源。本章着重阐述青少年需要与兴趣以及价值观的发展。

一、需要

（一）需要的概念

需要是有机体内部生理上或者心理上的某种缺乏或者不平衡状态[②]。例如，个体饥饿产生求食的需要，生命财产得不到保障会产生安全的需要，孤独会产生交往的需要等。

（二）需要的类型

1. 从需要的起源来看，可以划分为生理需要与社会需要

生理需要是指为保存和维持有机体生命和种族延续所必需的，如对饮食、睡眠、排泄、回避伤害的需要、性的需要等。生理需要是个体生来就有的，人与动物共有的需要。但人与动物的生理需要是有本质区别的，人的生理需要带有明显的社会性质。社会需要是与个体的社会生活相联系的需要，包括对知识、人际交往、成就、娱乐等的需要，它是人类特有的需要，是在社会生活实践中产生和发展起来的，受社会生活条件制约，带有很强的社会历史性。

2. 从需要的对象来看，可以划分为物质需要与精神需要

物质需要是指人对物质对象的需求，包括对衣、食、住有关物品的需要，对工具的需要，如对劳动、学习、科研等物品的需要，均属物质需要。物质需要既包括生理需要也包括社会需要。随着生产力的发展和社会进步，人类的物质需要也在不断地发展。精神需要是指人对社会精神生活及其精神文化产品的需求，包括对知识的需要、对文化艺术的需要、对审美与道德的需要等。这些需要既是精神需要又是社会需要。

对需要的分类，只具有相对的意义。如为了满足求知的精神需要就离不开对书、笔等学习工具的物质需要；如个体对服装的需要是生理需要，但对服装

---

① 林崇德等：《心理学大辞典》，第111页，上海，上海教育出版社，2003。
② 林崇德等：《心理学大辞典》，第1473页，上海，上海教育出版社，2003。

款式、色泽等的追求则既是精神需要、社会需要，也是物质需要。

（三）需要的特征

对象性。个体的需要不是空洞的，它是有目的、有对象的，总是指向某种特定事物的。例如人饿了就产生进食的需要，其对象就是食物；人在孤独时就会产生与人交往的需要，其对象可能是家人或者朋友。因此，需要总是和满足需要的对象紧密联系在一起的。

紧张性。需要是个体感到某种缺乏而产生的一种心理状态。当某种需要产生而没有得到满足的时候，即会形成一种紧张感，这种紧张感可能是焦虑不安，不适感，甚至烦躁，如学生因渴求在考场上获得好成绩而感到焦虑、烦躁等，都是需要紧张性的表现。

周期性。个体的需要一般来说都表现出周期性，周而复始。例如，个体的进食需求、睡眠需求都是周期性的。比较复杂的需要虽然没有周期性，但在条件适合时，也可能多次重新出现。

（四）马斯洛的需要层次理论

最为著名的需要类型的理论是美国人本主义心理学家马斯洛提出的需要层次理论。

马斯洛（Maslow，1954）把人的基本需要分为五种，即生理的需要、安全的需要、归属和爱的需要、尊重的需要和自我实现的需要，这五种需要并不是处于同一水平的，它们由低到高依次排列成一定的层次，形成一个金字塔式的结构（图 6-1）[1]。其中，处于金字塔最底端的是生理的需要，如对食物、水、空气、睡眠等的需要，这些都是人类最基本的需求，是人类赖以生存的基础。在生理的需要得到基本满足之后，紧接着的便是安全的需要，即个体要求生活环境稳定、安全，不受恐惧和焦虑等。这之后是归属和爱的需要，即个体要求与他人建立情感联系，如结交朋友、追求爱情等。再随后就是尊重的需要，它包括自尊和受到他人的尊重。在上述这些需要得到基本满足之后，在金字塔的最顶端便是自我实现的需要，包括认知、审美和创造的需要，即完整而丰满的人性的实现以及个人潜能的充分发挥和展示。

马斯洛认为，这些需要不仅有层次高低之分，而且有前后顺序之别，只有低层次的需要得到基本满足后，才能产生高层次的需要。马斯洛又把这五种需要分为缺失型需要（deficiency needs）和成长型需要（growth needs）两类。其中，前四种需要属于缺失型需要，它们是人类维持生存活动所必需的，在它们得到

---

[1]　Maslow, A. H. *Motivation and personality*, New York: Harper & Row, 1954.

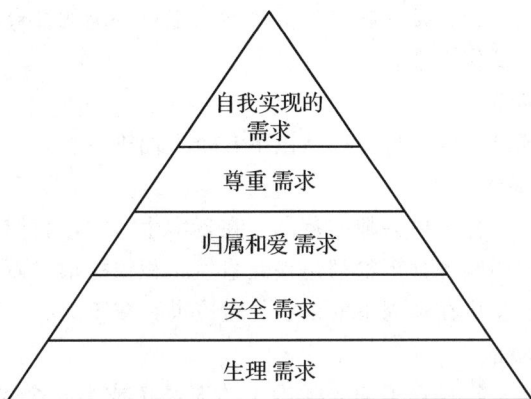

图 6-1 马斯洛的需要层次理论

满足后，强度就会降低。而自我实现的需要属于成长型需要，它永不能满足。也就是说，自我实现的需要不会随其得到满足而降低，相反地会因获得满足而增强，因此个体对知识的追求是永无止境的。

（五）青少年需要发展的特点

青少年需要的年龄特征主要体现在心理需要的强烈显现，尤其体现在自尊的需求以及社交需求上。青春期阶段儿童由于生理发育的缘故，身高、体重、形体等都接近成人，有了明显的成人感和独立感。在与父母的关系上发生了变化，开始疏远父母而向外寻求同龄人的友谊，因此，在这一阶段，他们产生了强烈的追求友谊、获得友谊的需求。同时，青少年在这一时期特别希望获得他人对自己的尊重，特别在意别人对他们的看法和评价。

二、兴趣

（一）兴趣的概念

兴趣是人力求认识某种事物或从事某项活动的心理倾向。[①] 兴趣是个体认识和活动的巨大动力。兴趣使人对某些特定的事物给予优先注意，表现出积极探究的态度，并伴有相应的情绪色彩。

个体的兴趣与个体的需要之间有着密切的联系。个体的兴趣是以需要为基础的，并通过活动发生、发展起来。由于人们对某些事物产生了需要，才会对这些事物产生兴趣。

（二）兴趣的种类

根据兴趣的内容，可以将兴趣分为物质兴趣和精神兴趣；根据兴趣指向的

---

① 乔建中：《现代心理学基础》，第 174 页，南京，南京师范大学出版社，2001。

目标，可以将兴趣分为直接兴趣和间接兴趣；根据兴趣的社会意义，可以将兴趣分为高尚兴趣和低俗兴趣。

（三）兴趣的品质

评价个体兴趣品质的高低可以从以下几个方面进行。

1. 兴趣的广阔性

兴趣的广阔性是指个体兴趣的范围。在现实生活中，我们可以发现，有的人兴趣很广泛，对周围各种事物都是兴致盎然，积极探求；而有的人则是兴趣非常狭窄，对很多发生在他周围的事物异常冷漠，毫不关心。

2. 兴趣的中心性

兴趣的中心性是指在众多的兴趣中个体对某个或某几个兴趣的关注程度。中心兴趣可以促使人目标确定，获得某方面事物精深的知识，发展成为个体的一技之长。如果只有广泛的兴趣，而没有中心兴趣，个体势必发展为"样样都喜欢，样样都不专"的局面。个体的兴趣如果能做到广阔与中心相结合，对个体在工作、学习上有着极大的帮助作用。

3. 兴趣的有效性

兴趣的有效性是指兴趣对活动所产生的效益大小。现实生活中，个体兴趣的效益大小是有很大差异的。有些个体虽然对于某一事物或活动有兴趣，但是这种兴趣没有付之于行动，这样的兴趣是不能发生效能或者是低效能的，无法成为个体工作、学习的推动力。有些个体若对某种事物或活动感兴趣，就会将这种优先注意或者积极的态度付之于行动，使他的这种兴趣对活动产生了积极的推动作用，这样的兴趣是高效能的。

4. 兴趣的稳定性

兴趣的稳定性是指个体兴趣的持续时间或稳定程度。根据兴趣持续时间的长短，兴趣可分为短暂兴趣和持久兴趣。个体的兴趣会随着年龄的增长、时间的推移而发生变化，但是，在一段时间内，个体能保持对某种事物（活动）兴趣的稳定性，是个体良好的心理品质的体现，也是保证个体在学业、工作上成功的条件。

（四）青少年兴趣发展的特点

（1）广泛兴趣和中心兴趣的统一。青少年一方面保持了兴趣的广泛性，另一方面又表现出兴趣的中心性，逐渐形成了中心兴趣，并且这种中心兴趣常常与他们渴求学习的专业或追求的理想职业有关。

（2）直接兴趣和间接兴趣的统一。随着年龄的增长，青少年对外界事物的兴趣由单纯对事物本身或过程感兴趣发展成为对事物结果的兴趣。

(3)兴趣逐步稳定，日益深刻。随着理想的形成、学习专业或工作职业的选定，兴趣日益稳定而深刻。他们的兴趣不再受外在情境和物体变化的影响，而主要受内在的主观意识倾向的调节支配。

三、价值观

(一)价值观的概念

价值观(values)是人们用来区分好坏标准并指导行为的心理倾向，是理论化、系统化的评价意识。①价值观常被看作认知范畴，但它通常也是充满情感和意志的。价值观为人的行为提供充分的理由，是浸透于个性中支配着人的行为、态度、观点、信念和理想的内心尺度。②如果说需要和动机是激发个体进行具体行为的心理机制，那么价值观是更加上位的支配机制，可以解释个体在相对稳定的某个阶段内的一类个性行为。

(二)青少年价值观发展的特点

一般而言，儿童期并不能形成价值观，他们的一些类似价值观的看法多是模仿和吸取父母和其他亲近的人的言行而形成的，照搬了成人的价值观。有研究者称之为"价值感"，而不是价值观。只有到青少年时期，随着自我意识的成熟，个体才开始主观地、有意识地选择符合自己的标准，并形成个人特有的价值观，在以后的生活中具有相对稳定的性质。所以，中学时期的价值引导是非常重要的发展任务，例如恋爱观、学习观、择友观等。但鉴于中学生的发展特点，价值引导需要经过其自主认知和反思，权威式的教育并不能使某些价值内化，即不能形成属于自己的价值观。

【复习与思考】

1. 关键概念：个性　气质　能力　性格　需要
2. 个性的特征有哪些？个性由哪些心理成分构成？
3. 简述气质与性格的关系。
4. 影响青少年性格形成的因素有哪些？
5. 马斯洛需要层次理论的主要内容。
6. 青少年兴趣发展的特点。

---

① 林崇德等：《心理学大辞典》，第571页，上海，上海教育出版社，2003。
② 黄希庭：《心理学导论》，第207页，北京，人民教育出版社，1991。

【拓展学习】

1. 看戏迟到的不同表现。

苏联的心理学家 A.H. 达威多娃的研究表明，同是看戏迟到，A、B、C、D 四种气质类型的人言行表现各不相同。

A 和检票员争执起来，急于想进入剧场。他分辩说：剧场的钟走得快了，他不会影响别人。他打算推开检票员跑到自己的座位上去。

B 知道检票员不会放他进入剧场，就通过没人注意的侧厅跑到自己座位上。

C 看到不让他进场，就想："算了，第一场可能不大精彩。我还是去小卖部等一等，到幕间休息再进去吧。"

D 想："我总是不走运，偶尔来一次剧场都这样倒霉。"接着就回家去了。

思考：你能运用本章所学的知识判断 A、B、C、D 四个人各属于哪种气质类型吗？这四种气质类型的人各有什么样的特点呢？

2. 气质类型测试。

请在 30 分钟之内完成下列各题。当您回答下列问题时请按照真实情况进行回答。

在回答下列问题时，你认为：

很符合自己情况的，　　　　　　　记 2 分；

比较符合自己情况的，　　　　　　记 1 分；

介于符合与不符合之间的，　　　　记 0 分；

比较不符合自己情况的，　　　　　记 -1 分；

完全不符合自己情况的，　　　　　记 -2 分。

(1)做事力求稳妥，不做无把握的事。

(2)遇到可气的事就怒不可遏，想把心里话全说出来才痛快。

(3)宁可一个人干事，不愿很多人在一起。

(4)到一个新环境中很快就能适应。

(5)厌恶那些强烈的刺激，如尖叫、噪音、危险镜头等。

(6)和人争吵时，总是先发制人，喜欢挑衅。

(7)喜欢安静的环境。

(8)善于和人交往。

(9)羡慕那种善于克制自己情绪的人。

(10)生活有规律，很少违反作息制度。

(11)在多数情况下情绪是乐观的。

(12)碰到陌生人觉得很拘束。

(13)遇到令人气愤的事，能很好地自我克制。

(14)做事总是有旺盛的精力。

(15)遇到问题常常举棋不定，优柔寡断。

(16)在人群中从不觉得过分拘束。

(17)情绪高昂时，觉得干什么都有趣；情绪低落时，又觉得什么都没有意思。

(18)当注意力集中于一事物时，别的事很难使我分心。

(19)理解问题总比别人快。

(20)碰到危险情景，常有一种极度恐怖感。

(21)对学习、工作、事业怀有很高的热情。

(22)能够长时间做枯燥、单调的事情。

(23)符合兴趣的事情，干起来劲头十足，否则就不想干。

(24)一点小事就能引起情绪波动。

(25)讨厌做那种需要耐心、细致的工作。

(26)与人交往不卑不亢。

(27)喜欢参加热烈的活动。

(28)爱看感情细腻，描写人物内心活动的文学作品。

(29)工作学习时间长了，常感到厌倦。

(30)不喜欢长时间谈论一个问题，愿意动手实干。

(31)宁愿侃侃而谈，不愿窃窃私语。

(32)别人说我总是闷闷不乐。

(33)我理解问题常比别人慢。

(34)疲倦时只要短暂的休息就能精神抖擞，重新投入工作。

(35)心里有话宁愿自己想，不愿说出来。

(36)认准一个目标就希望尽快实现，不达目的，誓不罢休。

(37)学习、工作同样长时间，常比别人疲倦。

(38)做事有些莽撞，常常不考虑后果。

(39)老师讲授新知识、新技术时，总希望他讲慢些，多重复几遍。

(40)能够很快地忘记那些不愉快的事情。

(41)做作业或完成一件工作总比别人花的时间多。

(42)喜欢运动量大的剧烈体育运动，或参加各种文艺活动。

(43)不能很快地把注意力从一件事转移到另一件事上去。

(44)接受一个任务后，就希望把它迅速完成。

(45)认为墨守成规比冒风险强些。

(46)能够同时注意几件事物。

(47)当我烦闷的时候，别人很难使我高兴起来。

(48)爱看情节起伏跌宕、激动人心的小说。

(49)对工作抱认真严谨、始终一贯的态度。

(50)和周围人们的关系总是相处不好。

(51)喜欢复习学过的知识，重复做已经掌握的工作。

(52)希望做变化大、花样多的工作。

(53)小时候会背的诗歌，我似乎比别人记得清楚。

(54)别人说我"出语伤人"，可我并不觉得是这样。

(55)在体育活动中，常因反应慢而落后。

(56)反应敏捷，头脑机智。

(57)喜欢有条理而不甚麻烦的工作。

(58)兴奋的事常使我失眠。

(59)老师讲新概念，常常听不懂，但弄懂以后就很难忘记。

(60)假如工作枯燥无味，马上就会情绪低落。

请同学们做完测试后，在教师的帮助下完成测试的记分及结果解释。

第七章　青少年自我意识

【本章重点】
- 自我意识的概念及构成
- 自我意识的产生与发展
- 青少年自我意识的年龄特征
- 青少年自尊的发展特征
- 影响青少年自尊形成的因素
- 青少年自我同一性的构建与发展

案例 7-1　一千次地追问

我是谁？我自己认为我是那种我想做的人。我的兴趣广泛，我认为自己非常活跃，我几乎喜欢所有的运动。因为我是独生女，我有点任性，做事情喜欢随心所欲。我认为自己相当机敏，但又常常粗心大意。假如我再多用点功，我在学校的成绩就会更好。但每次考试真的来临时，我仍是老样子。我的情绪很不稳定。高兴时谈笑风生，低落时，对什么都不感兴趣。对别人也是如此，有时能宽以待人，有时则恶语相对。唉！我是谁？我在心中一千次地追问，我在心中一千次地追问，我究竟是个什么样的人呢？

——摘自一位中学生的日记

（资料来源：杨绍刚：《心扉细语》，第3页，哈尔滨，黑龙江人民出版社，1999。）

你是否和案例中的青少年一样，曾经思考过自己是一个什么样的人吗？如何描绘自己呢？你是个好孩子吗？你的学业成绩好吗？你的外貌有吸引力吗？你友好吗？……

你对这些问题的全部答案都说明你在探究你的自我意识。本章将阐述个体自我意识的定义与内涵，青少年自我意识的特征与发展等内容。

第一节 自我意识概述

一、自我意识的概念

自我意识是指人对自身以及对自己与客观世界关系的意识。自我意识是人类意识活动的一种形式，是人类心理活动区别于动物的一大特征。

自我意识具有复杂的心理结构，它与个体的注意状态有着密切的关系。当个体将注意的焦点指向自己的时候，即形成自我聚焦状态，这时就产生了自我意识。

在探讨自我意识的研究中，心理学界长久以来一直承认有两种意义的"自我"的观点，这一观点是由美国的哲学家及心理学家威廉·詹姆斯（William James，1842—1910）首先提出的。詹姆斯关于自我的立论奠定了现代心理学讨论自我观念的基础。他指出自我应该区分为"被'认知的客体'或称'经验的我'"和"认知的主体又称自我"，也就是我们日常所说的"客我"和"主我"。

目前，心理学界普遍认为，主体我（subject-self）是一种主观的心理现象，指正在感知、思考的"我"的意识，是个体区别于他人的分离感。[1] 客体我（me-self）指人们对于他们是谁以及他们是怎样的人的一种主观心理认知。作为社会客体的自我，是主我的经验内容。[2]例如，"我想我很聪明""我想我不够耐心"，这都是对于"我是什么样的人"的一种认知。心理学用各种术语来描述这种客体我，如"自我概念""自我意象""自我看法"等。

尽管对自我可以做出主体我和客体我的区分，但是，二者在现实生活中并不能截然区分。概括来说，目前心理学研究更关注客体我，重点研究人们如何感觉和思考自己，以及这些想法和感觉如何影响和塑造心理的其他方面；哲学家则更关注主体我，试图理解自我中直接体验世界的那一部分。本章主要关注青少年客体我的表现。

---

[1] 林崇德等：《心理学大辞典》，第1740页，上海，上海教育出版社，2003。
[2] 林崇德等：《心理学大辞典》，第688页，上海，上海教育出版社，2003。

二、自我意识的构成

（一）从意识的活动形式来看可以将自我意识分为自我认识、自我体验和自我调节

1. 自我认识

自我认识是自我意识的认知成分，包括自我知觉、自我概念、自我观察、自我分析、自我评价等。自我认识主要回答"我是什么样的人"的问题，即主体对自己身心特征的认识。自我评价是在这个基础上对自己做出的某种判断。自我分析是在自我观察的基础上对自身状况的反思。自我评价是对自己身体、能力、品德、行为等方面的评估，它最能代表一个人自我认识的水平。自我认识在自我意识系统中具有基础地位，属于自我意识中"知"的范畴。

2. 自我体验

自我体验是主体对自身的认识而引发的内心情感体验，是主观的"我"对客观的"我"所持有的一种态度。如自尊、自信、自卑、自负、内疚等均属于自我体验。它主要问答"我是否满意自己或悦纳自己"的问题。个体的自我认知、自我评价直接影响个体的自我体验，同时个体对社会规范、价值标准的认识也和自我体验有关，良好的自我体验有助于自我监控的发展。自我体验是自我意识在情感方面的表现，属于自我意识中的"情"的范畴。

3. 自我调节

自我调节是指主体对自己的行为、活动和态度的调节，包括自我检查、自我监督、自我控制、自我暗示等。自我调节是自我意识中直接作用于个体行为的环节，它是一个人自我教育、自我发展的重要机制，属于自我意识的"意"的范畴。自我调节的实现受到自我认知、自我体验的制约。

（二）从意识活动的内容来看，自我意识可分为生理自我、社会自我和心理自我

（1）生理自我。生理自我是指个人对自己生理属性的认识，包括占有感、支配感、爱护感以及安全感等。个体最初形成的就是生理自我。如"我是一名个子很高、身体强壮的男生"。

（2）社会自我。社会自我是指个体对自己社会属性的认识，包括对自己在各种社会关系中各种角色、地位、权利、义务等的认识。如"我是一名中学教师"。

（3）心理自我。心理自我是指个体对自己心理属性的认识，它包括对自己的感知、记忆、思维、能力、性格、气质、动机、需要、价值观等的认识。心

理自我几乎与社会自我同时形成和发展起来。如"我是一个非常聪明的人"。

此外，有研究者从个体的想象和推理能力角度将自我分为"可达到的自我""理想自我""应该成为的自我""不想成为的自我"四个成分。自我认识离"可达到的自我"越近，对自我的感觉越好。理想自我超出可达到自我的水平和标准，大多数人都可以认识到理想自我具有一种超越性，大多数情况下都是一种美好的愿望。但是，如果当理想自我变成必须要成为的自我时，就会引发一定的心理问题。如父母要求学习中等的孩子必须考上清华大学，虽然清华是孩子的理想，但距离该目标太远会让他产生无力感并进而产生心理困惑。"应该成为的自我"多出于外界对个体的道德要求和义务，不能达到这一标准时，个体往往体验到内疚或者焦虑的情感。而"不想成为的自我"可以帮助个体时刻提醒自己远离这样的结果，可以激励自己避免具有这样的消极特性。

三、自我意识在个体发展中的作用

（一）自我意识是个体形成良好个性心理品质的基石

自我意识作为意识的核心内容，是个性结构的重要组成部分。在自我意识的监督、调节作用下，个体的心理过程和个性心理的各个组成部分整合为有机的统一体。自我意识对个体个性发展的方向起到指引作用，调节着个性发展中的不足以及发生的矛盾冲突，个性的塑造自始至终都是通过自我导向、自我监督、自我激励和自我完善实现的。自我意识的水平越高，对个性的影响、调节与统合作用就越大。

（二）自我意识使人的认知活动效果得到保证

自我意识可以使人将自己的认识活动作为客观对象加以认识，这一过程能够使个体的认识活动的效果得到改善和提高。人的认识活动，包括人的感知觉、记忆、思维、想象等都因自我意识的存在而得到改善，使个体的认知活动更加合理、更加有效。因为当个体有了自我意识后，就能意识到自己的认知活动目的、为了达到目的应该如何做以及这样做的结果将如何等。因此，个体就能有意识地根据目标调整自己的行为，使之符合情境的要求，从而保证个体认知活动得到良好的效果。

（三）自我意识是个体处理好人际关系的条件

大量的心理学研究表明，许多人际关系不协调是由于个体自我意识不正确造成的。个体自我认识的正确与否，直接影响到个体与他人的关系。例如，如果一个人自我评价过低，在与人交往时就会表现得胆怯害羞、敏感多疑、自我封闭；而自我评价过高，在人际交往中就难免盛气凌人、孤芳自赏，不懂得理解、尊重别人，这两种自我认识的偏差都会使个体在群体中陷入孤立境地，进而陷入人际关系不良的境地。因此，正确的自我意识能够帮助个体选择并做出一种恰当的行为与他人相处，形成良好的人际关系。

第二节　青少年自我意识的发展

一、自我意识的产生与发展

自我意识是人特有的心理活动，也是人的智慧高于一切动物的主要表现。但是，人的自我意识并不是天生具有、与生俱来的，它是个体在社会交往过程中，随着自身语言和思维的发展产生并发展起来。这一过程是在个体不知不觉中，无意识的状态下逐渐形成的，一般经历三个过程：生理自我、社会自我和心理自我的发展。

（一）生理自我的发展

出生后的第一年，人还没有什么自我意识。婴幼儿不知道镜中的自己是何人，吮吸、玩弄自己的手脚就像对待其他玩具一样。他们不能意识到那是自己的手、脚，人我不分，物我不分，这时无所谓自我意识。一岁左右的婴儿，开始把自己的动作和动作的对象区分开来，这是自我意识的最初表现。以后儿童开始知道由于自己扔皮球，皮球就滚了，进一步把自己这个主体和自己的动作区分开来。一岁半左右的儿童，从成人那里学会使用自己的名字，表明他们能把自己和别人相区别。儿童会使用自己的名字，是自我意识发展中的巨大飞跃。两岁左右的儿童，学会了使用物主代词"我的"和人称代词"我"，如用"我"表示自己，会说"我要……""我有一个哥哥"等，这实现了自我意识发展的又一次飞跃，即从把自己看作是客体转变为把自己当作主体来认识，标志着个体真正的自我意识的出现。

相关链接 7-1　哈特的婴儿主体我与客体我的发展体系

哈特（S. Harter, 1983）总结了大量的有关研究，提出了一个婴儿主体我与客体我的发展体系。他把婴儿自我认知的发展分为 5 个阶段，前 3 段为主体我的发展，后两段为客体我的发展。哈特的总结为人们普遍接受。

第一阶段：5~8 个月婴儿显示对镜像的兴趣，他们注视它、接近它、抚摸它、微笑并咿呀作语。但他们对自己的镜像与对其他婴儿形象的反应没有区别，说明他们并未认识到镜像是自己的映像、自己与他人的差别，以及自己是独立存在的个体。因而，婴儿还没有萌生自我认知。

第二阶段：9～12个月婴儿显示了对自己作为活动主体的认识，表现为他们以自己的动作引起镜像中的动作。他们主动地引起自身动作与镜像动作相匹配，表明婴儿对自己作为活动的主体的认识。这阶段产生了初步的主体我。

第三阶段：12～15个月婴儿已能区分自己做出的活动与他人所做出的活动的区别，对自己镜像与自己活动之间的联系和关系有了清楚的觉知，说明婴儿已会把自己与他人分开。主体我得到明确的发展。

第四阶段：15～18个月婴儿开始把自己作为客体来认识。表现在对客体特征(如红鼻头镜像)与主体特征的联系上，认识到客体特征来自主体特征，对主体某些特征有了稳定的认识，反映了在客体我水平上的自我认知。

第五阶段：18～24个月婴儿已具有了用语言标示自我的能力，如使用代词(我、你)标示自我与他人。婴儿在此年龄已经意识到自己的独特特征，能从客体(照片)中认识自己，用语言标定自己。表明已具有明确的客体我。

(资料来源：孟昭兰：《婴儿心理学》，第390～391页，北京，北京大学出版社，1997。)

(二)社会自我的产生与发展

这个阶段大约是从3～13、14岁，是个体实现社会自我的最关键阶段。在与外界事物接触、与他人交往的过程中，个体的社会自我在幼儿时期是通过游戏、角色扮演、对父母行为的模仿而形成的。儿童进行不同的游戏，在游戏中扮演不同的社会角色，这种经历成为他们学习角色行为的一种方式。在游戏中儿童不仅在外表上要扮演某种角色，而且还会揣摩角色的心理状态，体验着角色与角色间的相互关系。儿童进入学校后，学校的学习生活加速了儿童社会自我的进程。因为在学校接受教育的儿童必须承担一定的社会义务和社会责任，并要认真对待这些义务和责任，同时还要学习各种文化知识，掌握各种技能技巧，按照一定的社会道德规范要求自己，逐步地使自己的动机、观念和行为与社会的要求相吻合，最终达到社会的自我。

(三)心理自我的产生与发展

心理自我又称精神自我，这个阶段主要是从青春期到成年。从青春期开始，个体在身心两方面都发生了一系列剧烈的变化，生理上的成熟、心理水平的进一步发展，都使个体自我意识的发展趋向主观性，个体的自我理想、追求的目标，在观念和行为上都带有浓厚的自主的个人色彩，使心理自我的内容日趋丰富。

案例 7-2　自我变化的困扰

张老师：

这些天我非常高兴，因为中考我得了 641 分。虽然还没发录取通知书，但老师和家长估计，我进一类重点高中是不成问题的。

趁暑假没事，我收拾一下自己的房间，为上高中做好准备。在清理小学和初中的作文本时，我发现了两篇题目完全一样的作文，这两篇作文的题目均是《我是个怎样的人》，一篇是小学五年级时写的，另一篇是初中二年级时写的。尽管都是记叙我自己的，有趣的是两篇作文里的主人公竟判若两人。

第一篇作文中写到："我是五(2)班的学生，老师说我最大的优点是热爱劳动，在一次大扫除中，我和另两名同学被分配去扫厕所。当我们发现大便池由于堵塞，脏水四溅时，那两位同学急忙跑去找老师。我当时奋不顾身地踩入脏水，立即用手将堵塞便池的烂纸等物掏出来，待老师他们赶来的时候，我已经把厕所打扫得干干净净了。"

"在家里妈妈说我听话，让我干什么我就干什么。妈妈常嘱咐我，若我自己在家时，无论什么人来都不要开门。一次，星期三下午没课，我在桌前写作业，外面传来一阵急促的敲门声，我趴门镜一看是舅舅。他连声喊：'我是你舅舅，快开门啊！'我只说了一句：'妈妈不让我开门。'然后就回去写作业了。不管舅舅在外面怎么喊，我像没发生任何事情一样，坐在那儿继续写作业。一气之下，舅舅当天便乘车回农村了。晚间，妈妈听说后，表扬我做得对，说这样使坏人无可乘之机。当时我像做了一件十分了不起的事情似的，心里很安然。"

时隔三年后我的第二篇作文则写道："我不太在乎老师的评价，我觉得最了解我的莫过于我自己了。一次上劳技课，老师让同学自己准备材料做手工。我用几篇枯黄的树叶，精心地剪成一只母鹿，又做了一只正在母鹿腹下吃奶的小鹿。剪完后，贴在一张图画纸上，交给老师。下课前，老师在总结时表扬了我的同桌肖玉莲，她做的是布贴，画面上是妈妈领着一个学步的小孩，老师说她的作品歌颂的是母爱。当时，我心里很不服气，觉得自己的作品同样也是歌颂母爱的，比肖爱莲的作品更加含蓄，更有诗意。尽管我的作品没收藏在校劳技室展览园地上，我却把它挂在了自己的床头上。"

"这两天，妈妈因一点小事就唠叨起来没完没了，父母和孩子间是平等的，家长的一举一动不一定是对的，孩子的一举一动不一定是错的。应该是谁对听谁的，谁有错谁就改。一天晚上，我在卫生间洗完澡，把袜子丢在洗脸盆里，准备写完作业再洗。妈妈发现后，批评我这是'不良习惯''不文明的表现'等。

并逼着我去洗袜子。虽然我照她的要求把袜子洗完了，但让我很不痛快，那个晚上都没学习好。"

张老师，我重新阅读了上述两篇作文，真没想到三年间我的变化是这么大。现在老师说我有主意了，妈妈说我翅膀硬了。我听得出来这些话都是贬义。你说我这是变好了还是变坏了，我今后该怎么办呢？

（资料来源：张嘉玮：《谁烦恼：一个心理学家与中学生的对话》，第82～84页，长春，北方妇女儿童出版社，2002。）

二、青少年自我意识的特点

在青春期，儿童的自我意识获得了突飞猛进的发展，进入自我意识发展的第二个飞跃期（婴儿期是自我意识发展的第一飞跃期）。苏联心理学家科恩曾指出，青年初期最宝贵的心理成果是发现自己的内心世界，这种发现对于青少年来说是一场真正的哥白尼式的革命。随着青少年生理、心理的发展，使儿童感到自身的巨大变化，他们感到不适应，出现了种种心理的困惑。面对这些矛盾和困惑，儿童体验到了危机感，这促使他们把注意力由外面的客观世界转向自身的主观世界，从而导致主体自我意识的第二次飞跃。这一飞跃不仅使主体自我意识的能力以及水平得到提高，而且客体我的内涵方面进一步扩展，自我体验进一步丰富，表现出了强烈的自我意识的年龄特征。

（一）非常关注自己的外表

青少年对自我的关注首先表现在对自己身体形象上的重视。他们强烈地渴望了解自己的体貌，如长相、身高、胖瘦等，开始注意着装打扮。由于外表是青少年自我认识的重要成分，因而这阶段的孩子喜欢经常照镜子，或花更多的时间去注重衣着。他们不再像童年期那样，父母给买什么衣服，就穿什么衣服，而开始有了自己的喜好。有研究表明，青少年这种兴趣在高中阶段有所加强，而且女生一般都比男生更关注自己的外貌。青少年还特别在意别人对自己打扮的反应尤其是同伴的反应，若他人对儿童的着装打扮表示赞赏，他们往往会产生一种自我肯定和满足感。

（二）看重自己的学习成绩和能力

由于青少年主要活动场所就是学校，学校评价一个人的水平和能力主要是通过学习来进行的，儿童在学校中表现出的能力以及取得的学业成绩影响儿童对自己能力的判断、儿童在学生群体中的社会地位，并最终影响儿童对自我的评价。因此，学业成绩和能力是青少年关注自我内容中的重中之重。

（三）自我发生进一步分化

青少年的认知水平日渐提高、社会经验随着年龄的增长越来越丰富，在个体儿童期形成的比较稳定的、笼统的"我"被打破，主体我和客体我开始分化，如在儿童的自我概念中出现了现实我和理想我。现实我，是指个人当前发展所达到的实际的自我状态；理想我是理想中的自我形象，主要包括自我想要达到的目标以及自己在别人的心目中的位置和别人对自己的看法。随着个体与社会交往程度的提高，青少年的自我又出现了个人我和社会我。个人我是个人对自己的认识和评价，而社会我是别人对自己的认识和评价。总之，青少年比以往更加能够理解因个人角色不同或者环境的不同导致每个人都会有不同的自我，他们会根据具体环境或者情境来描述自我。

（四）自我评价独立性逐步增强

青少年自我发展的一个重要标志就是自我评价的独立性增强。幼儿园和小学儿童的自我意识基本上处于初始阶段，他们对自我的评价主要以成人的评价为标准。比如，老师评价小学生鱼××是个差生，那么鱼××自己也认为自己是差生。但是当个体进入青春期也就是青少年时期时，他们的自我评价就有了根本性的变化，成人的评价已经不再是他们对自我评价的依据和标准了。这时候，成人明显感到孩子没有以前听话了，不再是让他干什么就干什么了，青少年常常对成人的评价表示不服气，甚至出现反抗。这种现象是青少年自我意识发展的结果，是他们自我评价独立性的表现。

青少年自我评价独立性的发展在初中和高中阶段也有着明显的差异。初中阶段的青少年虽然改变了对父母言听计从的状况，但是他们的自我评价往往都受到同伴群体的巨大影响。他们的言行举止、观点往往服从于他们所归属的群体的观点和喜好倾向。即使是父母反对，他们也会义无反顾地按照群体的标准来规范自己的言行。例如，如果他穿的一件衣服父母说好看而班级同伴认为不好看，那么他们会坚持不再穿着那件衣服去学校。而到了高中阶段，青少年的独立性更进一步，他们对同龄人的群体规范有了自己的选择，他们会根据自己的喜好及判断标准去选择朋友圈。在选择自己今后要上的大学和专业方面也有了自己的抉择。

（五）强烈的自我中心主义

"自我中心"这一概念最早是由瑞士著名的儿童心理学家皮亚杰提出的，是皮亚杰描述一种独特的思维方式的术语。所谓"自我中心"是指个体不能区别一个人自己的观点和别人的观点，不能区别一个人自己的活动和对象的变化，把注意集中在自己的观点和自己的动作现象上。[①]青少年的"自我中心"表现与皮亚杰的原意不同，它是以人际关注和社会性关注为焦点，把自己作为人际和社会关注的中心，认为自己的关注就是他人的关注。青少年自我中心性，实际上就是他们高度的自我意识。这种高度的自我意识体可以用"独特自我"与"假想观众"两个概念来表征。

相关链接7-2　阿尔金德关于青少年自我中心的观点

阿尔金德(Elkind，1976)认为青少年的自我中心可分为两种社会思维类型——假想观众(imaginary audience)和个人神话(personal fable)。假想观众是指注意获得行为——希望被他人注意、觉察，希望自己"在舞台上"。青少年认为周围许多人都在注意他们的思想、感觉和行为。例如，如果某一青少年的裤子上滴了一滴墨水，他会认为别人也会像他本人一样注意这滴墨水。当一个青少年女孩走进教室时，她会想所有的人都在注意她的表情。此外，青少年关注衣服的式样、体型、脸上的粉刺和青春痘，在卧室里像摇滚歌星那样跳舞，想象周围坐满了崇拜他的歌星等。上述都是青少年早期假想观众的表现，个体认为自己生活在一个舞台上，他们都是主要演员，其他人是观众。

按照阿尔金德的观点，个人童话是青少年自我中心中关于个人独特性的认识。青少年专注于他们的思想，关注假想观众的重要性，这使得青少年形成了个体的独特性和个体永久性(permanence)。个体独特性使得青少年感到没有人了解他们真正的感受。例如，某一青少年女孩认为她和她的男朋友结束了关系，她的母亲不可能感受到她所受到的伤害。为了维持他们的个体独特感，青少年可能精心编造一个充满幻想的关于自我的故事，把自己沉浸在一个远离现实的世界中。同时，青少年个体独特感使得他们觉得自己远离世界上的许多世俗需要，他们会说，"我与众不同""这种事情不会发生在我身上"。个人童话经常出现在青少年的日记里。

(资料来源：张文新：《青少年发展心理学》，第267页，济南，山东人民出版社，2002。)

三、青少年自我意识发展的脑机制

青少年自我意识的发展与青春期脑的发展成熟有着密切的关系。

(一)青少年的大脑正经历神经元的过度生长、突触修剪以及髓鞘化的过程，他们的自我评价还不稳定

---

① 张文新：《青少年发展心理学》，第264页，济南，山东人民出版社，2002。

中学生的行为方式还不能按照符合逻辑的方式进行，行为更多受到杏仁核影响而不是额叶的影响。额叶是大脑皮层中高级思维的控制者，而杏仁核是情绪的中心。

父亲看到女儿刘海太长了，说"你的头发都长到眼睛里去了"。

女儿立刻做出反应"你看不惯我的头发，你一直看不惯我的头发"，然后哭了，冲出了房间……

上述一段对白就是一种普遍现象。对青少年自我意识而言，杏仁核而非额叶的控制导致他们非常关注自我的感受，受额叶影响的完善的自我概念还没有成熟。所以，他们对自我的评价不会像成人一样稳定。

(二)胼胝体的发展帮助青少年理解自我和他人

胼胝体是连接左右两个脑半球的组织，青少年胼胝体不断生长出更多的树突和突触，体积也越来越大。对脑成像的研究显示，人的自我感知主要集中在脑的右半球，而对他人的感知主要集中在脑的左半球，不断强大的胼胝体使青少年能更好地通过他人了解自我。这样，青少年的客体我表现较儿童期更加丰富。但青少年还缺乏控制胼胝体的经验，所以他们有时并不能很好地区分自己和他人的想法，常常将二者混淆。他们不断关注自我，并认为其他人也在不停地关注他们，于是对自我的关注非常强烈。人们常说年轻人"爱害羞，面子薄"就是这个道理。

第三节　青少年自尊的发展

个体自我发展贯穿人的整个生命历程。在青春期，儿童生理上的巨大变化以及心理水平的发展提高，使得青少年的自我意识具有明显的年龄特征。这一特征尤其突出表现在青少年自我概念、自尊的发展和同一性形成等方面。本节着重探讨青少年自尊的发展。

青少年自尊的发展对于个体整个自我系统及其心理发展都具有重要意义。一方面，自尊是个体自我系统的核心成分，其发展不仅与个体的心理健康直接相关，而且对个体整个人格的发展都具有重要影响；另一方面，自尊作为一个起中介作用的人格变量，对青少年的认知、动机、情感和社会行为均有重要和广泛影响。正是由于自尊发展对于个体心理发展的重要性，所以教育者要充分了解、掌握自尊的概念、青少年自尊的发展特点以及自尊发展的影响因素等相关内容。

一、自尊的概念

最早给自尊下定义的是美国著名心理学家詹姆斯。早在 1892 年，他就提出，自尊＝成功/抱负，[①] 也就是说，个体的自尊水平是个体所取得的成功与其抱负之比。

我国心理学家林崇德在其主编的《心理学大辞典》中对自尊做出如下定义，自尊(self-esteem)指个体对自我概念所持有的一种肯定或否定的态度，是个体基于自我评价产生和形成的一种自重、自爱和自我尊重，并要求受到他人、集体和社会尊重的情感体验。这种态度和情感体验表明个体相信自己是有能力的、重要的、成功的和有价值的，因而接纳和喜欢自己。[②] 自尊就是一种个人的价值判断，它表达了个体对自身所持有的态度。

自我研究领域中，自尊和自我概念存在密切关系，但两者之间是有区别的。自我概念(self-concept)指个体对作为一个整体的自我的意识和体验相对稳定的观念系统，具有复杂的心理结构，是一个多维度、多层次的心理系统。[③] 如果说自我概念是个体对有关自我的描述和评价过程，那么自尊则是个体自我评价的结果以及由此产生的情感，甚至"研究者通常并不深入追究两者的区别，有时更会交替使用这两个概念"。[④]

二、自尊的分类

(一)总体自尊和分化自尊

从结构上分，可以分为总体自尊和分化自尊。总体自尊是个体对自己总的评价和价值判断，分化自尊指个体对自己某一方面的价值判断。例如，对学业能力的自尊、对体育能力的自尊以及对身体的自尊都属于分化自尊。总体自尊与分化自尊的关系并非完全对应，有研究发现，青少年学业能力自尊与总体自尊的相关是 0.33，二者只是部分地交叉，远没有达到完全一致。所以，总体自尊的差异并不能从单个的分化自尊中得到解释。

(二)外部自尊和内部自尊

从来源方式上可分为外部自尊和内部自尊。外部自尊指从别人对自己的反应中来评价自己并由此内化而产生的一种情感。内部自尊主要来自个体的内部

---

① Ronald P. P. *Invitation to Social Psychology*. New York：Harcaurt Brace & Company，1995，pp. 55—59.

② 林崇德等：《心理学大辞典》，第 1783 页，上海，上海教育出版社，2003。

③ 林崇德等：《心理学大辞典》，第 1766 页，上海，上海教育出版社，2003。

④ 雷雳等：《青少年发展》，第 42 页，北京，北京大学出版社，2002。

评价、自我接受和自爱，具有主动的、稳定的以及动态的特点。

(三)理想自尊和现实自尊

从内容上可分为理想自尊和现实自尊。此划分主要由詹姆斯的自尊公式引出。比尔斯(R. E. Bills)和麦克林(E. L. Mclean)认为现实自尊来自个人的成功的、已实现的那部分，而理想自尊来自个人期望达到的抱负部分，两种自尊之间的差距越大，个体就越焦虑。

(四)浮动自尊和基线自尊

浮动自尊指个体在不同情境下所体验的自尊发生的变化，例如一个小女孩刚刚踏入一个富丽堂皇的大酒店时，她可能暂时感到较低的自尊，一段时间后才会找到自信。在浮动自尊中，个体体验到自尊的波动。基线自尊是个体自尊中比较稳定的部分，短时间内不可能发生大的变化，也不可能波动。上例中的小女孩进入大酒店时发生短期内变化的是她的浮动自尊，而她的基线自尊是不会变化的。这个小女孩如果具有较高的基线自尊就会比较容易摆脱这种短暂的不安。一般而言，浮动自尊与环境密切相关，而基线自尊与个体固定的因素有关。

三、青少年自尊的发展特点

青少年自尊的变化是持续稳定的还是随着进入青春期而发生显著的变化？如何解释自尊的个体差异？对这些问题的研究主要达成以下结论：

(一)青少年自尊中比较稳定的部分主要是基线自尊

决定个体基线自尊的是个体一些相对稳定的因素，如社会地位、性别、出生顺序、学业能力等。在整个青少年期，基线自尊不会发生太大变化，导致青少年自尊发生波动的主要是浮动自尊。研究发现，青少年早期是自尊波动的主要时期，而青少年中期和晚期则表现得相对稳定。研究发现，初中生自尊极不稳定，存在极显著的年级差异，从初二开始，自尊出现下降趋势。所以初二、初三学生处于低自尊期，研究认为为什么青少年早期浮动自尊的波动如此反复其主要原因可能是多种因素的交互作用。首先可能是青少年的自我中心在起作用，强烈的自我中心导致青少年早期的学生痛苦地意识到别人对他(或她)的行为的反应；其次，随着个体参加的社交活动越来越多，他们开始意识到，人们在相互交往的过程中会开玩笑，因而他们开始知道并不是总能从别人如何说和如何做之中辨别出他们是怎么想的。这种模棱两可也许使青少年早期的学生会因为不知道别人对他(或她)的真实想法究竟如何而感到困惑不安；最后，因为在青少年早期，同龄人的重要性有所上升，青少年早期的学生对同龄人对他们的看法尤其看重。他们可能会因为从父母那得到的信息和从同龄人处得到的信息的不一致而引发对自我的不确定感。①

（二）青少年自尊的个体差异主要体现为总体自尊和分化自尊的不同表现

研究发现，青少年可以在整体意义上评价自我，也可以在运动、学业、外表、社会关系、品行等方面评价自我。一个在体育方面具有高自尊的个体可以在学业方面具有较低的自尊，在外表方面具有中等程度的自尊。就分化自尊与整体自尊的关系而言，一些分化自尊对整体自尊影响较大，而另一些则影响较少。一般而言，青少年的身体自尊是其整体自尊的最重要的预测指标，但是男同学的身体自尊要高于女同学的身体自尊，可能的原因是男性体格增长代表了身高和力量的增长，而女性生理发展带来了脂肪的增加和月经来潮的烦恼。此外，同伴关系的自尊和学业能力的自尊也对整体自尊产生影响，中国学生的学业自尊较美国学生对整体自尊的影响更大。从这个角度看，简单将中学生的自尊描述为"高"或"低"，而不考虑自尊的不同方面是不能全面刻画青少年自尊发展的。

四、影响青少年自尊形成与发展的因素

（一）外表吸引力

随着个体年龄的增长，越来越强烈的性意识使青少年更加关心自己的外貌、形体、皮肤等身体外表特征，外表吸引力对他们自尊产生巨大影响，这种影响在青春期表现得尤其强烈，外表吸引力对青少年整体自尊的影响最大。对自己身材、外貌满意的青少年通常会形成高自尊，而对自己外形不满的个体通常具有较低的自尊。

（二）父母教养方式

父母对孩子采取何种教养方式是孩子形成自尊高低的重要影响因素之一。一般来说，如果父母对青少年是热情的、赞许的，对他们行为的期望值是合理的，父母热情、积极地引导使他们坚信自己是有能力的、有社会价值的，那么，这些青少年对自我的评价就比较高，容易形成高自尊。研究发现高自尊青少年父母的抚养方式主要表现为以下特点：第一，接受、关心和参与；第二，严格而不溺爱；第三，民主；第四，采取非强制性约束。反之，如果父母只有在青少年达到很高的标准、要求时才显示出积极、热情和支持，这些孩子通常表现出较低的自尊。

---

① ［美］劳伦斯·斯滕伯格：《青春期》，第 335 页，戴俊毅译，上海，上海社会科学院出版社，2007。

（三）重要他人

重要他人是指教师、家长、同伴等对儿童身心发展具有重要影响的个人或群体。[①]那些成为青少年重要他人的人若对他们进行积极的评价，可以帮助个体建立自尊，而消极评价可以极大破坏个体的自尊。例如，如果自己崇拜的人或者自己追求的恋人对自己有消极的评价则非常容易伤害个体的自尊。这里要强调一点是，随着儿童年龄的增长，重要他人往往会发生变化，由父母到教师、同伴、爱人等，但是由于教师是社会专职的教育者，对儿童的教育是有计划、有目的、系统地进行的，因此，教师必然成为影响青少年心理发展各方面的重要影响源。教师对青少年的期望、态度、评价等对他们的自尊水平影响极大。

（四）自我知觉不一致

有研究发现，个体知觉不一致也会影响个体的自尊水平。学者哈特（Harter）及其同事自 20 世纪 80 年代以来对青少年的自尊问题进行了一系列研究。在展开这项研究之前，他们认为，儿童大约在 8 岁时除了形成其作为一个人的价值的较为笼统的概念之外，还形成了对他们在特定领域的能力与胜任的评价。他们认为与青少年的自尊关联最密切的领域是学业能力、体育运动能力、社会认可、容貌外表以及行为举止。此外，他们为儿童描绘了一张自我知觉剖析图（self-perception profile），并把上述几个方面纳入了这一剖析图中（见图 7-1）。然而，在对个体的剖析图的最初检验中，他们发现虽然被试儿童对全部五个特殊领域的能力与表现具有非常相似的看法，但他们在总的自尊得分上却有极大的差别。

从上述剖析图中可以看出，儿童 C 和儿童 D 都感到他们在学业与运动能力上相对贫乏，而且他们都对自己在其他三个领域中的能力与表现的评定较高（社会认可、行为举止、容貌外表），可是儿童 C 有很高的自尊，而儿童 D 却自尊很低。具有高自尊的儿童 C 相对而言，并不把学业与体育能力看得很重要，这样，这个儿童可以轻视他所不能胜任的那些领域的重要性，而重视他所胜任的那些领域的重要性。相反，儿童 D 却认为学业与体育能力很重要，结果导致了对这两个领域的极高的重要性判断与极低的能力及不充分的评价之间的巨大的不一致，从而导致他的低自尊。其他学者如齐格勒、希金斯、马库

---

① 庞丽娟：《教师与儿童发展》，第 1 页，北京，北京师范大学出版社，2001。

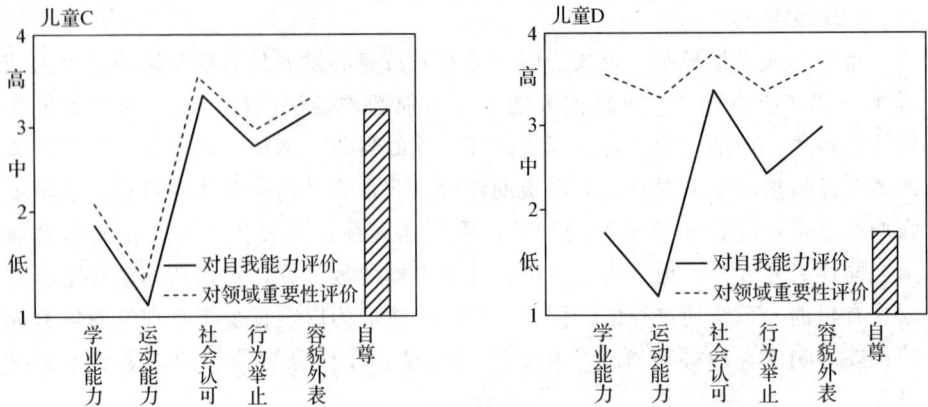

图 7-1 儿童 C 和儿童 D 在特殊领域中能力得分

斯、泰丝等都在其研究中表达过相似观点。[①]

(五)社会文化

虽然青春期的儿童自尊的形成更多地受到自我标准的影响,但是仍然是不可避免地受到外界因素的影响,其中社会文化是对青少年自尊产生影响的重要因素。例如,青春期发育早的女生和发育晚的男生对自己的评价较低,这主要是受到文化中"美"的标准的影响,传统的性别观对外貌和成就的期待对女性的自尊产生负面影响。青春期开始后,她们对自身价值的评价比男生低很多,部分原因是因为女生为容貌而担心,并认为在自我保护能力上不及男生。

同时由于不同国家和民族文化的差异,社会比较对自尊产生的作用是不同的。在中国、日本等东亚国家更强调社会比较。因此虽然东方孩子的成绩很好,但是他们的自尊却比美国孩子低。而且亚洲的孩子很少用社会比较的方式助长自己的自尊。

第四节 青少年自我同一性的形成与发展

"同一性的发展"可以普遍地描述青少年的自我发展。构建自我的同一性就是定义你是什么人,你的价值是什么,你将来的生活往哪个方向发展。同一性

---

① 刘毅,张华:《自尊问题研究述评》,第 60～68 页,载《西北师大学报(社会科学版)》,1998 (2)。

的构建与发展对个体的发展具有非常重要的意义，自我同一性的确立是青少年身心健康成长的重要前提。

案例 7-3　弗兰奇·亚当斯的自我关注

在卡森·麦克库勒斯(Carson McCullers)的小说《婚礼成员》中，讲述了一位与青少年努力寻求她的同一性有关的最为奇妙也是最为难忘的故事。故事是以 20 世纪 40 年代中期的美国南部为叙述背景，并围绕弗兰奇·亚当斯而展开。弗兰奇·亚当斯是一个 12 岁的女孩，那年夏天第一次出现那种我们已将其与青春期联系在一起的内省活动。

书中弗兰奇·亚当斯向她的闺中密友说了这样一段话："请听我说……我一直试图说的是这些。对你来说，我是我，你是你，这件事情不具有震撼性吗？我是弗兰奇·亚当斯，而你是贝伦尼斯·赛迪·布朗。我们可以彼此对视，可以彼此触摸，也可以年复一年地待在同一房间里。我不能成为除了我自己以外的任何人，你也不能成为你以外的任何人。你没有想过这样的事情吗？你不觉得这很奇怪吗？"

（资料来源：劳伦斯·斯滕伯格：《青春期》，第 345 页，戴俊毅译，上海，上海社会科学院出版社，2007。）

看了这段话，你对同一性理解了多少？

一、自我同一性概述

（一）自我同一性的概念

自我同一性(self identity)指自己能意识到自我与他人相区别而存在，以及自我的连续性和稳定性，即个人的内部状态与外部环境的整合和协调一致。[①]

"自我同一性"是美国心理学家埃里克森人格发展理论中的重要概念，用以说明青少年心理发展和人格成熟状态的术语。根据埃里克森的解释，同一性可以从三个方面来理解：首先，"自我同一性"是指在过去、现在和将来这一时空中，"自己是谁？""自己还是原来的自己""自己自身是同一实体的存在"等对自我同一性的主观感觉或意识。也就是说，这一概念重视主观的意识体验，强调的是"自我同一性感觉"及自己自身内在的不变性和连续性。例如，"我今年 20 岁，我生活在这个世界上，今后还要生存上很多年。虽然孩子时的我与现在的我在体态、容貌、价值观、思维方式、性格上都不一样，今后还会发生各种变化。尽管有这些变化，我这一存在却是同一的。我还是我，我是独立存在的

[①]　林崇德等：《心理学大辞典》，第 1774 页，上海，上海教育出版社，2003。

我"。其次，自我同一性意味着以社会性存在确立的自我，也就是被社会所认可的自己、所确立的自我形象。例如，"我是中国人""我是某某大学的学生"等，这种意识和自我形象，相当于自我同一性的第二个侧面。再次，自我同一性是一种"感觉"。以上的两方面不能仅局限于在头脑中理解，还必须自己能够确信、能够意识。根据埃里克森的解释，这相当于"感到身体很舒适""清楚自己在干什么"的感觉。以上的三种自我同一性的意识在自己心中确实产生的时候，我们称之为自我同一性形成或确立。[①]

埃里克森认为，能否建立和谐的同一感是青少年期所要面对的主要心理社会危机。要成功地解决"同一性"对抗"同一性混乱"的危机取决于个体是否解决了此前儿童期中的危机。没有一种健康的信任感、自主感、勤奋感，要建立一种和谐的同一感就有困难。而且，青少年解决统一性危机的方式，会影响到他或她为成年期中的危机所做努力的效果。

相关链接7-3　埃里克森的人生发展八阶段论

埃里克森认为，人的一生可以分为既是连续的、又各有独特发展课题的八个发展阶段，并提出了著名的"循序渐进的发展学说"（表7-1）。他认为，人一生的发展要遵循胚胎的渐次生成原则（Epigenetic Principle）。据此，他将人的一生从婴儿期到老年期分为八个发展阶段，每个发展阶段都有其独特的发展课题，他称之为"心理社会的危机"（Psychosocial Crisis）。但在此，"危机"有着发展的意义，它并不意味着灾祸临头，它指的是一个转折点，或者说是个体在发展过程中必须实现或完成的"发展课题"。埃里克森认为，根据发展课题的完成、危机的解决样式，个体会形成两个极端品质。接近成功的一端，就会形成积极的人格品质。这是一种有利于人格健全完善发展所必须掌握的"心理社会"的基本态度。而在发展课题上的失败会导致个体形成消极的人格品质。每个人的人格品质都处于两极之间的某一个点上。教育的作用在于帮助青少年顺利地完成发展课题，促进积极人格品质的形成。埃里克森认为，每一个发展阶段课题的解决，与前几个阶段的完成情况及后几个阶段发展的可能性有密切的关系。在这八个发展阶段中，青少年期是埃里克森聚焦的发展阶段。正是在论及青少年期的发展课题时，埃里克森提出了他的自我同一性理论。他对这一阶段的研究是他全部理论的基石，也是他最大成就之所在。

[①]　张日昇：《同一性与青年期同一性地位的研究——同一性地位的构成及其自我测定》，第430~434，第510页，载《心理科学》，2000(4)。

表 7-1　埃里克森的发展阶段及其发展课题

发展阶段(年龄)	心理 社会的危机	重要的人际关系	心理 社会品质
婴儿前期	基本的信赖对基本的不信赖	母亲或母性	希望
婴儿后期	自律性对羞耻 怀疑	双亲	意志力
幼儿期	主导性对罪恶感	基本的家族 家庭	目标 勇气
儿童期	勤奋对自卑	近邻 学校	能力
青少年期	同一性对同一性扩散	同伴或朋友集团	忠诚
成人前期	亲密对孤独	情爱、性爱、竞争、合作的对象	爱情
成人中期	繁衍对停滞	分担的劳动、共享的家庭	关心
成人后期	自我整合对绝望	"人类""我的同类"	睿智

（资料来源：张日昇，陈香：《青少年发展课题与自我同一性——自我同一性的形成及其影响因素》，第 11～18 页，载《河北大学学报》(哲学社会科学版)，2001(1)。）

（二）同一性的成分

埃里克森指出，同一性作为一个自我形象，由不同成分构成，这些成分包括：

①职业同一性：个体愿意从事的事业和工作。

②政治同一性：个体是保守的、自由主义的还是中间派。

③宗教同一性：个体的精神信仰。

④关系同一性：个体是单身、结婚还是离婚。

⑤成就和智力同一性：个体追求成功和增强智力的动机程度。

⑥性同一性：个体是异性恋、同性恋还是双性恋。

⑦文化和种族同一性：个体对于来自于世界的哪个地方或哪个国家以及个体对他的文化遗产的认同强度如何。

⑧兴趣同一性：个体喜欢做的事情，包括运动、音乐、业余爱好等。

⑨人格同一性：个体的人格特征，如内向或者外向，焦虑或者平静。

⑩身体同一性：个体的身体形象。

由此可见，个体的同一性是一个不可分的整体，它是多个方面构成的，需要从各个方面来看待。对于青少年来说，同一性的不同成分在他们身上的表现不同，发展程度也各不相同。例如，对于刚刚进入青春期的学生来说，他们身体同一性的发展是最重要和最突出的成分，而处于青春期末期的学生来说，职业同一性、关系同一性的发展将成为发展的主题。另外青春期也是个体建立民族同一性的关键时期，尽管儿童会意识到一些种族和文化的差异，但是大多数少数民族个体只是在青春期才第一次意识到自己的种族。与儿童相比，青少年有了解种族及其文化信息含义的能力，有了反省过去、遥望未来的能力。

（三）同一性的状态

同一性的状态是指在同一性发展过程中的某一时刻青少年所处的位置。在确定青少年同一性的状态上，研究者大多沿用了詹姆斯·玛西亚（James Marcia）发展出的一种方法，该方法关注的是在三个领域中的同一性探索过程——职业、意识形态（价值观和信念），以及人际关系。以个体访谈或问卷的反应为依据，可以从两个维度上对其给予评定：一是个体做出抉择的程度；二是在个体同一性过程中进行探索的程度。以这两个评价标准为依据，研究者将青少年的统一性状态分为四类（表7-2）：

表7-2 同一性的四种状态

同一性的四种状态	描 述	同一性调查的回应样本
同一性完成 （identity achievement）	已经完成选择，表现出个人明确的、自选的价值和目标。他们感到心理和谐。不论什么时候都能表现出同一性原则，知道自己要做什么。	当问及如有更好的选择，你会不会放弃现在从事的工作时，这个青年回答说："也许会，但我会犹豫。对于法律这一行我已经仔细考虑过并一直为此而努力，在这方面我很有信心。"
同一性延缓 （identity moratorium）	延迟的意思就是延期或中止。这些人还没有明确的自我定位。他们正在探索的过程中——收集资料、尝试行为，正在寻求生命的价值和方向。	问及是否对自己的宗教信仰怀疑时，这位年轻人说："是的，我想我正在寻求更好的。我没有看到上帝在哪里，也没有发现世界上有这么多的邪恶。"
同一性早闭 （identity foreclosure）	同一性拒斥的年轻人没有探索、选择地就接受了别人给自己定下的价值和目标。这个人通常是权威人物（常为父母，有时是老师、宗教领袖和爱人）。	当问及是否仔细考虑过自己的宗教信仰时，他说："没有。我们一家人都相信。"

续表

同一性的四种状态	描 述	同一性调查的回应样本
同一性扩散 （identity diffusion）	同一性扩散的人没有明确的目标。他们生活没有方向。他们也许从来就没有进行过探索和选择，或者他们还没有开始尝试就发现目标太难。	当问及年轻人对非传统性别角色的看法时，他说："噢，我不知道，这和我关系不大。我可以认为是，也可以认为不是。"

（资料来源：［美］劳拉·E·贝克：《儿童发展》，第 633 页，吴颖等译，南京，江苏教育出版社，2002。）

①同一性完成。指个体已经建立了一种和谐的同一感，也就是说，个体在经历了危机和探索阶段后做出了抉择。

②同一性延缓。个体正处于危机和探索时期。

③同一性早闭。个体已经做出了抉择，但未经历一个危机和探索时期。

④同一性扩散（混乱）。个体没有做出坚定的选择，而且目前也不试图做出这样的选择。

青少年的同一性完成一般是要经历同一性早闭和同一性扩散，再到同一性延缓，最后是同一性完成。一般认为，同一性完成和延缓是健康的同一性状态，而同一性早闭和同一性扩散属于调整困难。同一性早闭的人往往比较缺乏主见、不灵活，喜欢有组织、有秩序的生活，同一性扩散的人发展最不成熟，他们逃避思考问题，不相信自己，把成败归结于运气或命运，总保持一种"我不在乎"的态度，生活态度消极。

二、青少年期面临的危机——同一性与同一性扩散的对抗

埃里克森认为个体一生要经历的八个心理危机在所有年龄段中都会以这样或那样的形式有所表现，但是每一种危机在生命周期的某一特定阶段中会具有特殊的重要性，由生物因素和社会因素的共同作用会将某一种危机在特定阶段突显出来。

埃里克森认为，能否建立和谐的同一感（危机标志：同一性确立与同一性扩散的对抗）是青少年期所要面对的主要心理危机。

个体在寻求自我的发展中，对自我的确认和对有关自我发展的一些重大问题，诸如理想、职业、价值观、人生观等会进行一些思考和选择。在这一过程中必然要涉及个体的过去、现在和将来这一发展的时间维度。自我同一性的完成就意味着个体对自身有充分的了解，能够将自我的过去、现在和将来整合成

一个有机的整体，确立了自己的理想与价值观念，并对未来的发展作出了自己的思考。

进入青春期，青少年的身心都经历着"疾风骤雨"般的变化，这种变化迫使青少年对诸如"我是谁""我想成为什么样的人"等问题进行深入的思考。在这一时期，青少年的心智和情感能力达到一定水平，他们认真思考所有有关他们自己及社会的知识去回答那些问题，并借此做出种种尝试性的选择，最终确定下来某种抉择，他们也就获得了一种同一性，标志着这个发展阶段的危机顺利解决。

如果年轻人没有达到同一性的确立，就有可能处于同一性扩散的状态或者负面的自我同一性。个体在同一性确立的过程中，如果难以忍受这一过程的迷茫状态，或者让别人替自己决定，完全听从别人的意见，逃避矛盾，就导致个体不能正确选择或者说确定适应社会环境的角色，这类个体无法"发现自己"，也不知道自己究竟是什么样的人和想要成为什么样的人，他们没有形成清晰和牢固的自我同一性。消极的自我同一性是指个体形成与社会要求相背离的同一性，形成了父母或者社会不予承认、接纳的，甚至是反社会的同一性。例如，宗教家庭中的孩子坚持认为自己是一个坚定的无神论者，警察的儿子不断惹上法律上的麻烦，名声显赫的成功人士的子女拒绝上大学等。通常情况下，青少年选择一种负面同一性，是在难以建立能获得认同的同一性环境中，为了构建某种自我界定而进行的尝试。当青少年进行了多次尝试仍然不能得到周围重要他人的认同时，往往就可能产生这种状况。

埃里克森认为，解决同一性对抗同一性扩散的关键是青少年与他人的交往。青少年在与他人交往的过程中，会对他人特别是具有影响力的反应做出回应，他们从多种可以想到的，能成为其成人同一性一部分的元素中做出了选择。与青少年交往的人相当于一面镜子，他们向青少年回馈了关于他或她是谁以及他们应该成为谁的信息。因此，这些重要他人的反应对青少年同一性的影响有着重要的作用。

三、青少年自我同一性的构建与发展

自我同一性的形成和发展是一个持续一生的过程，它的形成不是始于青少年期，也不是止于青少年期。但是由于青少年面临生理、心理和社会角色三方面的巨大变化，从而导致青少年期成为个体一生中自我同一性的第一次形成或整合的时期，成为同一性形成最关键的阶段。玛西亚假设个体的自我同一性状态有一条发展变化的过程：随年龄的增长，处于不成熟同一性状态(同一性扩散和早闭)的数量减少，处于成熟同一性状态(同一性延缓和完成)的数量增加。

有其他研究者的相关研究也证实了玛西亚的这一假设：Meilman(1979)对12～15岁青少年的研究发现，这一年龄段96％和100％的青少年分别表现出同一性的扩散和早闭，而且随着年龄发展而下降，与此同时，同一性完成状态逐渐出现；阿彻(Archer，1982)对6、8、10、12岁青少年的同一性状态研究发现，在所有这些年龄阶段，80％的青少年表现出了同一性扩散和早闭，同一性的完成随着年龄的增长而表现出有意义的增长。阿彻(Archer)和沃特曼(Waterman，1983)的研究发现，从10年级开始，85％的青少年经历了同一性扩散和早闭；同一性状态的发展在10～12年级之间，与年龄有着显著联系，表现出扩散和早闭的下降以及同一性完成的增多。Wires、Barocas和赫莱贝克(Hollenbeck)(1994)对14.5～18.9岁的男性青少年进行研究，发现四种同一性状态在这一年龄阶段都已经存在，而且以扩散为主，同时，随着年龄增长，扩散降低而完成增加。[①]

按照玛西亚的观点，青少年自我的构建与发展经历了早期"解构"、中期"重构"和后期"巩固"三个阶段，分别对应青春期的早期、中期和晚期的同一性的发展变化。作为青少年阶段的中心发展主题，自我同一性完成的好坏对个体一生的发展将产生深远影响。因此，了解把握青少年自我同一性三个阶段的发展变化轨迹及原因对于教育工作者而言至关重要。

(一)青少年早期的自我同一性"毁灭"

青少年早期正好应对青春期身体发育期的开始阶段。因此，早期青少年能深刻体验到成长带来的生理上的变化、思维方式的变化、人际关系的变化等。这些剧烈变化引发了早期的青少年对同一性问题的重新思考，其主要表现是重新考虑童年期的价值观和身份，一些研究者常常把这一阶段描述为同一性建构的"毁灭性阶段"。这种情形的出现主要是因为早期青少年生理、心理的变化以及社会环境影响。

1. 强烈而迅猛的生理变化

青少年早期，由于个体的身高、体重迅速变化，第二性征开始出现，这些变化对早期青少年原有的同一性造成极大的冲击。按照克罗格(Kroger)的研究，把新的身体形象融合到自己的同一感中是青春期早期儿童的一个重要任务。有研究发现，在这一整合过程中存在明显的性别差异。由于男性看到了自身体型和力量增长所带来的优势，因此男性对于身体变化的感知比较积极，而女性看到的是身体脂肪的增加、体重的增长，因此女生对身体变化的感知相对

① 安秋玲：《青少年自我同一性发展研究》，第895～899页，载《心理科学》，2007(4)。

消极。从这个意义上说，早熟的男性和晚熟的女性具有积极的自我感受，较容易形成新的同一性。

2. 摆脱成人束缚，寻求同伴群体归属的心理需求

青春期早期儿童在身体上的变化导致他们在心理上产生"不再是孩子"的心理感受，即"成人感"。他们开始力求摆脱成人对他们的控制，发展出自己的兴趣、需要、态度等，在摆脱对成人的心理依赖的同时，寻求同伴，并将自己归属于某个同伴群体。所以早期青少年重要的同一性问题就是是否为同伴群体所喜欢和接受。青少年早期这种从父母的标准向同伴支持的变化，被认为是通向自我同一性完成状态的中间过渡。

3. 社会给予青少年的界定

当代社会对儿童、青少年或者成人没有进行明确的描述。玛西亚认为，这种缺乏明确的社会标志的状态能够促进青少年同一性的发展。缺乏明确的社会仪式，可以保证早期青少年对自我同一性的充分探索。皮亚杰也认为，儿童学习环境的某种程度上的无结构性、模糊性、冲突性等特征能够为早期青少年提供充分的探索性经验。所以，应该提供给早期青少年必要的时间和空间，让他们对"我是谁""我将到哪里去"等问题进行充分的探索。

(二)青少年中期的同一性重构

青少年中期是指 15～18 岁这一阶段，此时的青少年经历了剧烈的生理和认知变化后，其主要任务在于巩固和调节这些变化，以整合到不断完善的同一性中。玛西亚(Marcia)认为，如果说个体在青春期早期经历了同一性的毁灭阶段，那么在中期则开始重建同一性。这种同一性的重构可以从生理、心理和社会三者及其相互作用来说明。

1. 青少年对生理变化的接受和初步认知

这一时期青少年生理变化上得以巩固，身体肌肉的协调、力量和耐性的进一步发展也被青少年所认识，这些因素对青少年中期自我同一性的构建与发展产生影响。这一阶段的很多男性认识到了自己身体的变化并持积极的态度对待这种变化，但是他们对自己身体还没有获得完整的同一性，容易过分夸大这种力量和耐性，从而做出一些不计后果的危险行为。而女性则对自我身体的变化由开始的不接受、不习惯到习惯，并愿意在行为上做出一些改变，如做出节食等行为。此时，青少年开始重建自我同一性，但是还处在不够完善和巩固的时期。按照埃里克森的研究，正是因为对生理变化的接受，青少年中期自我同一性的一个重要任务是形成性别同一性。虽然幼儿期的个体已经建立了性别同一性，但是，清楚地定义自己是男性还是女性，并且把性别同一性整合到个体的

同一感中却是主要在该阶段完成的。

2. 认知能力尤其是抽象思维能力的提高

青少年中期的个体已经发展了较高水平的认知能力，思维深入、灵活、具有逻辑性，并且具备了抽象思维和命题假设推理，这些认知能力使得他们能够对未来的各种可能性选择进行想象，并做出分析。青少年这种认知能力的发展使得同一性的发展与形成成为可能。

3. 社会文化为青少年提供了一些一般性的架构

对于处于青春期中期的个体来说，对价值观、道德以及生活的意义等更为广泛的问题的考虑意味着他们已经开始踏入成人社会，这些问题的思考对于他们建构同一性起着非常重要的作用。同时，一些社会机构为同一性的塑造提供了普遍意义上的架构，为同一性的形成提供了某种延缓期。

（三）青少年晚期的同一性巩固

青少年晚期指 18～22 岁这一年龄阶段，这一时期个体一方面要对童年期形成的重要自我同一性进行筛选，并把它们整合到新的同一性结构和自我系统之中；另一方面他们也在积极寻找有意义地表达自己以及被社会所认可的方式。按照埃里克森和玛西亚的观点，该时期个体最有可能实现同一性，称为同一性的巩固时期。对这一时期的理解同样需要从生理、心理以及社会因素三者及其相互作用出发。

1. 青少年对自我生理特征及能力有了清晰的把握

在青少年晚期，个体的生理发育已基本成熟，生长速度显著下降，自我的生理感觉已经稳定。在该阶段，个体对自己的生理特征及其优势和劣势具有非常清晰的认识，也意识到了哪些可以发生变化，哪些需要理所当然地接受，这种状况对青少年同一性发展具有重要意义。

2. 认知能力的进一步提高以及第二次个体分离的出现

青少年晚期的个体认知能力进一步发展，抽象思维以及思维的独立性更加突出，这促使了个体对价值观和社会角色的更深层次的思考。另一方面，个体的心理发展出现了"第二次分离"现象。个体的第一次分离产生于生命的前三年，主要任务是区分自我与他人，产生最初的自我独立感。第二次分离出现在青少年期，青少年晚期的第二次分离过程导致个体自我产生了更加自主的感觉，促使了个体与他人新型关系的发展，同时也导致个体独立评价、决断和承担责任的能力的提高。

3. 社会要求对同一性形成的促进

社会已经准备开始接受他们作为自身的初级成员。对个体而言，不同社会条件具有不同的要求。所以，个体根据那些能够帮助他们适应社会的信息修正他们的自我同一性，使自我同一性更加适应社会。

相关链接 7-4　自我同一性研究的新模型——双环模型

1. 自我同一性双环模型的理论来源

自我同一性双环模型来源于马西娅（Marcia）的同一性状态模型和 Grotevant 等人的同一性过程模型。Marcia（1966，1993）认为，同一性是个人的内在结构和主观体验，不能被他人直接观察到，要想进行实证研究，就得从行为层面出发。于是，他将自我同一性定义为是由探索和承诺两个维度组成的结构。探索指个体努力寻求适合自己的目标、价值观和理想等的过程。承诺指个体为认识自己、实现自我，而对特定的目标、价值观和理想做出的精力、毅力和时间等方面的个人投资和自我牺牲。青少年经过探索和承诺，就可以建立自我同一性。根据个人探索和承诺的程度不同，自我同一性又可分为以下四种状态：同一性达成（identity achievement）、同一性早闭（identity foreclosure）、同一性延缓（identity moratorium）、同一性混淆（identity diffusion）。

Marcia 的研究清晰地将自我同一性发展的结果区分为四种状态，启发了大量的有关同一性状态的研究。但同时也面临着很多批评，其中最重要的批评意见是，状态模型只关注同一性发展的结果，缺乏对同一性发展过程的探讨。针对这种批评，不少研究者对 Marcia 状态模型的维度、过程及影响因素进行了更细致的分析。

Grotevant（1987）指出，探索的构成成分、探索的前因变量以及探索过程本身才是决定青少年自我同一性状态的关键，所以，同一性研究的重点应该探讨这些问题。他认为能力（abilities）和取向（orientations）是探索过程的两个独立成分，能力指探索过程中涉及的一系列技能，包括批判性思考能力、问题解决能力、观点采择能力等。取向指态度因素（比如刻板和拖延），当个体面对探索过程中的不确定性和压力时，取向会影响其继续投入探索过程的意愿。

Grotevant 提出探索过程有五个前因变量：①寻求信息的倾向（information —seeking tendancy）；②生活中是否存在竞争力量（the presence or absence of competing forces in one's life）；③对当前同一性状态是否满意（satisfaction or dissatisfaction with one's current identity）；④对探索过程的期待（expectations for the exploration process）；⑤探索的意愿（willingness to explore）。研究者认为，只有综合考虑这些前因变量，才能预测个体现有的自我同一性状况。而且，探索过程开始后，这些变量还会不断地起指导和影响作用，甚至可能中止探索过程。因为在初步的探索之后，个体会评估和反思探索过程，决定是否需要继续将探索进行下去。也就是说，情境的变化、个人的成长、个人对探索过程的意识等都随时调节着自我同一性的发展。

Grotevant 还明确指出，应该讨论探索过程的深度和广度。探索的广度涉及对多个同一性选择进行评价，探索的深度则涉及使用不同的方法来评估某一个特定的同一性选择(Grotevant & Cooper，1985)。由于 Grotevant 首次提出了研究同一性形成过程的观点，所以，他的理论被称为同一性过程模型。

最后，Meeus 等人(Meeus，1996；Meeus，Iedema & Maassen，2002)综合了前人研究，进一步将探索与承诺的程度联系在一起，认为探索的功能不仅仅是促进承诺的形成，更重要的是激发个体积极主动地获取现有承诺的信息，以便做出保持之或放弃之的决定。即个体探索的不仅仅是做出哪一种同一性选择，更重要的是，所做出的选择是否真正适合自己。

综上所述，Grotevant，Waterman 和 Meeus 等人将探索和承诺作为具体的过程来研究，认为这两个过程有各自的影响因子，而且认为自我同一性的形成要经过多次重复，直到达成一个稳定的承诺。也就是说，自我同一性的形成并非仅仅是通过广泛选择完成一个承诺，它其实是对承诺的反复考察验证，并逐渐增强对某个承诺的认同程度的过程。

Luyckx 等人提出，除了广度探索和深度探索之外，可能还存在探索的第三个成分，该成分以不断试图做出承诺和认同承诺，但同时又一直无法达成该目标为标志，因而会使个体重复的和持续的关注目标，不断意识到自己的理想状态和现实状态之间的巨大差异，由此带来巨大的不确定感和无能感，因此导致了压力和抑郁状态。Luyckx 等人将其命名为沉浸探索(ruminative exploration)。沉浸探索的存在得到了实证研究支持，研究发现，持续地试图解决自我同一性问题的心理努力，容易导致青少年产生不确定感和无能感，使个体感到抑郁，并降低其心理健康水平(Luyckx，et al.，2008a)。

于是，Luyckx 等人以 Marcia 的状态模型为基础，根据 Grotevant 的过程模型扩充了探索过程，根据 Meeus 和 Waterman 的研究扩充了承诺过程，并根据自我关注领域的研究结果区分出沉浸探索，提出了自我同一性的双环模型。

2. 自我同一性双环模型的基本内容

①双环模型认为自我同一性是由彼此独立但又高度相关的五个维度组成的结构(Luyckx，Goossens，Soenens，Beyers & Vansteenkiste，2005；Luyckx，Goossens，Soenens & Beyers，2006；Luyckx，et al.，2008a)。五个维度分别是：广度探索(exploration in breadth)，深度探索(exploration in depth)，沉浸探索(ruminative exploration)，做出承诺(commitment making) 和认同承诺(identification with commitment)。广度探索指青少年根据自身的目标、价值和信念，在做出承诺之前寻找并初步评估不同的选择；深度探索指青少年对于已经做出的选择进行深入的评估，去探知其与个人的内心标准是否吻合；沉浸探索指有些青少年由于对自身的同一性问题难以给出满意的回答，因此迟迟不能做出选择，由此带来一些适应不良的症状；做出承诺表示青少年对于重要的同一性问题做出选择的程度；认同承诺指青少年对所做出的承诺的确定程度和内化程度。

Luyckx 等人（2005）曾使用自我同一性过程问卷（Ego Identity Process Questionnaire，EIPQ，Balistreri，Busch-Rossnagel，& Geisinger，1995）测量广度探索和做出承诺，使用 Utrecht-Groningen 的同一性发展量表（Utrecht-Groningen Identity Development Scale，U-GID，Meeus & Dekovic，1995）测量深度探索和认同承诺；采用验证性因子分析和结构方程模型对测量结果进行分析，证实含有四个维度（广度探索，深度探索，做出承诺，认同承诺）的自我同一性模型优于传统的两维度（探索和承诺）模型，四维度模型比两维度模型具有更高的内部结构效度和外部结构效度。之后，研究者以双环模型为理论依据，参考了目前使用最广的同一性问卷 EIPQ，U-GID 和个人表达性活动问卷（Personally Expressive Activities Questionnaire，PEAQ；Waterman，1993），编制了五个维度的自我同一性维度量表（Dimensions of Identity Development Scale，DIDS）。使用该问卷测量自我同一性的实证研究（Luyckx, et al. m2008a）表明，五维度的模型优于四维度模型及两维度模型，具有较优的内部结构效度和外部结构效度，而且，沉浸探索是独立于广度探索和深度探索的维度，沉浸探索对于较高水平的压力和抑郁症状以及较低的自尊水平都有预测作用，广度探索和深度探索则与这些变量没有显著关联。上述研究证明了双环模型的五维度划分是必要且正确的。

②双环模型的理论认为五个维度构成了相互影响的两个环路，同一性形成的过程是这两个环路交织进行的过程（见图 7-2）。第一个环路是"承诺形成环"，由广度探索和做出承诺组成，代表着承诺的初步形成。这时的探索和承诺只意味着在众多的自我同一性选择中做出决定，而不考虑个体对该选择的认同程度。第二个环是"承诺评价环"，由深度探索和认同承诺组成，强调个体通过对某一自我同一性选择的反复探索，衡量其与自身的契合程度，最后强烈地认同自己的选择。经过承诺评价环，自我同一性的发展可能会有不同的走向，有些青少年经过深度探索之后，可能对某个承诺的认同程度很高，于是达成了自我同一性，完成了青春期和成年早期的发展任务；但也有一些青少年在经历深度探索之后，因为没有对承诺形成高度的认同，而重新返回到承诺形成环，即重新寻找和考虑其他可能的选择与承诺。还有一些青少年，在探索同一性目标时

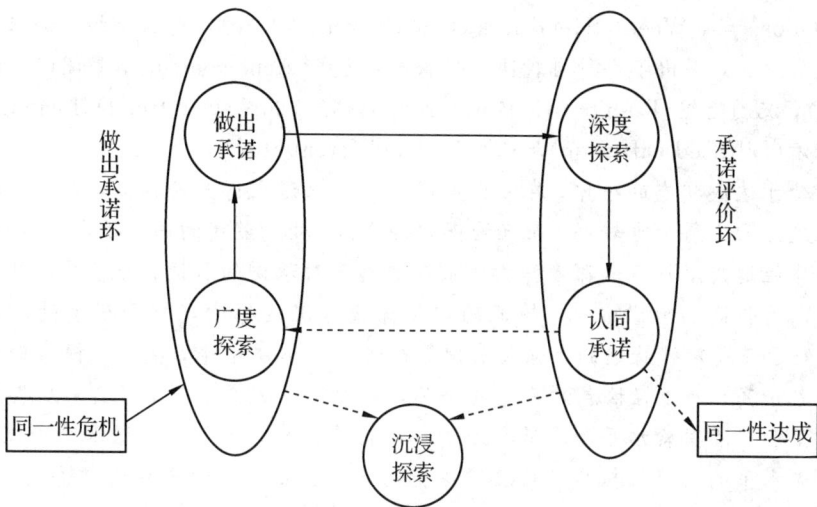

图 7-2　双环模型。图中实线表示实际的影响路径，虚线表示可能的路径

总是感觉到自我与现实之间的差距，他们不断试图解决自我同一性问题，又总是感到无能为力，这种心理努力以及伴随而来的无力感使他们承受着抑郁和压力。所以，他们在探索过程中迟迟难以达到对承诺的认同，随即进入到沉浸探索中。承诺形成环和承诺评价环在自我同一性形成的动态交互过程中紧密地相互作用，多次重复，最后才达到较稳定的状态。

③在五个维度的关系上，双环模型中的五个维度之间虽然相互独立，但却存在固定的相关模式。在承诺形成环中，广度探索与做出承诺负相关，意味着个体进行的选择越多，就越难做出基本的承诺；在承诺评价环中，深度探索与认同承诺正相关，就是说，越是积极地去探索某个同一性选择，就越容易达到对它的认同；在双环之间，广度探索和深度探索具有正相关关系，都代表着积极主动地搜集与自我相关的信息，并反复评价各种选择；做出承诺和认同承诺正相关，个体在广度探索的基础上做出选择，才有可能进一步对所做的选择进行深度探索并达到认同，即做出承诺是深度探索的基础。Luyckx 等人(Luyckx, et al., 2006a，2008a，2008b)在对双环模型的研究中多次验证了这种相关模式，并发现其在不同的被试群体和不同的年龄阶段都具有稳定性。

④通过使用聚类分析，研究者根据双环模型中五维度水平区分出六种同一性状态。自 Marcia 以来，自我同一性的研究者就认为特定的同一性状态对应着一系列适应与适应不良症状，暗示着个体在某一时期的自我同一性发展水平。但是，Marcia 的状态模型是理论驱动的结果，而 Luyckx 等人采用数据驱动的方式，通过实证研究(Luyckx, et al., 2008a；Luyckx, Krenke, Schwartz，Goossens，Weets，Hendrieckx，& Groven，2008c)，对五个维度的数据进行聚类分析，得出了六种自我同一性状态：达成(Achievement)，早闭(Foreclosure)，沉浸延缓(Ruminative Moratorium)，轻松混淆(Carefree Diffusion)，扩散混淆(Diffused Diffusion)和未分化(Undifferentiated)。

处于达成状态的个体，在做出承诺和认同承诺上得分都很高，在广度探索和深度探索上得分也较高，而沉浸探索得分低，处于最优的同一性发展水平上。即个体经过广度探索和深度探索，最后达到了对承诺的认同；处于早闭状态的个体，有较高的承诺水平，较低的广度探索和沉浸探索，中等程度的深度探索；处于沉浸延缓状态的个体，有中等或较低的承诺水平，在三个探索维度上水平都很高；处于轻松混淆状态的个体，有中等或较低水平的承诺，反思性探索水平和沉浸探索水平都较低；处于扩散混淆状态的个体，承诺水平很低，但有中等水平的反思性探索，且沉浸探索的水平很高；处于未分化状态的个体，在所有维度上得分都中等或偏低。

上述不同的同一性状态对应于不同的适应水平，相对而言，处于达成状态和早闭状态的个体适应较好，具有较高的自尊，较低的抑郁和焦虑症状，并且应对疾病的策略和行为也更好(Luyckx, et al., 2008a；Luyckx, Schwartz, Goossens, Soenens & Beyers, 2008b；Luyckx, et al., 2008c)。

这六种自我同一性状态和Marcia划分的四种状态也有相似和对应之处。同一性达成和早闭与Marcia模型中的同一性达成和早闭的含义较相似；但双环模型又从同一性混淆中区分出了两种状态——轻松混淆和扩散混淆。处于轻松混淆的青少年不会因为目前没有获得自我同一性而感到困扰，他们并不急于探索自我同一性的问题，能够享受没有做出承诺的状态。处于扩散混淆的个体同样没有稳定的承诺，广度探索和深度探索的水平也都很低，但与处于轻松混淆状态的个体不同的是他们会因为不知道自己要什么而感到焦虑，因而沉浸探索水平很高。与Marcia模型中的同一性延缓相比，双环模型凸显了延缓期的适应不良性质。处于沉浸延缓状态的个体经历着一定程度的广度探索和深度探索，却没有达成稳定的承诺，因而沉浸探索水平较高，所以，他们的焦虑水平、不确定性和无力感也就较高。最后，双环模型还指出，有一类个体处于未分化状态，他们在所有维度上的水平都接近中值，似乎是抱着等等看的心态，他们没有做出承诺，但在某种程度上又选择了避免早闭，在一些适应性指标上，未分化状态个体的自我同一性与达成者和延缓者的得分是一样高的。

(资料来源：徐薇，寇彧：《自我同一性研究的新模型——双环模型》，第725~733页，载《心理科学进展》，2010(5)。)

【复习与思考】

1.关键概念：自我意识　自尊　自我概念　自我同一性

2.从不同的角度对自我意识进行划分，可以将自我意识分为哪些成分？

3.自我意识的发展经历了哪三个阶段？

4.青少年自我意识的特征是什么？

5.自我同一性的状态是什么？

6.简述青少年自我同一性的构建与发展历程。

【拓展学习】

1.亲身体验，描述你自己。

在一张纸上，列出至少10个可以描述你是哪种人的形容词或短语。

2.怎样帮助青少年完成自我同一性？

同一性本质上就是个体的心理变化，因此个体的体验非常重要，但作为教育者同样可以有所作为，最重要的是创造一种教育氛围，让学生体会自我、思考自我。

(1)注意期望过高给青少年带来的心理问题。在同一性的连续性感受方面，父母期望过高会给孩子带来心理压力，使孩子感觉"我无论如何也无法成为他们所期望的人"，这在客观上是被剥夺了确立自我同一性的可能。埃里克森指出，如果一个儿童感到他所在的环境剥夺了他在未来发展中获得同一性的可能，这个儿童就会以令人吃惊的方式抵抗社会环境。教师和家长的不当期望也妨碍个体同一性的完成，即期望不符合孩子成长的要求或他自己的发展愿望。如强迫孩子学钢琴，学绘画，而孩子感到"我不愿意，我不想，这样很痛苦……"，以至对未来失掉梦想，或不再期待未来，这也可能是个体形成消极自我同一性选择的因素。

(2)教会学生应对不同角色要求的处理技巧。否则，用作为儿子或女儿的角色经验来面对老师，会对老师有太高的要求；而用作为朋友的角色经验来面对老师，也会缺少对教师的尊重。所以，通过角色处理技巧和能力的教育，可以保持学生对自我的整合，避免矛盾情感的产生，而不是处在不断的角色混乱和分裂中。

3.培养个体的归属感。自我同一性中社会性确立的另一个侧面是"一体感"或"归属感"，如果青少年在家庭、学校集体中找不到这种归属感，就会向校外寻找，结果很容易被流氓小团伙拉下水，从而选择消极同一性。

第八章 青少年社会性

【本章重点】

- 社会性的内涵
- 社会性发展的内涵
- 青少年人际关系的发展特点
- 性别角色及性别角色的发展
- 青少年性别角色发展的特点
- 青少年社会性发展的培养

个体心理的发展包括认知发展、情意发展、自我个性发展以及社会性发展等几大领域，本书前面几章着重介绍了青少年在认知发展、情意发展、自我意识及个性发展等方面的特点，这一章将论述青少年的社会性发展。

第一节 人的社会性及其发展概述

要理解"社会性发展"以及青少年社会性发展的特征，首先需要理解何谓"社会性"。

一、社会性的内涵与特征

(一)社会性的内涵

"社会性"(sociality)，广义地指由人的社会存在所获得的一切特性；狭义地指个体与社会系统的相互作用以及在这个作用过程中对社会事物的认识和适应过程及其结果。[①]

理解"社会性"的内涵，可以把握以下几个要点：第一，个体与社会的相互作用主要指人际关系(如个体与父母、朋友、同学、教师以及其他重要他人的关系)，这既是社会性的内容，也是社会性发展的背景；第二，社会性在过程

---

① 俞国良等：《社会性发展心理学》，第3页，合肥，安徽教育出版社，2004。

层面体现为社会认知过程和人际互动过程，这些过程的结果包括与社会认知有关的知识、特质、情感、行为，它们既是社会认知和人际互动的结果，又是其条件。

个体的社会性可以分为两类：第一，由出生时所处的既定历史条件和社会关系所获得的先赋社会性；第二，通过自身活动继承、学习、创造而获得的特性（又称后成社会性）。①

我们可以将"社会性"通俗地理解为与个体生活于其中的社会现象（如道德规范、交往规则）和社会关系（如亲子关系、同伴关系）等相关联的心理品质。在个体毕生发展过程中，所有这些层面的发展规律和年龄特征就是社会性发展心理学研究的对象。

（二）社会性的特征

所谓"人的社会性"，主要指作为社会成员的个体为了自我发展和适应社会生活所应具备和表现出来的包括个性、情感、思维、知识、技能、行为能力等方面的综合社会特征。它具备以下特点：

1."社会性"相对于"动物性"而言

动物性是物种本能的表露，一般是低级的、与生俱来的，不会随个体的成长而转化；社会性则摆脱原始本能的控制，表现出独特的人类理智和社会组织功能。

2."社会性"不同于人的"自然性"

"社会性"也与人的"自然性"（如身体构造、运动机能）不同。"社会性"与个体对社会事物的认识（如道德判断）相关联，而与对自然事物的认识（如空间知觉、记忆容量）无关；与个体认识和适应社会时所应具有的内在特质、知识、能力相关联，但并非社会现实本身。

3."社会性"相对于"个性"而言

"个性"是个体区别于他人心理和行为的独特性，体现着作为社会成员的独特价值。心理学将人的个性看作一个人的基本精神面貌，即表现在一个人身上的、经常的、稳定的、本质的心理综合特征。每个人的个性都是独特的，具有个别性，是个人的行为方式。"社会性"则是个体通过社会化过程获得的为其他社会成员所认可的心理和行为特点。个体的社会性主要包括：第一，人际关系。人际关系是个体与父母、朋友、同学、教师以及其他重要他人的关系，这既是社会性发展的内容，也是社会性发展的背景。第二，社会认知、情意与行

_____

① 朱智贤：《心理学大词典》，第 576 页，北京，北京师范大学出版社，1989。

为。比如，认知层面的性别角色认知、道德判断与价值观等，情意层面的成就动机、社交焦虑、孤独、主观幸福感等，以及行为层面的道德行为（亲社会行为）与反社会行为等，它们是伴随人际互动而产生的认知、情绪、情感、意志与行为。

4."社会性"指向作为社会成员的个体所习惯的文化属性

这种文化属性带有民族和区域环境的鲜明特征，亦即社会性因群体文化形态和不同的社会取向而异。社会性是注重人们在社会组织中符合社会规范和传统习俗的共性的行为方式，如对传统价值观的接受、对伦理道德的遵从、对社会组织中各种社会关系的应付等，具有一定程度的文化共性。

5."社会性"不同于"社会化"

个体的社会性发生在个体与他人、个体与社会的相互作用中，虽然会不同程度地受到遗传因素的影响，但不能通过遗传等方式直接传递。社会化即是对个体施加社会影响以使其具备社会性的过程。社会性是个体能动地进行社会认知、社会判断的内化品质。

当然，个体经历了从"自然人"成长为"社会人"（即"成为"社会成员）的社会化过程，其结果不仅获得"社会性"，也获得其独特性即"个性"。从这个意义上说，二者是个性与共性、特殊与一般的关系，在人的毕生发展中，"个性"与"社会性"一直处于发展变化之中，而且相互交织、互为补充、缺一不可。人的毕生发展过程也就是个体"成为"社会成员与"成为"自己的过程。作为社会成员，如果没有共性就无法在社会中生存和发展，没有个性就没有存在的价值。

二、社会性发展的内涵与特征

人的社会性品质并不是与生俱来、天生注定的，各种社会性品质都会随着年龄的增长、社会生活经历和体验的丰富等而发生、发展和变化。

（一）社会性发展的内涵

在个体毕生发展过程中，个体在与他人关系中表现出来的观念、情感、态度和行为等随着年龄而发生的变化，即"社会性发展"。社会性发展是指个体在生物遗传的基础上，通过与社会环境的相互作用，掌握社会行为规范、价值观念、社会行为技能，适应社会生活，成为一个独立的社会人的过程，包括兴趣、动机、价值观、情感、自我、性格等的发展。[1]

探究个体社会性发展规律及年龄特征，已经成为"社会性发展心理学"（发

---

[1] 林崇德：《发展心理学》，第 5 页，杭州，浙江教育出版社，2002。

展心理学的又一门分支学科）的研究任务。[1]

（二）社会性发展的特征

和认知发展、自我个性发展一样，社会性发展也表现出一些独特的性征。

1."社会性发展"是一个多维度的概念

社会性发展的领域很广，几乎涵盖了所有除一般认知以外的内容，石绍华在《中国儿童社会性发展文献数据库（CCSD）的建立》一文中对儿童的社会性发展进行了较为详细的划分，具体分为社会认知、社会情感、社会行为、自我和社会性发生机制五个方面。社会认知中包括了人生观、价值观、道德观、归因、理想、抱负水平和性别角色；社会情感包括了道德情感、依恋、亲子关系、兴趣爱好和同伴关系；社会行为包括了遵守规则行为、向社会和反社会行为、侵犯和攻击行为、独立性和依赖性、分享行为以及社会技能；自我包括自我意识和自控能力[2]。但事实上，心理学界对社会性发展的领域迄今为止也没有完全一致的认定。有学者将依恋、害怕、高级情感、个性、自我意识、道德品质、性别差异、家庭关系、同伴关系等具体领域都纳入在社会性发展中；有学者在有关儿童社会性发展的专著中探讨了儿童的依恋、社会认知、道德与亲社会行为、攻击、性别差异与性别角色以及儿童自我系统的发展等；也有学者认为社会性发展包括兴趣、动机、情感、价值观、自我意识、能力、性格等；还有学者专门探讨的是情绪发展与气质、亲密关系的建立、自我与社会认知的发展、成就、性别差异与性别角色及性、攻击性和反社会行为、利他与道德发展、家庭以及家庭之外（包括电视、电脑、学校教育和同伴）的社会化影响等主题。[3]

一个人在其成长历程中，只有不断经历适宜的社会化过程，才能逐步掌握其所处社会的价值观念、行为规范、道德准则、人际关系等，成为一名合格的社会成员。所以，从社会化的角度，有学者认为"社会化的过程，也就是社会性发展的过程，它既是个体获得其独特性的过程，也是个体获得共性的过程。个性是每个人有别于他人的独特性，体现着作为社会成员的独特价值；而社会性是社会成员应该具有的一般的特征，是维系社会关系的基础。作为社会成

① 俞国良等：《社会性发展心理学》，第9页，合肥，安徽教育出版社，2004。

② 石绍华：《中国儿童社会性发展文献数据库（CCSD）的建立》，载《心理发展与教育》，1994(4)。

③ 李丹：《儿童发展心理学》，上海，华东师范大学出版社，1987；张文新：《儿童社会性发展》，北京，北京师范大学出版社，1999；林崇德：《发展心理学》（第二版），北京，人民教育出版社，2009；[美]戴维·谢弗：《社会性与人格发展》，陈会昌等译，北京，人民邮电出版社，2012。

员，如果没有共性就无法在社会中生存和发展，没有个性就没有存在的价值"①。

无论个性、人格是否放在"社会性"的范畴里做广义理解，对每个人而言，在从摇篮到坟墓的生命历程中，个性与社会性一直处于发展变化之中。出生时，主要是一个生物学个体，随着年龄的增长逐渐发展成社会性的个体，同时个性也越来越明显。而且，在不同的人生阶段，个体社会性发展的主题亦不同。青少年儿童社会性发展的主题有：社会认知及不同领域社会认知的发展，自我意识、自我概念及自我同一性的发展，道德发展，性别角色发展，亲社会行为与攻击行为的发展，以及依恋和同伴关系的发展等。

2."社会性发展"不同于"认知发展"

个体社会性发展与认知发展的功能截然不同。认知发展表现为个体对客观事物认识、辨别、分析的模式、策略的心理能量的增强，直接影响个体思维与学习水平，是个体从事认识活动的能力体现。个体社会性发展的功能在于：第一，促进个体的社会化，包括一个人建立和维持与他人的关系，根据社会规则和标准调整自身的行为，逐步成为社会所接纳的成员，这是一种整合功能，保证将个体作为一个适当的参与者整合到社会中；第二，促成个体实现自己的"个别化"，亦即社会意义下的个性发展。个别性包括个人自我意识的发展和在社会允许的范围内形成个人的社交天地。这需要理解个人独有的特征并把这些特征与人际关系的要求协调一致，确定个人在社会生活中的独特方向，在社会网络中发现自己独特的天性、需要和精神所能适应的位置，适应所要求的职业角色、性别角色和家庭角色等。这种过程也可以看作社会性发展的分化功能。社会性发展的这两种功能对于个人适应生活而言都是必需的，借助整合功能，个人维持与他人和社会的联系，这种功能的不完善将导致人际冲突、社会孤独感甚至社会犯罪，也将引发个人在认知技能和情感上的欠缺。通过分化功能，个人获得社会定位和角色控制的成就感，分化失败则可能导致个人的失望、麻木和社会混乱。

当然，社会性与认知功能的区分也是相对的，任何一种认知活动都是在特定的社会环境中发生，通过特定的社会角色实现，甚至带有一定的社会倾向；而任何一个个体的社会性发展都需要相应的认知发展作为基础。

三、社会性发展迟滞的内涵与特征

个体的心理发展总是遵循一定的进程，有一定的方向性，表现为从混沌未

---

① 俞国良等：《社会性发展心理学》，第4页，合肥，安徽教育出版社，2004。

分化向分化、专门化演变，从不随意、被动向随意、主动演变，从认识客观事物的外部特点向认识客观事物的内在本质演变，从不稳定向稳定演变。[1] 在每一个发展时期，都有一个发展的相对适宜水平，表现出一定的年龄特征。如果个体在一定的发展时期没有达到该时期的大多数人所具备的一般心理发展水平，则存在发展迟滞。发展迟滞包括认知发展迟滞和社会性发展迟滞。

（一）社会性发展迟滞的内涵

心理发展是一个整体，一般认为：个体的认知发展是其社会性发展的基础，社会性发展会促进认知发展，二者密切相关、相互影响、相互联系。但是，心理发展又是各个心理领域的发展，发展中既有一致性，又存在着不平衡性。因此，心理发展迟滞既可能是全面的发展迟滞，即认知和社会性发展双重迟滞，如精神发育迟滞；也可能是部分方面发展迟滞，如认知发展正常但社会性发展迟滞。

从这一角度看，社会性发展迟滞可以从广义和狭义两个方面来理解：在广义上，凡是所有在社会性发展方面低于相应年龄的平均发展水平的，都可以称为社会性发展迟滞，包括认知和社会性发展双重迟滞以及单一社会性发展迟滞的状况。狭义的社会性发展迟滞指单一社会性发展迟滞，即个体的智力水平正常而仅在社会性发展方面处于较低水平。[2]

（二）社会性发展迟滞的特征

社会性发展迟滞主要表现出以下几方面特征：

1. 社会性发展迟滞包含多个维度

例如：社会认知发展迟滞、社会情感发展迟滞、自我发展迟滞、社会行为发展迟滞等。

2. 社会性发展迟滞具有动态性

社会性发展迟滞的动态性可以从两方面来理解：①社会性发展迟滞的状态不是静止不变的。它代表个体在某一特定时期社会性发展的低下水平，而这种水平可能会随着时间推移、环境变迁、个体经验变化等（如培养、训练）而发生改变。因此，某一时期被界定为"社会性发展迟滞"的个体不一定永远是发展迟滞的。②社会性发展迟滞的鉴定标准是动态的。个体发展要受到历史阶段的影响，社会性发展水平的评定标准不能脱离特定时期的特定文化。随着时代的变

---

① 连榕等：《发展与教育心理学》，第15页，福州，福建教育出版社，2007。

② 刘建榕，连榕：《社会性发展迟滞：一个亟待关注的领域》，载《福建师范大学学报》（哲学社会科学版），2012(3)。

迁和文化的改变，社会性发展迟滞的鉴定标准也发生相应的变化。

3. 社会性发展迟滞具有年龄特异性

衡量个体社会性发展水平不能单以其行为表现为标准，首先必须考虑发展的年龄阶段，即个体的社会性表现必须与其年龄相称，若其社会性特点表现出低于该年龄阶段的状况则为迟滞。同样的社会行为在不同年龄阶段，其反映的社会性发展效果不同。例如，2 岁儿童在与同伴游戏中自顾自地玩耍，对周围同伴的态度、言语、行为等不予理睬，表现出强烈的自我中心，这是正常的发展状态；而一名 18 岁的青年在与同龄人交往时也自顾自地活动，毫不顾及周围同伴的反应，单纯从自己的角度出发看问题，这种表现就与其年龄不相称，表现出一定程度的社会性发展迟滞。

4. 社会性发展迟滞具有文化特异性

个体生活在特定的社会文化之下，特定的社会文化对生活于其中的每一年龄段的个体都提出不同的要求，这种要求是社会文化通过家庭教育或学校教育进行传递的，对个体的行为有着社会文化约定俗成的标准。因此，社会性发展迟滞的鉴别标准也要根据特定社会文化的要求而定，如果个体的表现违背社会规范或价值观念，就会被看成社会性发展缺陷或发展不足。

5. 社会性发展迟滞具有层次性

社会性发展迟滞代表个体在某一时期社会性发展水平低于该年龄阶段的一般发展水平，这种低下有程度上的差异，可以根据个体具体的社会性表现水平偏离正常、一般发展水平的程度，将其划分为轻度迟滞、中度迟滞、重度迟滞等层次。

第二节　青少年社会认知与人际关系发展

"社会性发展"是一个多维度的概念，涉及众多方面，本节介绍青少年的社会认知及人际关系发展特点，第三节介绍青少年的性别角色发展特点。

一、社会认知发展的年龄特征

认知是人类个体对世界的认识过程，认识的对象包括物理世界、社会世界和精神世界三大部分。社会认知是个体对自己和他人以及各种社会现象的认知，这种认知可以理解为社会信息加工过程，个体的社会知识结构和认知结构影响此过程并在此过程中不断发展。①

人通过社会认知来了解自己和他人以及人际关系、文化习俗、社会制度等，社会认知包含的内容也相当广泛，比如印象形成、社会性概念的理解、社会规则认知等。

(一)印象形成的发展特点

印象形成本质上是对人际知觉的结果，反映了个体对他人的认识。从婴儿期，儿童就能够收集信息用以对周围的人进行分类。研究发现②，3 个月的婴儿就能够在众多妇女的照片中唯独对母亲的照片给予更长时间的注视；2 岁半的幼儿就能够理解性别标签方面的信息，区分男孩和女孩的照片；此后不久则具备关于家人和玩伴相互区别的印象。这种分类式的印象实际上是一种认知简化或标签化，是把握和理解他人的重要方式。随着年龄的增长，儿童形成的关于他人的具体印象不仅涉及个体物理特征方面的信息，而且能够逐渐地理解他人行为中展现出的心理品质，3～5 岁的幼儿就能够理解别人行为所反映出的明确的动机和意图，知道自己最好的玩伴在各种情况下的典型表现。学龄儿童则不再仅用具体特征(如生理特点)来描述同伴或朋友，而是用心理特征来描述。心理学家巴伦波(C. Barenboin)用三阶段顺序发展模型来概括学龄儿童对他人印象的认知发展特点：第一，行为比较阶段。比如，6～8 岁的儿童常常将具体行为加以对比，会说"小红比小强跑得快""小刚跑得最快"等。第二，心理结构阶段。比如，8～10 岁儿童持续地观察同伴行为的一定规律时，对此人的印象就开始依据其现有的稳定的心理结构或特质了，会说"他很大方"等。第三，心理比较阶段。比如，11～12 岁的儿童开始从一些重要的心理维度上对认识的人加以比较，会说"小红比小强更害羞"等。巴伦波研究还发现，儿童在描述他人时从"行为比较"向"心理结构"的转折发生在 8～9 岁，从"心理结构"向"心理比较"的转折发生在 12 岁左右。这表明儿童对自己和他人认知的发展阶段与皮亚杰提出的儿童认知发展阶段大体上是一致的。

(二)社会性概念理解的发展特点

社会性概念很多，如公平、权威、惩罚以及各种道德规则和习俗等。心理学家塞尔曼(Selman)研究指出，儿童对从父母那里得到的惩罚的理解经历了五个阶段的发展过程③。

---

① 俞国良等：《社会性发展心理学》，第 152 页，合肥，安徽教育出版社，2004。
② 俞国良等：《社会性发展心理学》，第 176～178 页，合肥，安徽教育出版社，2004。
③ 俞国良等：《社会性发展心理学》，第 178～189 页，合肥，安徽教育出版社，2004。

第一阶段，儿童懂得惩罚是跟在错误行为后面的，但还不能推断父母惩罚的动机。

第二阶段，儿童懂得父母惩罚是为了教训孩子什么是错误的，有时则是为了保护孩子，孩子开始推断惩罚的动机。

第三阶段，儿童认识到有时惩罚是灌输害怕，达到内化后，用来控制行为；他们还认识到惩罚是父母想要表达关心他们幸福的一种形式。

第四阶段，儿童认为惩罚只是控制行为的一种方式，但不是最好的方式；他们理解父母也要表达他们的需要和个性，惩罚只是满足了这样一种需要。

第五阶段，儿童认识到惩罚可能反映了部分父母无意识地想从心理上控制别人。

可见，儿童对惩罚概念的理解与其认知发展水平有关，认知发展是社会认知发展的必要而非充分条件。

道德规则、社会习俗等都对人们的行为起着调节作用，儿童要想成为合格的社会成员，就必须理解这些社会规则和习俗要求，对这些规则的认知也是儿童社会化的重要内容之一。研究发现，学前儿童就能够区分社会习俗和道德规则，而且对二者的认知有着不同的发展路线。比如，在违规行为的严重性上，6～14岁的中国儿童都认为道德违规行为比社会习俗违规行为严重得多，更加不好；在规则的普遍性上，6～14岁的儿童都认为，无论在什么地方，道德违规行为都是不允许的，道德规则具有普遍性，但随着年龄的增长，儿童能够逐渐认识到社会习俗规则并非适用于每一个国家和地区，而是有着社会文化背景的差异，这种认识发展的转折年龄大约在8岁左右；在规则的可变性上，所有儿童都能够认为道德行为的对错不必依赖于规则的存在与否，也不在于有没有谁制订了某种规则，而在于对社会习俗的可变性，8岁以上的儿童才能逐渐认识到社会习俗规则依赖于人的作用（即社会习俗的规定）。[①]

二、人际关系发展的年龄特征

人际关系发展也涉及人的社会认知发展。人际认知是社会认知的重要领域。人际交往的首要环节即人际认知。人际认知（interpersonal cognition）是个体在交往过程中观察了解他人的外在特征和外显行为，由此形成印象，并推测、判断其心理状态、人格特征、行为动机和意向的过程。[②] 人际认知的对象

---

① 俞国良等：《社会性发展心理学》，第186～187页，合肥，安徽教育出版社，2004。
② 全国十二所重点师范大学：《心理学基础》，第299页，北京，教育科学出版社，2002。

包括对他人仪表的认知、对他人表情的认知、对他人个性的认知以及对人际关系的认知等。人际关系(interpersonal relation)指人与人交往互动时存在于人与人之间的关系①，是在社会活动过程中形成的、建立在个人情感基础上的相互联系，是人与人之间在交往中形成的直接的心理关系，主要表现为心理上的好恶喜厌、远近亲疏等形成的心理距离；人际关系也是人类社会中最普遍、最常见的一种关系，影响和制约着人与社会的发展。对人际关系的认知主要包括对自己与他人关系以及对他人与他人关系的认知。

儿童青少年人际关系主要表现为家庭中的亲子关系、学校的师生关系、同伴关系以及其他社会人际关系。伴随网络发展，网络人际关系也日益成为学生日常生活中的重要人际关系。

(一)青少年亲子关系的发展特点

亲子关系(parent-child relation)指父母与其子女(亲生子女、养子女或继子女)之间形成的双向性人际关系，是家庭最基本也是最重要的关系之一。②亲子关系具有同步性，即父母和子女之间存在交互作用，就像跳舞或对话，彼此一系列的行为都是互动的结果，每个人的行为都有赖于对方的前一个行为。亲子关系的状况随孩子年龄变化而变化。不同年龄阶段，亲子关系呈现不同特点，亲子之间的态度和行为方式也会不同。进入青春期的孩子，其生理、心理和社会适应各方面的变化带来亲子关系的新特点。

(1)亲子冲突表现程度不同。亲子之间开始出现程度不同的紧张、矛盾、冲突是中学阶段亲子关系的明显特点。亲子冲突指青少年与父母之间公开的行为对抗或对立，表现为争吵、分歧、争论甚至身体冲撞。儿童时期，父母在儿童心目中具有多重身份含义：父母既是温暖、关怀和爱的源泉，又是权力的行使者、行为的指导者和财产的支配者，还是模仿的榜样，甚至是聪明智慧和人类优秀品质的化身。进入青春期的中学生开始强烈追求自尊和独立，对父母的认同感大大下降，不愿轻易认定父母的榜样、权威、意见和看法。这种冲突的实质是一方追求独立、追求民主与另一方希望控制、希望权威的矛盾冲突。亲子之间由于年龄的悬殊，在行为方式、生活方式、价值观念等诸多方面的差异，很容易导致亲子交往中的矛盾和冲突，从而形成紧张的亲子关系。

(2)亲子冲突聚焦多种领域。主要集中表现在社会生活和习俗、学习、家

①　张春兴：《现代心理学——现代人研究自身问题的科学》(第二版)，第428页，上海，上海人民出版社，2005。

②　林崇德等：《心理学大辞典》，第933页，上海，上海教育出版社，2003。

庭关系以及价值观和道德等四个方面。

（3）亲子冲突源于对问题性质的不同认知。亲子冲突产生的最主要原因是青少年与其父母对所争论问题的性质界定非常不同。诸如"穿着打扮"这样的事情，在父母眼里都可能会是"道德问题"，而青少年则把同样的问题界定为"个人选择问题"。①

（二）青少年师生关系的发展特点

师生关系是学校中最重要的人际关系，是教师和学生在教育教学过程中结成的相互关系，包括彼此所处的地位、作用和相互对待的态度等。师生关系是一种特殊的社会关系和人际关系，是教师和学生为实现教育目标，以各自独特的身份和地位，通过教与学的直接交流活动而形成的多性质、多层次的关系体系。② 从心理学视角来看，师生关系是以维持和发展教育关系为目的的心理关系，包括人际认知关系、情感关系、个性关系等，实质是师生之间的情感是否融洽、个性是否冲突、人际关系是否和谐。理想的师生关系是一种使彼此感到愉悦、相互吸引的融洽、和睦关系，能使双方缩短心理距离，获得心理安全感、自由感，从而提高教育教学的效率和质量。师生之间的心理关系常常以内隐和感性的方式反映师生之间的社会关系，并直接影响师生之间的教育关系，具有情境性和弥散性特点。

师生关系的发展也具有年龄特点，一般经过三个阶段：

首先，童年期（小学阶段）表现为权威—服从的师生关系。教师在小学生的心目中具有绝对权威，学生对教师无限信任，十分依赖和敬畏，甚至处处模仿，无条件服从；教师在学生眼里永远是正确的、完美的，"老师这么说的"永远是孩子的辩护词。

其次，少年期（初中阶段）表现为疏远—闭锁的师生关系。从小学高年级特别是初中开始，孩子对教师的无条件服从、信任、佩服的程度降低，同伴间交往增多，独立意识和成人感逐渐增强，反对事事依赖老师，厌恶向老师打小报告，开始与老师疏远、闭锁，甚至出现公开的反抗行为。

最后，青年早期（高中阶段）表现为理性—反哺的师生关系。进入高中后，随着接触的教师增多、自己知识经验的丰富，特别是思维独立性和批判性的增

---

① ［美］劳伦斯·斯滕伯格：《青春期：青少年的心理发展和健康成长》，第155～156页，戴俊毅译，上海，上海社会科学院出版社，2007。

② 全国十二所重点师范大学：《教育学基础》，第133页，北京，教育科学出版社，2002。

强，高中生开始将自己接触的教师与心目中的理想教师进行理性的分析比较，不再将教师看作绝对权威，教师对其奖励或惩罚的权威作用大为降低，特别在当今信息社会，师生之间的"文化反哺"现象异常明显和频繁，因此教师权威也遭遇前所未有的挑战。

（三）青少年同伴关系的发展特点

同伴关系（peer relationship）指同龄人或心理发展水平相当的个体之间在交往过程中建立和发展起来的一种人际关系。[①] 在校园环境中，包括学生个体之间的关系、班级内的学生群体之间的关系以及学生群体与个体之间的关系。同伴关系在青少年身心发展和社会适应中具有独特地位，在我国当前特定社会文化背景下更具特殊性。青少年同伴关系主要有以下类型和特点：

首先，一般伙伴型。这是一种彼此相容、愿意交往，但相互间只是一般友伴关系、尚未进入亲密友谊的关系状态，在青少年的同伴关系中非常多见。许多人彼此同学多年但交往泛泛，始终停留在一般伙伴关系上，并没有形成亲密的友谊关系。

其次，亲密友谊型。这是一种双方相互知心、相互信赖的人际关系，有三个特点：一是双方在长时间内频繁地互动，共同从事多种活动；二是双方坦诚相见、视为知己；三是相互之间的影响力大。在校园或班级里，常常看到一些青少年经常凑在一起，三五成群、形影相随，彼此依赖、相互信任，就属于"亲密友谊型"，又称"友伴群"现象。"友伴群"是青少年自发形成的带有明显感情色彩的不定型群体（俗称"小圈子"），是班集体中的一种非正式群体，具有交往频繁、心理协调，志趣相投、凝聚力强，时空可变、稳定性弱等特点，是青少年情感、个性、社会性等身心发展的需要，也是他们心智发展成熟的标志，更是他们走向社会、走向生活的前奏。

再次，排斥型。这是一种心理上不相容、不愿交往的人际关系，又分"双方排斥型"和"一方排斥型"。前者是双方相互排斥，后者主要是一方排斥另一方。例如，班级中的"嫌弃儿"就常常遭到同学的排斥。排斥的程度又分"一般性排斥""冲突性排斥"以及极端的"对抗性排斥"。"欺负"现象就是一种极端的"对抗性排斥"。

最后，疏离型（冷漠型）。表现为彼此既不相互吸引、也不相互排斥，个人既无积极体验、也无消极体验。班级中的"孤独儿"在同学中既不受欢迎，也不受排斥与反对，常常被冷落一旁、遭忽视，就是一种疏离型人际关系，但又不

---

① 林崇德等：《心理学大辞典》，第 1249 页，上海，上海教育出版社，2003。

同于"相互疏离型",因为往往不是"孤独儿"忽视班级中大多数同学,而是多数同学忽视"孤独儿",教师应引导学生主动关心、接纳他们,与他们交往。

此外,现代信息技术的发展又带来信息社会特有的、不同于以往任何社会形态的人类社会的新型人际关系——网络人际关系,即以网络和数字符号信息为中介、在超文本多媒体链接中实现的人—机—人互动基础上形成的人际关系。与传统人际关系相比,网络社会中的人际关系具有开放性与多元性、虚拟性与不确定性、自主性与随意性以及注重心灵体验与倾向片面知觉等特点。互联网的普及还开创出一种全新的青少年同伴关系——"键盘伙伴",即来自不同地域、具有不同观念,但具有相似年龄、兴趣、发展水平的青少年,通过网络交往自发形成的伙伴群体,在很大程度上主导着网络时代青少年的社会化进程。当代青少年网络人际关系具有庞大的群体规模和离散的群体结构、具有脆弱的群体规范和较小的群体压力、具有和现实人际关系迥异的特殊凝聚力,也不断构建和完善自我。网络人际关系对青少年能够产生一定的积极影响,比如,网络可以扩大人际交往圈子,有助于建立良好的人际关系,可以为个体不良情绪宣泄提供良好途径,有助于提高个体思维能力和创造性等;但是,网络人际关系也会对青少年产生消极影响,比如,网络交往会带来网络成瘾症、人际关系障碍、人格障碍等心理障碍,会引发系列感情纠葛、导致各种情感问题,甚至会产生安全焦虑、导致网络犯罪等。

第三节 青少年性别角色发展

性别角色发展也是个体社会化及社会性发展的重要内容。请看下面案例:

案例 8-1 我是女生

这是一位女大学生的内心独白:《我是女生》,回忆了自己中学时代的心路历程。

我是女生,一个直到去年都拒绝承认这一事实的女生。

我已不记得自己是何时意识到男女是有别的……但是我却清楚地记得从心理上拒绝、排斥自己女性性别的开端。小学三、四年级时读到一篇学生优秀作文,通篇用极其自豪的语气表达了一个意思:我是"假小子",我为此而骄傲!这篇文章对我震动极大,它向我传递了一个暗示:女不如男,因为女生可以以"假小子"为荣,则表明"小子"的地位要高于"丫头"。诸如"娘娘腔""女人是祸水"等等都或明或暗地表达了世俗的观点:"女子不如男"。

而这一观念在我心中所激起的叛逆精神，使我走向极端。我要"坚强""勇敢"，故意做各种女生甚至连男生都不敢做的事情；我为被自己鄙视的"懦弱"女生出头，跟欺负她们的男生打架；我和男生玩，跟他们比跑步、跳远，不屑与女生为伍；我拒绝文静，拒绝饰物，拒绝裙子……总之，我拒绝一切"女人味儿"，追求与男生绝对地平起平坐，但又因为自己毕竟是女生，"心虚"导致行为往往比男生更男生。这一疯狂而盲目的状态一直持续到初中毕业，这一阶段是由社会对某些女性特质的否定评价导致我全盘排斥女性特质的阶段。

进入高中后，尽管内心仍秉承对"女子不如男"的反叛，但行为有所改变。开始接纳被社会普遍赞同的女性特质，如开始变得沉稳、温柔、文静。另外一个很重要的转变是我开始承认女生在体格上确实不如男生，这让我气馁又无奈，但我转而找到了"补偿"办法，在智力上证明超过他们，起码不能再输给他们。于是，我将目光投向了物理，因为在一般人看来，物理是女生的禁区，是证明男生比女生"聪明"的最没有争议的领域。入学时，我立誓："别的科目可以不管，但一定要把物理学好！"说到做到的我全身心地投入物理学习，考试取得全年级唯一的满分。我用我的成绩反驳了人们关于女生在高中时成绩会下降的论断，并以全校第一的成绩考上北大。

但是正是从高中开始，越是到后来，我越是觉得孤独，觉得疲惫，觉得不堪重负，觉得迷茫。一方面，我偏离了女生走的航道，离女生这一群体越来越远；另一方面，男生这一群体也并不接纳我。在双方的眼中，我都不是他们的同类，是异类。我只有女生的痛苦，没有"小女生"的快乐；只有男生拼杀的痛苦，没有"大丈夫"的快乐。我想要挣脱这张痛苦的网，但是骑虎难下，越挣扎，缠得越紧……

高考后，我买了第一条裙子，原先以随时与男生决一雌雄为己任的我如今偃旗息鼓……我决定回归女生群体。对于这一转变，我不清楚是对是错……

（资料来源：佟新：《社会性别研究导论》，第50～51页，北京，北京大学出版社，2005。）

案例中女孩在成长历程中的心理变化提醒我们了解有关"性别角色社会化"的知识。什么叫"性别角色"？人的性别角色是如何在社会化过程中获得的？受哪些社会文化因素的影响？"性别角色社会化"究竟是怎样一个发展过程？面对"假小子""娘娘腔"以及中学生流行的"中性化"装扮热潮等现象，我们应该怎样进行性别教育呢？

一、性与性别

大多数儿童在早期就懂得，社会中有两类人：男人和女人。有意思的是，儿童察觉到的男人和女人的差别完全是社会性的，他们在不知道任何解剖学知识前就已经开始感受到性别的差异。

日常语言中的"性别"二字对应的英文单词有两个：sex 和 gender。这正是人类的"性"的独特所在，即人之"性别"有"生理性别"（sex）和"社会性别"（gender）之分。我们首先从生理和社会两个层面来说明和理解人类的"性"。

（一）性（sexuality）的生物属性：生理性别（sex）

"性"首先是一种自然生理现象。生理性别（sex）是一个生物学概念，指解剖学意义上的男女。这种解剖学意义上的男女两性差异，主要表现在染色体、性腺、性激素、解剖构造、生理机能、身体形态、运动机能等方面。20 世纪 70 年代之前，生物学上的两性差异主要以解剖来判别；此后，染色体测量成为判定性别的主要方法。

性的生物属性指人类性行为涉及性器官和人体其他系统协同活动的有序生理过程，这种生理过程受神经内分泌系统特别是激素的影响。正常的人类个体具有 23 对、46 条染色体，最后一对即第 23 对染色体与人的性别有关，称为"性染色体"。男性的性染色体由一条 x 型染色体和一条 y 型染色体组成；女性的性染色体则由两条 x 型染色体组成。从卵子受精的那一刻起，不同的染色体构成以及性染色体上的基因，就决定了性器官、性腺等一系列生理性征的形成，决定了胎儿发育出女性或男性的性器官；在一定时候分泌雌激素或雄激素，出现女性或男性的第一性征和第二性征。

染色体是决定人类生物性别的要素。1972 年，国际奥林匹克委员会决定，运动员必须通过染色体检验来"验明正身"。当然，染色体也不是绝对二元的，存在某种模棱两可的、异常的性染色体构成，这是科学上难以精确地鉴别性别的极端情况。

（二）性（sexuality）的社会属性：社会性别（gender）

人是社会动物，而非单纯生物学意义的男人和女人，而是社会意义上的男人和女人。日常生活中我们对某人性别的判定主要依据文化，通过各种与性别相关的符号（如服装、发型、装饰等）来确定其性别；这时的性别就是"社会性别"（gender）。

社会性别是以文化为基础、以符号为特征判断的性别，它表达了由语言、交流、符号和教育等文化因素构成的判断一个人性别的社会标准。[①]

社会性别是一个社会文化概念，指生物学意义上的男女两性在社会文化建

---

① 佟新：《社会性别研究导论》，第 3 页，北京，北京大学出版社，2005。

构下所形成的性别特征和差异，表现为男女对自己、他人及社会的认知、态度等心理特征，以及在社会文化中形成的属于男性或女性的群体特征。社会性别是自然、社会和心理多种因素综合作用的结果，是由社会文化形成的对男女差异的态度与行为。例如，我们把"男儿有泪不轻弹"视为一种男性美德，并非是生物因素决定了男人只能是"流血不流泪"，而是社会文化界定了男性"适当"的行为就是"泪往肚里流"。我们对"奶油小生"的嘲讽并不是嘲讽一个男人是否有胡须这样的生物特征，而是因其背离了一整套与"男子汉"相对应的社会形象，是人们对"男子汉"形象的想象决定了他们不能接受和容忍男性的女性化行为。

（三）生理性别与社会性别的相互嵌入

"社会性别"概念提出后，关于"两性差异究竟是生物本性的差异还是社会本性的差异"这一焦点问题，基本达成共识，即：人的性别表现出的社会性是建立在人的生理性别和社会性别不可分割的基础上，生理性别和社会性别只是两个分析性概念，而非现实生活中截然对立的两种性别状况，二者相互嵌入、彼此关联、交互作用。对这两个概念的使用，有助于更加有效地分析两性不平等的社会现状，使用"社会性别"这一概念不是为了分解"生理性别"的作用，而是有利于突出二者之间的联系，也有益于揭示掩盖在"生理性别"之下的不平等的社会制度①。

二、性别角色与性别角色发展

（一）性别角色的内涵

"角色"原是戏剧中的名词，指演员扮演的剧中人物。社会心理学将"角色"（role）或"社会角色"（social role）界定为：与人的社会地位、身份相一致的一整套权利、义务和行为模式，对特定地位的人的行为期待。一定社会对不同性别的人会产生不同的期望品质特征，包括男女两性的人格特征和社会行为模式等，这就是性别角色（gender role），"是社会规范和他人期望所要求于男女两性的行为模式"。②

性别角色是社会文化的产物。性别角色不是性别本身所固有的，虽然以生理性别差异为基础，但本质是社会文化的产物和折射，是由社会文化为男女制订的一套行为规范，以社会性别（gender）为标准对个体进行性别的标定，是在生理性别基础上经过社会化过程而发展起来的。同一性别在不同文化背景下，

---

① 佟新：《社会性别研究导论》，第5页，北京，北京大学出版社，2005。
② 中国大百科全书编写组：《中国大百科全书心理学卷》，第469页，北京，中国大百科全书出版社，1991。

可以获得迥然不同甚至完全相反的性别角色。例如，居住在我国川滇边境泸沽湖畔的摩梭人，其性别角色因其属于母系氏族社会而别具特色，在其社会中女性掌握经济大权，享有家庭继承权和子女监护权，女性角色与权力、独立性相联系，而男性角色却具有依附性，与其他文化中男尊女卑的传统不同。社会心理学家玛格丽特·米德 20 世纪 30 年代在新几内亚的三个不同部落进行的人类学研究发现，三个部落中一个部落社会有很明显的性别分化现象，但与我们社会中"阳刚阴柔"的角色标准截然相反，表现出"阴刚阳柔"；另外两个部落则没有性别分化，其中一个部落社会无论男女一律表现出刚毅、凶悍的角色性格，另一个部落则一律表现出平和、温柔的角色性格。可见，不同文化对性别角色有不同要求，男人应该怎样、女人应该怎样，只是生活在特定时代、特定文化环境里的人的特定想法。

相关链接 8-1　性别角色刻板印象

性别角色刻板印象即人们对男性或女性在行为、人格特征等方面予以的期望、要求和笼统看法。[①]

社会对男女两性的传统分类，基本上以人的生理特征为依据，对不同性别的人有一套模式化的价值观和行为标准，对男女两性存在性别刻板印象。比如，在中国文化传统中，注重培养男孩有勇有谋、意志坚强、直爽大方、深思熟虑、独立自信、有抱负、有成就等"男子汉"特征；培养女孩温柔细腻、敏感细致、富有同情心和爱心等女性气质。若男孩说话细声细气，会被讥讽为"娘娘腔"；女孩大大咧咧像男孩，则被叫做"假小子"。这就是性别角色刻板印象。任何文化中都有对待不同性别角色的规定，受家庭、学校教育、大众传媒等影响，对男女性别角色形成刻板印象。

（资料来源：时蓉华：《现代社会心理学》，第 149 页，上海，华东师范大学出版社，1989。）

（二）性别角色发展的内涵

性别角色发展，又称"性别角色社会化"，指儿童从出生时混沌不清、男女不分的状态，在遗传、家庭教养、社会文化和自我认知等因素的影响下，逐步学会扮演其身处社会所期望的性别角色的成长过程。性别角色发展包括性别概念的发展、性别角色观的发展以及性别化行为模式的发展，是儿童社会化进程的重要内容。性别概念的发展涉及性别认同、性别稳定性和性别恒常性的获得；性别角色观的发展即理解怎样才算得上一名男性或女性，认识到社会对男性和女性的期望；性别化行为模式的发展则是指儿童采取与性别相符活动的倾

---

① 时蓉华：《现代社会心理学》，第 149 页，上海，华东师范大学出版社，1989。

向和行为表现。[1]

1. 性别概念的发展

性别概念包括性别认同、性别稳定性和性别恒常性。性别认同指个体对自己性别状态的认识、理解和自我意识，更多指涉的是个体对自我生理性别（sex）的一种心理自认和习得的自我知觉。幼儿到 3 岁左右就知道"我是女宝宝""他是男宝宝"；随着社会化过程的不断加深，儿童从成年人对待男女两性的不同态度、方法、要求中逐渐产生了对男女两性的形象认识，逐渐认同并接受现实社会中的性别角色。3～4 岁的儿童已经具有性别稳定性，即认识到一个人的性别不随年龄、情境等的变化而改变，现在自己是男孩，长大了就不能当妈妈，而只能当爸爸。儿童对自己性别不变的稳定性的认识要早于对别的孩子性别稳定性的认识。性别恒常性则是对人的性别不因其外表（发型、衣着等）和活动的改变而改变的认识，大部分儿童 6～7 岁时能达到性别恒常性，认识到一个人的外貌或活动的变化与性别无关。女孩即使穿男孩的衣服也仍然是女孩，男孩留长发也仍然是男孩。

2. 性别角色观的发展

性别角色观指儿童对不同性别行为模式的认识和理解。儿童在 3 岁时就具有相当多的性别角色期望的知识，形成对性别行为模式的认识。4、5 岁时他们知道大部分有关成人职业的知识，比如，会认为男人应该去当飞行员或警察。5 岁时儿童开始从心理意义上理解不同性别行为模式。随着年龄增长、儿童对抽象概念的深入认识以及思维灵活性的发展，儿童对性别角色的理解也逐渐脱离刻板、趋向深刻。

3. 性别行为模式的发展

儿童的性别行为模式与其性别概念和性别角色观念是呼应的。2 岁的儿童就会选择适合自己性别的玩具和游戏，学前期儿童、学龄期儿童以及青少年期的中学生的行为方式都逐渐体现出性别特征。

总之，在个体性别角色社会化的过程中，个体的基本生物特征、生活所获取的社会经验和自身的认识发展相互作用，共同影响着性别角色的社会化。性别角色的划分决定着个体的社会化定向。不同社会化定向会导致男女有选择地接受不同的社会影响，导致男女形成与其特定的性别角色地位相适应的不同的心理内容和人格倾向。

---

[1]　俞国良等：《社会性发展心理学》，第 298～302 页，合肥，安徽教育出版社，2004。

三、青少年性别角色发展的特点

性别角色发展研究曾强调幼儿期（学前期）是儿童性别角色形成的重要阶段，如精神分析学派就强调 5 岁前是关键期；但如今的研究更强调性别角色发展贯穿人的一生；当然，儿童期、青少年期仍是性别角色社会化的重要时期。

（一）青少年开始对性别角色产生深刻认知

进入青春期后，第二性征的发育使青少年明显感到男女两性有许多不同，不仅具有生理差异，而且在心理、行为模式、性格特点等诸多方面都有很大区别，青少年开始对性别角色产生深刻认知。从一项有关男女两性的性格特征和职业选择趋向的调查可以看出青少年的性别角色认知。当问到"女性具有哪些性格特征是重要的""社会期望于男性的性格特征有哪些"等问题时，青少年举出的男性核心特征是：有领导能力、富有、对工作专心、意志坚定、自信、关心政治、坚强、聪明；女性核心特征是：可爱、美丽、顺从、感情细腻、谦虚、温柔、懂礼仪、善打扮。性别角色认知也反映在升学、择业上，男生向往的职业有经理、技术员、公务员、公司职员、飞行员、运动员等；女生向往的职业有美容师、教师、护士、演员、播音员、Office 小姐等。

（二）青少年的性别角色认知开始逐渐表现为社会取向

厄利安依据个体发展过程中体现出的不同发展取向，将 6～18 岁儿童、青少年的性别角色发展划分为三个阶段[①]：第一，生物取向阶段（6～8 岁），这时，个体所持有的关于男性和女性的各种认识以男女之间机体上所存在的生理差异和特征为依据。第二，社会取向阶段（10～12 岁），这时，个体对男性和女性所持的各种性别角色概念以社会文化的要求和社会角色期待为依据，个体通过学习社会公认和赞许的关于男女行为的各种准则和规范而获得对男性和女性的认识。第三，心理取向阶段（14～18 岁），这时，个体所持有的性别角色概念不再是以社会规范为唯一根据，而是以男女各自具有的内在心理品质为主要依据，性别角色也不再以生理性状和社会角色（如父亲、母亲、丈夫、妻子等）为主要内容，而以个体在心理上所表现出的性别特征为核心。研究发现，能真正达到第三阶段的青少年很少。青少年的性别角色认知多数还是社会取向的，且具有一定程度的刻板化。上述调查结果反映出中学生头脑中存有的性别刻板印象，如何帮助中学生树立正确的性别角色观，改变传统性别角色认识，是重要的教育任务。

---

① 张文新：《青少年发展心理学》，第 445～446 页，济南，山东人民出版社，2002。

（三）青少年面临的性别角色社会化的压力有所增强

有心理学者研究认为，在青春期要求个体以与性别相称的方式去行事的压力会进一步增强，尤其对于女孩子而言更是如此。这种观点被称为"性别强化假设"①，也就是说，在处于青春期的男孩和女孩身上所观察到的许多性别差异，都是性别角色社会化过程加速的结果，而这样的过程要求个体以符合世俗规范的方式去表现男性化或者女性化的一面。即使个体关于性别角色的看法在青春期会变得更加具有灵活性，但社会压力会迫使青少年以更为满足性别角色刻板印象的方式去行事。比如，高中女生在文理分科时会表现出受"女生学理科后劲不足"等性别角色刻板印象的影响，而害怕选择数理化。性别角色刻板印象即人们对男性或女性在行为、人格特征等方面予以的期望、要求和笼统看法。② 社会对男女两性的传统分类，基本上以人的生理特征为依据，对不同性别的人有一套模式化的价值观和行为标准，对男女两性存在性别刻板印象。

（四）青少年处于性别角色同一性形成的关键时期

性别也是一个人的自我同一性的关键组成部分。性别角色刻板印象与青少年自我同一性发展之间的关系，一直是心理学者们的研究重点。性别角色同一性在青春期会成为自我同一性的一个非常重要的方面。无论生理发展、学业发展、情意发展、个性发展，还是人际关系的发展、道德的发展以及生涯的发展与规划等，都会受到个体对自己的性别角色的同一性状态影响。在青春期进一步强化的性别角色社会化过程，对于我们理解中学生众多发展主题和领域中的男女性别差异，有着重要的意义。美国女性主义心理学家卡罗尔·吉利根（Carol Gilligan）等人研究指出③，青春期是女性心理发展的一个关键转折时期，而青春期少女所得到的和适当行为有关的多种复杂信息会令人困惑而且难以调和。女孩子进入青春期的时候，要比男孩子更可能看重亲密关系和人际交往。在儿童期，她们已经由于这种更为"人际"的取向而得到了鼓励；但在青春期，随着社会认知能力的增长，女孩子们开始意识到，社会化过程在她们身上所造就的多种特质在一个男性占主导地位的更为宽泛的社会环境中是不被看重的。因此，女孩子们觉得她们处于一种两难境地之中，一边是别人告诉她们的、同她们的性别相称的行为方式（比如要听话），另一边则是她们能够意识到

---

① ［美］劳伦斯·斯滕伯格：《青春期：青少年的心理发展和健康成长》，第362～363页，戴俊毅译，上海，上海社会科学院出版社，2007。

② 时蓉华：《现代社会心理学》，第149页，上海，华东师范大学出版社，1989。

③ ［美］劳伦斯·斯滕伯格：《青春期：青少年的心理发展和健康成长》，第363～364页，戴俊毅译，上海，上海社会科学院出版社，2007。

的、被更大的社会环境所认同的行为方式(比如要独立)。由于受到此种相互矛盾的观念的重大冲击,许多女孩子开始变得缺乏自信,对自身也更不确定。当然,这种现象并不会发生在所有女孩子身上,但吉利根等人的研究发现,这种现象更可能发生在那些拥有尤为明显的女性化性别角色同一性的女孩子身上。

第四节　青少年社会性发展的培养

一、青少年社会性发展的影响因素

影响个体社会性发展的因素主要来自遗传与生物环境以及外部的社会环境。

(一)遗传与生物环境

个体的许多社会化行为都有其生物学上的传承性,生物学因素会影响个体的发展,在个体社会性发展中,来自遗传和生物环境的影响同样存在。比如,性别角色就是男女两性的生理差异通过社会文化系统转换而成的一种社会角色,生物遗传素质是性别角色形成的自然基础,直接影响儿童的性别角色认同与发展。行为遗传学研究发现,遗传因素对个体发展的作用不容否认,但对个体社会性发展直接作用的效应究竟有多大,仍处于探索之中。而生物环境包括非遗传的染色体变异的影响、母亲身心状况、药物、烟酒等以及个体出生过程的危险因素等,也会影响个体社会性的发展。

(二)社会环境

社会性发展是人在社会生活实践及其社会化中逐步形成社会性的过程,青少年的社会性水平不仅涉及自己的身份特征和心理因素,而且是在一定的社会场域中不断与社会因素、社会他人的相互作用之中发展起来的。青少年社会性发展与其所处的社会环境和社会关系更有直接的关系。有研究者将中学生的社会性发展划分为社会认知、社会情感、社会交往和社会适应四个不同的维度,运用问卷调查方法考察了与中学生社会身份有关的社会场域,探讨了制约中学生社会性发展的主要因素,分析了不同地区、学校类型、年级和性别的中学生在社会性发展及其有关维度上的特点等问题。研究表明:制约中学生社会性发展的因素存在于社会文化、社区环境、家庭关系、学校教育、学生同伴群体之中,尤其学生是否住校、参与团体、经常上网和崇拜偶像等直接影响其社会性的发展水平;中学生的整体及其不同维度的社会性发展具有区域和学校类型特征；由于社会化主体和影响因素之间存在着矛盾与冲突，使学生社会性发展的个别差异比年级差异更加明显；女中学生的社会性发展得分显著高于男生，除了社会认知外，社会性发展的其他维度也存在性别差异。[①]

影响青少年社会性发展的社会环境主要包括家庭、同伴和大众传媒以及学校教育。

1. 家庭

家庭是个体社会化的主要场所，父母对子女社会性发展的影响主要通过父母的教养观念和教养方式等。父母的教养观念指父母基于对儿童及其发展的认识而形成的对儿童教养的理解，分积极型、不协调型、低标准型等。父母的教养方式是父母的教养态度、行为及非言语表达的集合，反映了亲子互动的性质，具有跨情境的稳定性，分专断型、纵容型、放任型、民主型等。法国社会学家布迪厄指出，不同家庭背景的学生所拥有的文化资本存在巨大的差异，学校运用符号权力灌输一种与它的利益相一致的社会世界的定义。对不同地区和学校类型的中学生社会性发展的研究发现：不同地区中学生所居住的社区条件、父母的文化程度、经济收入分布以及亲子沟通等方面存在差异，社会文化和经济水平相对高、正常有序的社会生活方式可能有利于中学生的社会性发展。比如，婴儿出生后会立即被当作男孩或女孩加以抚养，长辈会根据性别为孩子取名、决定所购衣服的颜色、款式以及玩具的种类等，男女有别的教养方式会逐渐强化孩子的性别意识，逐渐接受有关社会性别的一整套社会规范，表现出性别角色认知和行为的差异。

2. 学校教育

学生社会性发展主要体现以下三方面内容：第一，获得对社会规范的理解和社会技能的习用。所谓社会规范是指调整和规定社会成员各种行为的规矩和方式，包括政治制度、法律、道德规范、风俗习惯、生活准则、宗教戒律等。学生应理解社会规范的现实意义与文化内涵，譬如对家庭，要理解家庭的社会功能、家庭的结构、家庭成员间的伦理关系、血缘关系和情感特征，从而领悟自己的家庭角色及相关的权利与义务。所谓社会技能是指生活、学习、生产的基本方法、知识与技能，包括家庭生活的基本知识与技能，学校生活的基本知识与技能，维护自身身心健康的知识与技能，以及参加社会生产劳动所需的基本知识与技能。第二，形成关于社会的价值观念。这是学生在理解社会规范、参与社会活动之后对社会物质和精神的价值取向。在复杂多变的社会现象中，

---

① 郑淮：《中学生社会性发展的影响因素及其差异性研究》，载《教育研究与实验》，2010(3)。

确定标准、判断是非、产生情感，从而明确作为社会成员的自我存在的定义与角色定位，并在此基础上树立自己的人生理想和生活目标以及价值观、社会观。第三，具备社会认知、社会判断和有效参与社会的能力。这是学生社会性发展的高层形态。作为有效的社会成员，学生应具备的基本能力包括学习与探索的能力、民主参与的能力、判断推理能力、组织与协调的能力等。毫无疑问，学校教育在青少年学生上述各方面社会性发展中发挥着巨大的影响作用。比如，学校教育中或显或隐的性别文化就是儿童性别角色形成和发展的催化剂，教材中的男女两性的形象对儿童性别角色的形成有着不可忽视的影响力。

3. 同辈群体

同伴关系指个体与其具有相同社会权利的同伴之间形成的一种心理关系，同伴关系具有平等性、互惠性等特性，可以弥补亲子关系的不足，给个体提供心理安全感。同伴关系有利于儿童社会价值的获得、社会能力的培养、认知和人格的健康发展，可以满足儿童的归属、尊重和爱的需要，为儿童提供学习他人反应的机会，是儿童特殊的信息渠道和参照框架，也是儿童获得情感支持的重要来源之一。青少年更多的是在同伴交往中学习，同伴关系质量和正面的社会榜样对青少年亲社会价值观和利他行为的发展有促进作用。[1] 在社会性发展过程中，同辈群体社会特征的接近使中学生在相互交往中进行社会学习，有利于学生的社会性发展，说明正常的教育条件和学校生活有利于中学生对自己、他人以及社会情景的认识理解、调节和控制能力的提高。

4. 大众传媒

现代社会，电视、电影、广播、书籍、报刊等大众传播媒介渗透到生活的方方面面，对青少年社会性发展的影响不容忽视，为青少年提供多样化的选择，能够满足其多样化的需求，对青少年习惯、道德、兴趣、自主意识等的发展都具有重大影响。比如，有关性别角色的社会期望和规范标准通过大众传媒作用于儿童，对儿童性别角色发展的影响潜移默化却深刻持久。研究表明，幼儿看电影电视的过程中，会以影视中的人物为模仿对象，并将社会对性别角色定型的看法内化到自己的认知系统中，形成自己的性别角色观念和行为。大众传媒潜移默化的影响使儿童无意中模仿、习得了社会定型的性别角色，最终采取社会所接受的性别角色行为。

总之，青少年社会性发展的过程和制约因素是复杂的，通过对社会性发展

---

① 芦咏莉，董奇，邹泓：《社会榜样、社会关系质量与青少年社会观念和社会行为关系的研究》，载《心理发展与教育》，1998(1)。

影响因素的分析发现：中学生的社会性发展成绩在不同地区、学校类型、年级、母亲学历、社会支持、跟父母交谈、朋友类型和崇拜偶像等方面存在显著差异。这些因素代表学生的社会生活世界，反映出中学生的社会性发展与所处的社会场域和社会关系有一定的关系。研究发现：社会性发展成绩在中学生的性别、居住社区和时间、家庭收入、班级座位等因素上虽然没有明显的差异，但在社会性发展的具体维度上仍有一定的影响；进一步分析中学生各年级在上网和挫折的次数、参加团体、崇拜偶像和交朋友等数据则发现这些因素与他们的社会认知、社会交往、社会适应存在明显的相关。值得注意的是：将教师作为知心朋友的中学生在社会性发展总体和四个维度的得分上都比其他类别高，呈现正向相关；而崇拜明星的中学生则呈现负向相关；中学生住在家里与学校的上网次数有明显差异，并且上网目的与社会性发展总体和四个维度的得分都有关，这说明虚拟社会生活对中学生的社会性发展非常重要。[1]

二、促进青少年社会性发展的教育对策

（一）重视青少年社会性发展的主动性和被动性

传统的社会化理论认为，人的社会化程度随着年龄的增长而有所提高，随着年龄增长、认知发展以及接受教育时间的增加，青少年的社会性发展水平应该逐步提高。但新近研究发现，虽然年龄是中学生社会性发展的主效应，但是，社会性发展的成绩和各个维度并没有随着年龄的增长而明显提高，而且初二学生的社会性发展平均比高中年级学生的成绩还高。[2]

事实上，青少年社会性发展中，主体的主动性和被动性是并存的，学生的社会化程度与社会化因素的要求之间总是存在一定的差距。学生以某种社会身份参与一定社会场域中的反应类型主要有主动型和被动型，主动型社会身份学生在社会性维度的表现强于被动型社会身份的学生。青少年的社会性发展没有随着年龄的增长明显提高，这可能在社会化主体和社会化因素之间存在着矛盾与冲突，使学生社会性发展的个别差异比年级差异更加彰显，初二学生的社会性发展成绩较好可能与其教育阶段的学习任务和角色同一性比较吻合有关。

（二）加强儿童青少年的人际关系指导

儿童青少年的成长需要真诚、温暖、安全的心理环境，良好人际关系能够满足这种需要，帮助他们真实地展现和探索自我。

---

[1] 郑淮：《中学生社会性发展的影响因素及其差异性研究》，载《教育研究与实验》，2010(3)。
[2] 郑淮：《中学生社会性发展的影响因素及其差异性研究》，载《教育研究与实验》，2010(3)。

1. 帮助儿童青少年及其家长缓解亲子冲突

教师可以有意识地指导亲子之间形成正确的相互认知，让他们都能够理解亲子冲突是青少年发展中的正常现象，并提醒家长注意亲子冲突对中学生心理发展产生的负面影响，指导家长掌握相应的教育策略，承认差异，相互尊重和谅解，通过沟通消除差异，建立充满信任的良好的亲子关系。

2. 主动构建良好的师生关系

良好的师生关系对学生品德培养、个性形成、学业提高以及师生身心健康等非常重要，而要建立民主平等、教学相长、和谐相容的良好师生关系，教师应注意努力提高自我修养，健全人格；善于与学生沟通、交往。

3. 引导学生建立良好的同伴关系

教师应正确对待并引导中学生"友伴群"，树立正确的友谊观，慎重择友；指导学生克服交往的心理障碍，培养学生热情助人、宽容待人的品质；指导学生掌握交往技巧，引导学生学会自我表露与心理换位；引导学生正确对待网络人际交往，消除网络消极影响。

(三)关注青少年性别角色社会化，开展刚柔相济的性别角色教育

性别角色社会化是中学生社会性发展的重要内容，既与传统的社会文化观念有关，也与男女学生的身心成熟期差异和所关注的社会生活事件有关。研究发现，中学生社会性发展存在性别差异主效应，女生得分显著高于男生，男女生在社会认知和社会交往上没有显著差异，而在社会情感和社会适应的维度上，男女生均存在显著的性别差异。女生身心成熟比较早，可能更善于表达自己的思想和感情，同时，性别角色定型比较早使女生在家庭和学校行为上比男生更符合社会规范，更具良好的亲子、同学和邻里关系等特征。女生在社会感情生活方面体验较多、表现比较细腻，因而社会性情感上相应要比男生成熟。在社会交往中的行为表现比较恰当，女生有较好的社会生活适应能力。[1] 国内已有研究指出，在教育领域中的"男生弱势"现象越来越明显，女生的成功度和发展度要比男生大得多，也要优越得多。这种成功度不仅表现在学习成绩、获奖方面，而且体现在升学竞争和基本素质的全面发展方面。[2] 这些研究提醒我们关注青少年的性别角色社会化。

---

① 王永丽，林崇德，俞国良：《儿童社会生活适应量表的编制与应用》，载《心理发展与教育》，2005(1)。

② 丁钢，岳龙：《学校环境中的教育平等——基础教育中男生性别弱势的调查及思考》，参见丁钢：《中国教育：研究与评论》(第6辑)，第4～68页，北京，教育科学出版社，2004。

社会性别理论强调，人们关于男女两性的社会角色、地位和性格特征等各方面的看法，都主要由社会和文化环境所建构，与生理上的性别区分没有本质联系。儿童在一定的文化环境中成长，在父母、学校教育以及社会文化的或隐或显的影响下，逐步学习、适应和内化这一整套的性别规范。开展刚柔相济的性别角色教育尤其重要。"双性化人格"（又称"两性化人格""心理双性化"）指个体既具有明显的男性人格特征，又具有明显的女性人格特征，兼有强悍和温柔、果断和细致等性格，按情况需要而作不同表现。①

相关链接 8-2　"双性化人格"研究的立场与观点

西方关于双性化人格的研究历史悠久。弗洛伊德首先提出"潜意识双性化"的概念。瑞士心理学家荣格提出著名的"阿尼玛（anima）和阿尼姆斯（animus）"理论，用"男性的女性意向"和"女性的男性意向"两个术语说明人类先天具有的双性化生理和心理特点。为了使个体人格得到健康和谐的成长，应允许男性人格中的女性因素和女性人格中的男性因素在个人的意识和行为中得到一定的展现。

20世纪后半叶，随着社会进步和妇女解放运动蓬勃发展，人们本着男女平等的精神，力求缩小男女性别的差异。由于身体和生理的差异是先天决定的，所以人们试图改变社会性别观念来提高妇女地位。于是心理学者在男女心理性度评估与测量的基础上提出"两性化人格"概念。最早提出者罗西（A. Srossi，1964）认为，个体可以同时拥有传统男性和女性应具有的人格特质。美国心理学家贝姆（Sandra Bem）1974年设计了第一个测量双性化特质的心理量表"贝姆性别角色量表"（简称 BSRI），测量证明了双性化人格的存在。司本斯（Spence）等人（1974、1975）则编制出"个人属性问卷"（简称 PAQ），也测量证明了双性化人格的存在。"双性化人格"研究的主要观点如下②：

（1）"双性化人格"研究打破了性别角色标准的严格界定。双性化人格理论的基本假设是：男性特征和女性特征是两个独立的维度，传统意义上的男性人

---

① 1964年，A. S. Rossi 首次提出"双性化"概念，认为个体可以同时拥有传统上的男性化特质和女性化特质。1974年，Sandra Bem 等人设计了第一个测量双性化特质的心理量表——贝姆性别角色量表（BSRI），把性别角色分为四种：双性化（Androgynous）、男性化（Masculine）、女性化（Feminine）和未分化（Undifferentiated）人格。既高度男性化又高度女性化的个体被称为高度双性化的个体。参见《简明不列颠百科全书（5）》，第300页，北京，中国大百科全书出版社，1986；[美]劳伦斯·斯滕伯格：《青春期：青少年的心理发展和健康成长》，第362页，戴俊毅译，上海，上海社会科学院出版社，2007。

② 李方强等：《双性化人格理论及其对学校教育的启示》，载《东北师范大学学报》（哲学社会科学版），2002(4)。

格特征和女性人格特征可以在一个个体身上很好地融合，很多被旧有文化约定为男性或女性单独拥有的人格特质，实质上是属于两性共有的性别特征。

（2）大量实证调查和测量证实了现实生活中具有双性化人格的个体在男性和女性中都存在。贝姆对美国大学生的抽样调查发现约有三分之一的人具有双性化人格，其中女大学生双性化人格约占27％。司本斯等人1981年采用PAR量表调查，发现女性中27％的人属于双性化人格。霍尔与浩宾斯坦1980年对8～11岁的儿童测验也发现27％～32％的儿童是双性化人格。我国学者的调查测量也证明了双性化人格的个体存在。

（3）最重要的是，无论男女，双性化人格是一种最佳的心理健康模式。双性化个体没有性别角色概念的严格限制，能够更加灵活、有效地对各种情境做出反应，而且独立性强、自信心高；双性化的青少年和大学生比类型化的同伴自我评价高、自尊心强，更受同伴欢迎，有更好的可塑力和适应力；双性化人格个体的心理社会发展水平高，快乐、较不介意压力，内心感到幸福，社会适应良好，自我价值感较高等。我国学者的调查结论是：双性化人格模式的个体在自信心、安全感方面明显优于女性化、非男非女气质类型的个体，在高自信和安全感的人数百分比上明显高于男性化，在低自信和缺乏安全感的人数百分比上明显低于男性化。

"双性化人格"既非两性混乱、错位，也非异性癖，而是一种兼有男女两性传统人格优点的综合性人格类型，是男女双性化在心理和人格层面的表现。学校教育中儿童双性化人格的培养已经引起许多国家和地区学者的关注，倡导在学校教育中培养学生双性化人格的大陆学者也逐渐增多。"双性化人格"是一种最佳的心理健康模式，学校教育应创设一种有利于学生双性化人格发展的教育环境，开展刚柔相济的性别角色教育。

①教育行政管理部门注意教师性别结构均衡化。我国大部分中小学教师是女性，而行政管理人员却以男性为主。教师性别结构的这一特点会对学生性别角色发展产生消极影响。比如绝大多数女教师被少数男性领导的情形会强化"女不如男"的性别刻板印象而降低女生的成就动机。教育行政管理部门在教师培养、录用、提拔上要充分注意和考虑男女性别结构的平衡，营造鼓励优秀男孩当中小学教师的社会风气。

②教师注意自己的性别角色意识，开展双性化人格培养。学龄期儿童的性别行为模仿对象及"鉴定者"主要是教师，教师自身的性别意识对学生性别角色发展的作用非同寻常。这一方面表现为教师的性别意识在学生面前无意识的展示，教师按照社会约定俗成的要求无意地向学生展示该性别的规范行为，并不

断强化学生的行为，使学生形成与其性别角色相符的性格特征；另一方面表现为教师对学生性别行为的期望进而影响学生的自我期望。研究发现，当前我国教师与大众一样，在对待男女学生的态度上也充满性别刻板印象，这种态度又无形地强化着学生的性别偏见。教师是学生最重要的"互动性偶像他人"，在学生性别角色社会化中起着关键作用。着眼于学生双性化人格的发展，学校（尤其是幼儿园和中小学）教师在教育过程中要注意消除自身已有的性别刻板印象，正确认识性别角色和"双性化人格"，将双性化人格特征作为学生性别社会化的培养目标，对男女学生给予平等的成就期望，对学生表现出的异性特质不要惊异，也不要妄下结论，更不能予以贬斥。

③积极开展多样化、双性化的学生课余活动。儿童身心发展在活动中实现，性别角色发展也不例外。传统儿童活动有明显性别之分，学校课余活动同样，如踢足球、练武术、玩航模是男生专利，跳橡皮筋、折纸、跳舞、学家政则为女生专享。这些贴有传统性别标签的活动因其活动方式不同，对男生形成刚毅、勇敢、进取的人格特征和女生形成温柔、细致、安静的人格特征具有重要作用。但也正因为被贴上了性别标签，这些活动对人格发展的积极意义就只能体现在特定性别的学生上，无法对异性学生起作用，从而影响学生通过活动习得双性化人格。而且学生被人为分成了同性别的活动群体，减少了异性同学交往的机会，从而减少了通过同伴交往习得双性化人格的机会。因此，教师应首先自己认识、进而告诉学生，绝大多数活动没有性别之分，不存在专门属于男生或女生的活动；男生、女生都能从传统上属于对方性别的活动中获得有益身心的发展。教师还应鼓励、安排学生从事属于异性的传统活动，如引导男生做家务、女生踢足球等；在活动中安排男女学生共同活动，鼓励学生参与异性的社交活动。在这种男女共同交往的课余活动中，通过教师指导，男女同学彼此欣赏对方的性别人格特征，相互学习，以消除性别刻板印象的不良影响，习得双性化人格。

总之，学校教育应充分考虑教师、教材及学生活动等诸多因素对学生性别角色发展的影响，尽可能创设一种有利于学生双性化人格培养的刚柔相济的性别教育环境。当然，当代社会中传统的性别角色观念依然占据主流，任何个人都难以超越社会大环境的影响。儿童也不是生活在真空中，他们周围的人、事、物都是带有性别标签的，难免会对儿童的行为产生潜移默化的影响。当学生感受到教育者传达的性别角色信息与实际生活中人们的表现不同时，他们内心会产生无所适从的矛盾感，难以获得性别同一性。这也是在开展双性化人格教育时要特别注意的。无论如何，随着社会的进步，男女两性应该有更自由的性别角色发展空间，这一点是毋庸置疑的。

【复习与思考】

1. 关键概念：社会性　社会性发展　社会性发展停滞　人际认知　亲子关系　性别角色　性别角色发展　双性化人格

2. 什么是社会性发展迟滞？社会性发展迟滞的特征有哪些？

3. 青少年亲子关系发展的特点。

4. 青少年性别角色发展的特点。

5. 影响青少年社会性发展的因素有哪些？

6. 促进青少年社会性发展的对策有哪些？

【拓展学习】

你认为学校教育如何创设一种有利于双性化人格培养的环境？可以开展哪些双性化的教育活动？请与小组同学一起探讨。

参考文献

[1] (美)Anita Woolfolk. 教育心理学(第十版). 何先友等译. 北京：中国轻工业出版社，2008.

[2] (美)David M. Buss. 进化心理学. 熊哲宏等译. 上海：华东师范大学出版社，2007.

[3] (美)David R. Shaffer, Katherine Kipp. 发展心理学(第八版). 邹泓等译. 北京：中国轻工业出版社，2009.

[4] (美)David R. Shaffer. 社会性与人格发展(第五版). 陈会昌等译. 北京：人民邮电出版社，2012.

[5] (美)M. J. Kostelnik. 儿童社会性发展指南：理论到实践(第四版). 邹晓艳等译. 北京：人民教育出版社，2009.

[6] (美)戴维·迈尔斯. 心理学. 黄希庭等译. 北京：人民邮电出版社，2006.

[7] (美)戴维·谢弗. 社会性与人格发展. 陈会昌等译. 北京：人民邮电出版社，2012.

[8] (美)劳拉·E·贝克. 儿童发展(第五版). 吴颖等译. 南京：江苏教育出版社，2002.

[9] (美)劳伦斯·斯滕伯格. 青春期(第七版). 戴俊毅译. 上海：上海社会科学院出版社，2007.

[10] (美)理查德·格里格，菲利普·津巴多. 心理学与生活. 王垒等译. 北京：人民邮电出版社，2003.

[11] (美)罗伯特·斯莱文. 教育心理学理论与实践(第七版). 姚梅林等译. 北京：人民邮电出版社，2004.

[12] (印)辛格. 狼孩：对卡马拉和阿玛拉的抚养日记. 陈甦新等译. 长春：吉林人民出版社，1982.

[13] Robert Plomin, John C. DeFries, Peter McGuffin. 行为遗传学(第四版). 温暖等译. 上海：华东师范大学出版社，2008.

[14] 车文博. 西方心理学史. 杭州：浙江教育出版社，1998.

[15] 陈琦. 当代教育心理学. 北京：北京师范大学出版社，1997.

[16]董奇. 发展认知神经科学：理解和促进人类心理发展的新兴学科. 中国科学院院刊，2011(6).

[17]董奇等. 中国儿童青少年心理发育特征调查项目技术报告. 北京：科学出版社，2011.

[18]弗拉维尔，P. H. 米勒. 认知发展. 上海：华东师范大学出版社，2002.

[19]韩永昌. 心理学(修订三版). 上海：华东师范大学出版社，2005.

[20]黄希庭. 心理学导论. 北京：人民教育出版社，1991.

[21]黄希庭. 心理学与人生. 广州：暨南大学出版社，2005.

[22]黄希庭. 心理学导论. 北京：人民教育出版社，1993.

[23]劳拉·E·贝克. 儿童发展(第五版). 吴颖等译. 南京：江苏教育出版社，2002.

[24]雷雳，张雷. 青少年心理发展. 北京：北京大学出版社，2003.

[25]李丹. 儿童发展心理学. 上海：华东师范大学出版社，1987.

[26]理查德·格里格，菲利普·津巴多. 心理学与生活. 王垒等译. 北京：人民邮电出版社，2003.

[27]连榕，李宏英. 发展与教育心理学. 福州：福建教育出版社，2007.

[28]林崇德. 发展心理学. 杭州：浙江教育出版社，1998.

[29]林崇德. 心理学大辞典. 上海：上海教育出版社，2003.

[30]林崇德. 发展心理学(第二版). 北京：人民教育出版社，2009.

[31]刘华山. 学校心理辅导. 合肥：安徽人民出版社，1998.

[32]刘世熠，邬勤娥，万传文. 人脑 α 波阻抑与思维活动(心算). 心理学报，1964(3).

[33]卢家楣，魏庆安，李其维. 心理学——基础理论及其教育应用. 上海：上海人民出版社，1998.

[34]麦少美，高秀欣. 学前卫生学. 上海：复旦大学出版社，2009.

[35]庞丽娟. 教师与儿童发展. 北京：北京师范大学出版社，2001.

[36]彭聃龄. 普通心理学. 北京：北京师范大学出版社，2001.

[37]钱含芬. 小学儿童短时记忆发展特点的初步研究. 心理科学通讯，1989(2).

[38]乔建中. 现代心理学基础. 南京：南京师范大学出版社，2001.

[39]全国十二所重点师范大学. 心理学基础. 北京：教育科学出版社，2002.

[40]沈德立. 发展与教育心理学. 沈阳：辽宁大学出版社，1999.

[41]沈德立. 小学儿童发展与教育心理学. 上海：华东师范大学出版社，2003.

[42]时蓉华. 现代社会心理学. 上海：华东师范大学出版社，1989.

[43]佟新. 社会性别研究导论. 北京：北京大学出版社，2005.

[44]王光荣. 维果茨基的认知发展理论及其对教育的影响. 西北师范大学学报（社会科学版），2004(6).

[45]王美芳，司继伟，王惠萍，张震. 发展与教育心理学实验指导. 济南：山东人民出版社，2009.

[46]王文静. 维果茨基"最近发展区"理论对我国教学改革的启示. 心理学探新，2000(2).

[47]王雁. 普通心理学. 北京：人民教育出版社，2002.

[48]伍新春. 儿童发展与教育心理学. 北京：高等教育出版社，2004.

[49]徐薇，寇彧. 自我同一性研究的新模型——双环模型. 心理科学进展，2010(5).

[50]许政援等. 儿童发展心理学. 长春：吉林教育出版社，2002.

[51]杨丽珠，刘文. 毕生发展心理学. 北京：高等教育出版社，2006.

[52]杨跃. 中学生发展. 南京：南京师范大学出版社，2009.

[53]俞国良，辛自强. 社会性发展心理学. 合肥：安徽教育出版社，2004.

[54]张春兴. 现代心理学. 上海：上海人民出版社，1994.

[55]张春兴. 现代心理学——现代人研究自身问题的科学(第二版). 上海：上海人民出版社，2005.

[56]张莉. 学前儿童心理学. 郑州：大象出版社，1999.

[57]张文新. 儿童社会性发展. 北京：北京师范大学出版社，1999.

[58]张文新. 青少年发展心理学. 济南：山东人民出版社，2002.

[59]章志光. 心理学. 北京：人民教育出版社，1984.

[60]朱智贤，陈帼眉，吴凤岗. 儿童左右概念发展的实验研究. 心理学报，1964(3).

[61]朱智贤. 儿童心理学史论丛. 北京：北京师范大学出版社，1982.

[62]朱智贤. 心理学大辞典. 北京：北京师范大学出版社，1989.

[63]Curtiss, S. (1977). Genie: a Psycholinguistic Study of a Modern-day "Wild Child". Boston: Academic Press.

[64]Johnson, J., S. (1989). Critical Period Effects in Second Language Learning: The Influence of Maturational State on The Acquisition of English as a Second Language. *Cognitive Psychology*, Vol. 21, No. 1.

[65]Mills, D. M., Coffey, S. A., Neville, H. J. (1994). Changes in Cerebral Organization in Infancy During Primary Language Acquisition, in G.

Dawson & K. Fischer (Eds.), *Human behavior and the developing brain*. New York: Guilford Press.

[66]Rothbart, M. K. (2007). Temperament, Development, and personality. *Current Directions in Psychological Science*, Vol. 16, No. 2.

[67]Simcock, G., Hayne, H. (2003). Age-related Changes in Verbal and Nonverbal Memory During Early Childhood. *Developmental Psychology*, Vol. 39, No. 1.